福柯传

王辉 ◎ 著

华中科技大学出版社
http://www.hustp.com
中国·武汉

图书在版编目(CIP)数据

福柯传 / 王辉著. -- 武汉：华中科技大学出版社，2020.6
ISBN 978-7-5680-6246-6

Ⅰ.①福… Ⅱ.①王… Ⅲ.①福柯（Foucault, Michel 1926—1984）—传记 Ⅳ.①B565.59

中国版本图书馆CIP数据核字（2020）第096029号

福柯传
Fuke Zhuan

王 辉 著

策划编辑：闫丽娜
责任编辑：康 艳
封面设计：李彦生
责任校对：张会军
责任监印：朱 玢

出版发行：华中科技大学出版社（中国·武汉）　　电话：（027）81321913
　　　　　武汉市东湖新技术开发区华工科技园　　邮编：430223
印　　刷：武汉科源印刷设计有限公司
开　　本：710mm×1000mm　　1/16
印　　张：16
字　　数：237千字
版　　次：2020年6月第1版第1次印刷
定　　价：39.80元

本书若有印装质量问题，请向出版社营销中心调换
全国免费服务热线：400-6679-118　竭诚为您服务
版权所有　侵权必究

序言
Preface

　　1918年11月，历时四年的第一次世界大战结束。这场战争的破坏力巨大，给原本自信的欧洲文明以致命的打击，老帝国土崩瓦解，新国家也锋芒不再。启蒙的解放精神和物质文明的空前发展，都未能使人类避免灾难，反倒加速了它的到来。世界历史的悲剧之后，不是闹剧，而是更大的悲剧。此后波及全球的第二次世界大战更是惨烈空前，这是人类有史以来最大的战争，文明以自我毁灭的方式为人类敲响警钟。至此，所有积极的、昂扬的和乐观的思想都烟消云散了，只剩下失望的、绝望的认识和悲观的、崩塌的价值观。知识精英对人类的前途不再如以前那样充满信心。人类的尊严——作为人类以自豪的人性——在战争和杀戮中被销蚀殆尽。整个20世纪的上半叶都沉浸在这种恐怖的阴霾和衰败的死气之中，也正是在这样的氛围中，人类营建着自己的现代性。

　　20世纪下半叶的世界与人心一道，在战争的废墟中缓慢地重建着，然而却永远无法回到一战前的黄金岁月。美苏的两极格局牵引着此后所有事件的发展方向，世界直到今天依然受其影响。对世界大战的忌惮、两极之间军力的均势，区域冲突的频发以及核武器的毁灭性力量都吊诡地给人类带来区域的和暂时的和平。在惨痛的教训之后，所有的知识精英几乎出于本能地开始拒斥权力的过度集中，开始捍卫少数人的权益，开始反思启蒙和现代性的缺陷，开始重新确定人在宇宙中的位置。在现代性的瓦砾堆下，哲学家纷纷开始重新寻找地基，试图使用新方法，重建人之为人的尊严。这是一个东方与西方、传统与现代、保守与激进、改良与革命、危机与出路相互角力的时代，这个时代的任何思想都将打上这种角力的烙印。

2004年6月1日，法国当代著名的哲学家——阿兰·巴迪欧[①]在阿根廷首都布宜诺斯艾利斯作了一场报告《当代法国哲学的全景》，它的英文版名称更为醒目——意译为《法国哲学的冒险》。当代法国哲学的发展如何可以称为一场冒险？何以欧洲悠久的传统和广袤的土地上产出了一个个被现代化了的、无处安身的躁动灵魂？而福柯的思考又当如何看待？

阿兰·巴迪欧说，哲学虽然考察的是抽象对象，但哲学的产生却只能在具体的时空之中。因而，哲学既是最普遍的，又是最具体的。产生哲学思想的具体性被称为特定的"哲学时刻"，它的特点是在一个特定的时段内，创造性思想层出不穷，思想大师群星璀璨，比如古希腊时期从巴门尼德到亚里士多德时期，再比如从康德到黑格尔的德国古典哲学阶段的时

---

① Alain Badiou（1937—），法国著名哲学家，原为巴黎高等师范学校哲学教授，巴黎国际哲学学院教授。与乔治·阿甘本和斯拉沃热·齐泽克齐名，同为当代欧洲哲学界的重要人物。

期。而从萨特发表《存在与虚无》(1943)开始到德勒兹发表《什么是哲学》(1991)为止,这近五十年时间的"当代法国哲学"堪称是比肩历史的新一次"哲学时刻"。如果说上一次"哲学时刻"是德意志民族对启蒙运动和理性时代精神的集体呼唤,那么这一次"哲学时刻"就表现为法兰西思想界对启蒙理性与现代性的集中反思。法兰西思想家们对导致了两次大战的欧洲文明进程和时代病症进行了深度剖析,他们是萨特、梅洛·庞蒂、巴什拉、列维-斯特劳斯、阿尔都塞、福柯、德里达、拉康、德勒兹和巴迪欧。

当代法国哲学直接起源于20世纪初两种对立的思潮:柏格森主义和布伦什维格主义。前者开创了一种生命内在性的哲学,其论题涉及存在和生成的同一性,这是一种关于生命和变化的哲学。它从20世纪初的柏格森一直延续到20世纪末的德勒兹。后者开创了一种基于数学的概念哲学,探讨基于思想和符号的哲学形式主义之可能性。它也经历了一个世纪的发展,列维-斯特劳斯、阿尔都塞和拉康都对其有贡献。1978年,福柯在给老师康吉莱姆的专著《正常与病态》英文版撰写的序言中说,20世纪的法国哲学可以分为以下两派:一派是关于经验、意义和主体的哲学;一派是关于知识、合理性和概念的哲学。前者是萨特和梅洛·庞蒂一派,后者是卡瓦耶斯、巴什拉和康吉莱姆一派。

显然,当代法国哲学呈现出两种特质:生命哲学和概念哲学。不过,两者的区分并不是绝对的,而是辩证的。生命与概念的各种争论都是围绕人的主体问题展开的。因此，我们可以说，正是在主体问题的旗帜下，两派思潮最终实现了统一。而主体问题，正来自传统哲学中的笛卡儿，当代法国哲学诸家无疑都继承了笛卡儿哲学的衣钵，对主体性及其变种给予彻底的批判和扬弃。故此，笛卡儿的"我思"哲学成为当代法国哲学诸家的反思对象和理论起点。

巴迪欧说，当代法国哲学的思想发展表现出以下四个特征。第一，引用德国哲学思想，重构概念和生存的关系。诸如黑格尔、胡塞尔、海德格尔和尼采等德国哲学思想资源被源源不断地引入法国，促使法国人开始重新处理生命哲学和概念哲学的矛盾。第二，对科学的重视。法国雄厚的科学史传统成为其宝贵的资源。当代法国哲学把科学视为一种创造性思想的实践过程，就如同艺术的创造性实践一样。因此，科学就不仅仅是局限在知识的领域之中作为认识论的对象，而是一种具有创造性的实践活动。第三，深入社会政治活动。当代法国哲学诸家罕有不热衷政治生活，不参与社会政治活动的。他们试图通过政治找到概念和行动（即生存）之间的新关系。第四，从事哲学的新方法。当代法国哲学都是反哲学。他们大胆地借鉴当代艺术、文化和社会发展的最新成果，把哲学研究的对象拓展到绘画、音乐、戏剧、电影、摄影以及文学作品的领域之中，他们讨论的主题虽然没有变化，但是从事哲学的方式却新意频出。正是在一种全新的思考方式和思考内容的催促下，当代法国哲学得以不断产生关于主体问题的新思考，发现概念与生存的新关系。

以福柯为例，他的思想形成过程完全验证了上述特点。福柯哲学得益于海德格尔哲学和尼采哲学，同时又掌握了康吉莱姆科学史研究的方法，他本人对科学史颇有研究。福柯一生热衷社会政治，积极领导和参加街头政治运动，受到法兰西学院同事的侧目。最后，福柯最不像哲学家，因为他的研究内容完全是最新的，疯癫、监狱、性快感、自我技术等等，这与传统哲学话题看上去毫不相干。显然，福柯的思考堪称这一冒险旅程中不可不提的奇遇。

按照德勒兹的说法，福柯的世纪已经到来。福柯的影响跨越了学科的藩篱，遍及整个人文社会科学，其早期思想消解主体，提出人之死；晚期思想又回归主体，大谈伦理效应，被视为古典德性伦理的现代复兴。所谓神龙见首不见尾，福柯的思想，一生多变，光怪陆离。他思想犀利，妙笔生花。这些迷人的外表掩盖了对他思想来源本身的追问。本书试图从思想史角度，考察福柯的生平经历。虽然以思想史为考察背景，但更多的则是试图从福柯的生活、工作和经历入手，来揭示他自己走过的路。他的人生旅途本身就是其思想轨迹的一部分。

参照福柯生平中的三个"时刻"，本书分为以下三部分内容。这些断裂点标示出某种不连续性。第一部分主要梳理他的成长阶段（1926—1954）。从其出生、少年、青年到大学毕业，拿到实验心理学执照为止。这个阶段是福柯个人及其思想的成长阶段。这个时期的福柯，从外乡普瓦捷来到巴黎，流连于黑格尔、精神病学和心理学研究。第二阶段是福柯哲学思想的成熟期（1955—1970）。这期间福柯是一个不安分的哲学浪子，以梦为马，浪迹天涯。从北欧到北非，从华沙到万森，他都留下了足迹。他的人生轨迹也伴随着他的思想轨迹，逐渐显明。他出版《古典时代疯癫史》，获得博士学位，发表《词与物》①。他积极参加政治运动，最终在巴黎安定下来。第三个阶段是法兰西学院时期（1970—1984）。在这个阶段，福柯以体制内的身份反思和批判权力机制。历年的法兰西学院讲稿记录了他的沉淀和思考。而于日本、巴西和美国的讲学则记录了他对既有思考的突破。福柯晚年一直撰写的专著《性经验史》成为其思想的最后总结。与此同时，他重提康德启蒙问题、试图复兴希腊化修身功夫，从一个颠覆传统、特立独行的后现代"浪子"转变为一个回到主体、回到古典与传统，回到作为艺术品之生活的"真实的人"。

当代法国哲学的冒险，是在继续推进康德意义上的启蒙和批判，简单地说，传统的哲学整体上是一种柏拉图式的形而上学，它的特点即以超越论作为普遍性观念的基础，这种思路贯穿整个西方哲学史。然后，现代哲学，尤其二战之后的法国哲学，主动继承了康德哲学的启蒙和批判维度，开始从更深层次上修正传统哲学的超越论设定，把哲学的前提设定在人类的有限性经验之上，以此为基础和起点，全方位地推进思考与实

---

① 全名为《词与物：人类科学的考古学》，以下简称《词与物》。

践，哲学家们试图在海德格尔称之为深渊的地方发现不同位面的世外桃源。冒险即是奇遇。

福柯晚年接受采访时说，他的永恒问题是："人类主体如何进入真理游戏之中。"在当代法国哲学解构了传统的超越性"主体"和符合论"真理"后，也即解构了传统意义上的哲学后，依然有"无意识"主体的问题，依然有作为游戏的真理问题，依然有我如何进入真理的问题存在。福柯选择的是"内在性"的思路。在法兰西学院的讲稿《主体解释学》中，福柯称他的研究为关于主体的内在性形式研究，人是一个"经验-超验的对子"，要追问"关于我们自身的历史本体论"。在上一个"哲学时刻"，批判哲学是通过批判来寻找认识客体的条件与界限，而在这一个"哲学时刻"，福柯赋予康德的"批判"以新意，通过"关心自己"（epimeleia heauton）把自我当成一个问题来追问，考察自我在进入和获得真理过程中的每一个转变。"这种批判（不是超验的），而是谱系学的，意味着其并不是从我们所是的形式来推断什么是我们所不可能做的或什么是我们认识之物，而是从致使我们是我们之所是的偶然性中提取不再是、不再做或不再思我们所是、所做或所思的可能性。"[①]这便是福柯所汲汲以求的"精神性"。

在当代法国哲学的全景之中，福柯显得特立独行，更具冒

[①] 福柯，《什么是启蒙》，见顾嘉琛译《福柯集》，上海：远东出版社，第539页。

险家的特质。他成长于富裕之家，获得了精英的教育，是具有国际影响力的学术明星，拥有令人羡慕的学术和社会地位，但是他更激进，更颠覆，更放浪形骸。他是一个矛盾的人，却不是一个分裂的人。他深刻揭示了权力的机制问题，知识与权力的交互关联，他为一切他者代言，奋不顾身追求正义，执着于生存与真理的新伦理。他的思想和生活昭示出一个哲学冒险家的终极使命。思不可思之思，在不可在之在，这正是福柯哲学的魅力所在。

目录
Contents

第一章
布尔乔亚少年(1926—1954)

  一、故乡普瓦捷　//002

  二、外省青年在巴黎　//011

  三、考取巴黎高师　//019

  四、巴黎高师的师友　//025

  五、哲学家的朋友　//033

  六、心理学研究与拉康时代　//050

第二章
哲学浪子(1955—1970)

  一、北欧与中欧的游历　//062

  二、博士论文完成时　//073

  三、理性时代的疯癫史　//082

  四、在克莱蒙-费朗的日子　//091

  五、《词与物》的诞生　//101

  六、从突尼斯到万森　//109

第三章
法兰西学院教授（1970—1984）

一、"系统思想史"的新教席 //126

二、对监狱的批判性考察 //170

三、政治活动的积极参与者 //179

四、世界性的学术影响 //188

五、性经验史 //206

六、启蒙问题的再思考 //219

尾声：哲人其萎，谁是福柯？ //225

福柯年谱表 //231

1926
—
1954

第一章
布尔乔亚少年

一、故乡普瓦捷

1. 保罗-米歇尔·福柯

1926年10月15日。法国。普瓦捷。

福柯出生在一个富裕的外省医生世家。在福柯家族中，祖父名叫保罗·福柯，父亲名叫保罗·福柯，对于这个刚出生的婴儿，自然应遵从这个传统，也叫作保罗·福柯。他的外祖父是普瓦捷的一名外科医生，福柯的母亲虽然没有继承父业，但是嫁给了当地一名有名的外科医生。年轻的保罗·福柯夫妇住在靠近市中心的宽敞住宅中。娘家在二十公里外的布瓦图还有一处高级花园式住宅，人称"城堡"。福柯的父亲在普瓦捷城中的两个诊所坐诊，远近闻名。这是一个典型的中产阶层家庭，家境殷实。福柯夫妇育有三个孩子：大女儿弗朗西娜，儿子保罗·福柯，还有德尼。福柯出生后，唯一让女主人福柯夫人不满意的是，她试图摆脱丈夫家族的命名传统，但是她的儿子却必须叫保罗，为此她在保罗后面先加上连字符，再加了一个名字米歇尔。这样一来，儿子保罗·福柯的全名就是保罗-米歇尔·福柯。这一点很重要，因为福柯懂事之后的第一件事，就是自称米歇尔，虽然全家人依然叫他保罗-米歇尔。保罗是一个宗教意味太强的名字，不由得让人想到那个使基督教遍及天下的使徒保罗，而福柯则是这个家族赖以传承的姓氏。无论是保罗，还是福柯，都承载了太多的传统与历史，福柯试图从其羁绊中摆脱出来。所以，他后来的名字就成为米歇

第一章 布尔乔亚少年（1926—1954）

尔·福柯。

这里首先要提到的是宗教在家族中的微妙影响。福柯自己坦承，天主教对他们家的影响不大，他的家人基本上是反教会的。虽然出于对传统的尊重，他们周末都要去市中心的圣·波尔歇尔教堂做礼拜，外祖母也经常带着三个孩子去教堂，而且小福柯还曾加入儿童唱诗班，但是考虑到福柯的家人多从事与医生相关的职业，显然科学的和无神论的思想在他们的观念中占据着主导地位。所以，他们一方面尊重传统，另一方面尊重科学。

童年的保罗-米歇尔一直缠着比自己大15个月的姐姐。当姐姐到了上学的年龄，开始进入普瓦捷当地的亨利四世学校儿童班就读时，他依然不愿与姐姐分开。无奈之下，老师给出了一个完美的解决办法，福柯可以坐在教室的最后一排，拿彩色铅笔画画，等着姐姐弗朗西娜。所以，福柯不到法定入学年龄，就开始上学了，因而他的儿童班上了两年。后面一切就顺利起来。1932年，福柯进小学班，1936年进中学班，1940年，他离开了亨利四世学校，转学到圣·斯坦尼斯拉斯学校。不过，这次转学事件给福柯的青春期成长蒙上了一层薄薄的阴影。这一部分内容后面还会提到。

福柯是一个早慧的孩子。1940年之前的学校生活对他来说可谓一帆风顺。他的法语、历史、希腊语和拉丁语成绩非常出色，数学稍微差些，但是也能年年获得"优秀"，在班上一直名列前茅。而随着二战战事的推进，普瓦捷必须接收来自巴黎的逃难者，亨利四世学校也腾出地方来安置巴黎小学和中学转来的学生和老师。班级和老师重新配置和整合，福柯之前的榜首地位，逐渐被有着更好教育背景的巴黎同学所取代，这让他坐立不安、沮丧不已。这是一个典型的优秀学生遭遇激烈竞争而学业受挫的故事。

当然故事还有另外一个版本。

2. 转入圣·斯坦尼斯拉斯学校学习

学校的法语老师居约先生对福柯表现出了明显的敌意，使这个原来老师眼中的好学生一下子失去了自信心。居约先生是一位坚定的激进派，狂热的第三共和国分子，他对来自巴黎富人区的孩子、贵族子弟和中产阶层家庭的小孩都充满了毫不掩饰的轻蔑与冷漠。福柯这个来自普瓦捷外科医生家庭的布尔乔亚少年，自然也成了他憎恶和发泄仇恨的对象。年少的保罗-米歇尔·福柯哪里见过这种场面，以前的优越感完全丧失，信心崩溃，他的成绩也一落千丈。在那个学期的期末考试中，除了拉丁语翻译之外，其他科目福柯都必须参加10月的补考。福柯的母亲大为震惊。当她了解了具体情况后，立即做出决定：福柯必须转学。1940年9月，福柯转入邻近的圣·斯坦尼斯拉斯学校就读。

普瓦捷有两所天主教教会办的学校，圣·斯坦尼斯拉斯学校是其中之一，另一所是圣·约瑟夫学校。声望最好的是圣·约瑟夫学校，由耶稣会主管，该校对教育的重视由来已久。而圣·斯坦尼斯拉斯学校由基督学校修士会主管，教学质量不如圣·约瑟夫学校。不过，圣·约瑟夫学校对学生的宗教训练方面的要求也比圣·斯坦尼斯拉斯学校更为严格。知子莫若母。福柯的母亲给儿子选择了圣·斯坦尼斯拉斯学校，显然这里更适合他。于是，转学的效果迅速体现了出来。福柯的成绩迅速恢复到了原来的水平。他的法语、历史、希腊语和英语又开始获得"优秀"。在课堂知识无法满足他的求知欲时，他的"触角"必须伸向课堂之外。普瓦捷当地有一个知名的人士——埃格兰修士。他是当地昂热神学院的教师，也是音乐评论人、专栏作家，故而私人藏书非常丰富。福柯和他的朋友皮埃尔·里维尔经常来埃格兰修士家借书看，主要是历史和哲学书。埃格兰修士的图书室对充满好奇心、如饥似渴的少年来说，无疑是一个巨大的宝藏。

福柯自幼就对历史非常感兴趣，12岁时就能给自己的姐姐和弟弟讲历史了。后来，他更加如鱼得水，因为他遇到了一位优秀的历史老师，蒙沙贝尔神父。此人学识渊博，脾气古怪。但福柯的母亲回忆说，此人是圣·斯坦尼斯拉斯学校对福柯产生影响的唯一一位老师。他使福柯对历史的兴趣更加浓厚，福柯开始读雅克·德·班维尔的《法国史》。他的历史课基本上就是讲给福柯一

第一章 布尔乔亚少年（1926—1954）

个人听的，因为也只有福柯能够听懂。蒙沙贝尔神父的历史课充满激情，他妙语连珠，给少年福柯心里埋下了一粒种子，而这粒种子在福柯的持久热情里长成了参天大树。

1942年，福柯以优异成绩进入毕业班。毕业班开设有哲学课，福柯终于有机会开始接触哲学。即将前来任教的哲学教师是加农·杜雷，据说此人在大学老师中威望很高，学生们都盼望着他的到来。但是开学的第一天，他就被盖世太保带走了，从此再也没有人见到他，因为他是抵抗组织成员。突然没有了哲学教师，学校打算临时找一个学文学的凑合凑合。但是，长此以往可不行，学生们将无法参加中学毕业会考。福柯夫人动用私人关系，从利古瑞修道院为圣·斯坦尼斯拉斯学校找到一位称职合格的哲学教师，高级神父唐·皮埃罗。此人教学，照本宣科，紧扣大纲，中规中矩，不越雷池。于是，福柯夫人又给儿子请了个哲学家教，全力以赴帮福柯准备毕业会考。大学哲学系学生路易·吉拉尔成了福柯的家庭教师。他上二年级，只有二十来岁，只能囫囵吞枣，现学现卖，给福柯讲康德哲学，把自己上课听到的转述给福柯，每周三次。即便如此，也是卓有成效的，福柯以优异成绩顺利通过了中学毕业会考。

世代行医的福柯家族，终于要发生一点改变了。中学毕业后，福柯面临职业的选择。福柯的父亲一直希望家中的长子能够继承自己的家业，在普瓦捷，进而在巴黎，开诊所当个外科医生。但是福柯拒绝了。他早就下定决心与家族职业决裂，他想要成为历史学家、哲学教授。他对自然科学的兴趣显然没有人文科学那么强烈。这一点，一直操持家务、管理子女的母亲就非常了解。在父子关系僵化的时候，总是福柯夫人出来打圆场，她劝自己的丈夫说，不能强迫孩子干他们不喜欢干的事情。执拗的父亲只能作罢，聊以慰藉的是，二儿子德尼还是接过了家族的衣钵，达成了父亲的夙愿，后来做了一名外科医生。

虽然后来，福柯能够按照自己的理想去规划人生，但是他和父亲的关系，却因此一直不见好转。即使到了成年，他依然会对朋友直言不讳地说他不喜自己的父亲。以至于福柯从来都不完整地介绍自己的名字"保罗-米歇尔·福柯",而是一直自称"米歇尔·福柯",从来不提前面的"保罗",就是为了与叫着同样名字的父亲划清界限。但是也有其他解释,福柯曾经半开玩笑地说他不喜欢"保罗-米歇尔·福柯"这个名字,因为它的首字母大写P.M.F.与一位令他生厌的政客皮埃尔·孟德斯·弗朗西斯(Pierre Mendes-France,简写为P.M.F.)完全一样。而福柯的姐姐倒是给出了另外一个更让人信服的理由。福柯在学校不喜欢用"Paul-Michel"的原因是因为,它与另一个单词"Polichinelle"(小丑,punchinello)的发音非常相似,他是不想被同学们起外号。

3. 第一次考高师的失利

父亲反对的声音持续地伴随着走上自己选择的道路的福柯。他要想证明自己,只能用成功来证明。福柯需要继续努力。他的第一个目标是去巴黎高等师范学校学哲学。巴黎高师是法国的顶尖学府,进入巴黎高师学习意味着将享受法国最优质的教育资源和学术资源。但是高师的录取条件极为苛刻,它的人文学科每年招生不超过40人。能够被巴黎高师录取,意味着已经达到本科水平,三年后即可以参加大中学哲学教师资格考试,这是全法国竞争最激烈的考试,通过之后的幸运儿,就可以在大学或中学担任哲学教职。当然,巴黎高师的入学考试的竞争也是异常激烈的。首先需要通过中学会考,然后进入高师文科预备班,进行为期两年时间的系统、扎实而密集的准备。而能够提供这种教育质量的学校,基本上都集中在巴黎,比如赫赫有名的路易大帝中学和亨利四世中学。这两所学校的毕业生基本上能够包揽每年高师招生的名额,只有极其少数的考生是来自外省的学校,比如普瓦捷或者里尔的学校。

研究法国知识分子史的当代法国学者让-弗朗索瓦·西里奈利[①]在《知识分

---

① Jean-Francois Sirinelli(1949—),法国历史学家,巴黎政治学院教授,主要研究法国20世纪政治和文化史。

子的"代"——两次大战期间的高等师范文科预备班和巴黎高师学员》中曾整理了从1921年到1940年，高师录取的575名学生的毕业学校。其中路易大帝中学有235名，亨利四世中学有131名。两校合计占总录取人数的63%还多。而来自普瓦捷当地的学校的考生同时期只有12名，只占区区2%。之所以会这样，是因为这两所学校历史悠久，并具有得天独厚的优势，学校的教师大多数就是直接聘请高师的在校学生，而且学校的管理模式也是仿照高师。所以，普瓦捷当地学校的学生想要考上高师的可能性基本上非常小。此外，精英圈子还形成了一种特定文化。法国人给巴黎高等师范学校文科预备班还专门起了一个名字，一个看似希腊语的词，叫khâgne，第一年叫hypokhâgne，也就是准预备班。而巴黎高师的学生则被称为"normalien"（高师人）。这些亚文化符号建构起一个区别和标示自我的精英身份，无疑具有强烈的对外吸引和对内凝聚的作用。

1943年，一个狼烟四起、兵荒马乱的年代，对于福柯的父母来说，无论如何都不会同意让一个年仅17岁的少年独自一人去巴黎闯荡天下。所以，他只能回到普瓦捷当地的亨利四世学校去准备高师的入学考试。远大的目标与残酷的现实之间，存在着巨大的差距。福柯的失望可以想象。9月，福柯回到以前的伤心地，开始了自己在文科准预备班的学习。

由于战时的复杂局面，亨利四世学校的巴黎高师文科预备班中的准预备班和预备班，是合在一起上课的。这两年的备考生涯，对于福柯来说是乏善可陈的。但是出于思想史书写的需要，还是需要提及一些事件，来圈点传主的过往历程。

有两位老师值得一提。一位是哲学教师让·莫罗·雷拜勒[①]。另一位是历史教师加斯东·德兹。福柯最感兴趣的两门课正是哲学和历史。哲学教师

---

① Jean Moreau-Reibel（1901—？），法国中学教师、历史学家、哲学家。

让·莫罗·雷拜勒是巴黎高师1933届的毕业生,主要研究法哲学,博士论文是《让·博丹和比较公法与历史哲学的关系》。他对福柯的影响,主要是通过柏格森、柏拉图、笛卡儿、康德和斯宾诺莎等人的著作而完成的。据说,他的课程散乱而无系统,凌乱而无计划,所以学生们起初都不得要领,等到熟悉了这种教学风格后,就有明显的收获。福柯当属后者,他从莫罗·雷拜勒的课上总是能比其他同学学到更多的内容。以至于这位非常喜欢对谈式教学的老师,经常选中福柯作为他的对话者。而班上的其他同学显然都被他忽视了。

历史教师加斯东·德兹对福柯的影响也非常大。他曾是法国西部古物学会的会员和主席,曾编撰多卷本的普瓦捷当地历史,但是此人的教学可谓教条死板。他照本宣科,因而进度缓慢,以至于有人出售他以前的课堂讲义。福柯购买、收集和整理了他的讲义,认真学习。他勤奋刻苦,废寝忘食,阅读面也非常广泛,司汤达、巴尔扎克,以及安德烈·纪德[①]都是他心仪的对象。

1930年,法国作家安德烈·纪德出版了他的小说《普瓦捷的被囚禁者》。这是一部按照真人真事改编的小说,故事的主人公叫布朗士·莫尼埃[②]。二十多岁的普瓦捷市女子布朗士·莫尼埃爱上了一位失意的律师,她的母亲对此大加反对,于是把布朗士·莫尼埃锁在她的房间里,希望她回心转意,虽然那位失意的律师于1885年去世,但是布朗士·莫尼埃还是被继续囚禁了15年。直到1901年,巴黎总检察长收到一封匿名举报信,于是警察登门搜查,有一个房间房门紧锁。他们破门而入,发现屋内污秽不堪,恶臭难闻,在腐烂的稻草床垫上躺着一个高度营养不良的人,这人就是25年不见天日的布朗士·莫尼埃。警察将其解救出来时,49岁的布朗士·莫尼埃只有55磅(约25公斤)重。

[①] André Gide(1869—1951),法国作家,1947年诺贝尔文学奖得主。
[②] Blanche Monnier(1849—1913),又称为"普瓦捷的被囚禁者",被她的母亲秘密囚禁了25年,49岁时获救,后病死于精神病院。

第一章　布尔乔亚少年（1926—1954）

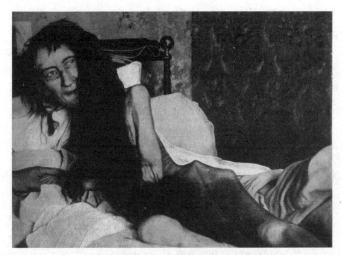

布朗士·莫尼埃女士被发现时的照片（1901年）

警方迅速拘捕了她的母亲莫尼埃夫人。在群情激愤的唾骂声中，未经审判的莫尼埃夫人在收押后15天就猝发心脏病而死。布朗士·莫尼埃被送往医院治疗，并持续接受精神病医学护理，于1913年去世，享年64岁。此事当时震惊了全法国。后来，纪德便以小说记录了此事。

福柯晚年的密友埃尔维·吉贝尔①说此事件对青年福柯的影响巨大。每当他走过囚禁丑闻发生的地点，普瓦捷的圣母往见大街（rue de la visitation，现在的Rue Arthur Ranc）21号时，年轻的福柯就会五味杂陈，恐惧与战栗并存。

纪德的小说《普瓦捷的被囚禁者》的封面

---

① Hervé Guibert（1955—1991），法国作家、摄影师，福柯晚年的密友。

布朗士·莫尼埃女士被囚禁地的照片

战争的炮火，还是影响到了普瓦捷的生活和学校的教学。1944年6月盟军在诺曼底登陆，普瓦捷成了战事的前线、两方争夺的重要据点。城市经常会被轰炸，福柯全家也撤到了旺德福尔。学校的学习也就基本中断了。而第二年就要会考，这些预备班的准毕业生，情况之糟糕当然可以想象。1945年春季，普瓦捷中学派出了包括福柯在内的14名考生参加当年的会考。7月会考成绩公布，此次会考，普瓦捷中学只有两人通过高师笔试，进入口试。福柯榜上无名，第一次考高师，以失败而告终。他的笔试成绩排名101名，而只有前100名才能有资格晋级口试。福柯极度失望。

1945年秋，福柯离开了伤心地——故乡普瓦捷。

二、外省青年在巴黎

1. 亨利四世中学的佼佼者

　　第一次备考高师的失利，再加上二战战事逐渐稳定，使福柯的父母下定决心要把福柯送到巴黎去读书。福柯小时候曾想变成一条金鱼，哪怕是一小会儿也行，希望看看那是什么感觉。即使他的母亲提醒他，他厌恶冷水。这个意向莫非意味着他要走上一条与众不同的道路？无论如何，福柯要离开普瓦捷，去巴黎的预备中学备考了。

　　正在这个时候，福柯家族遇到一个贵人，此事值得一提。他就是让·彼尔[①]。让·彼尔来头不凡。他曾接受二战后法兰西共和国临时政府政策制定特派员的指派，奉命在普瓦捷工作。有一次他遭遇严重车祸，在福柯大夫处接受治疗，从而与福柯家族建立了友谊，由此结识了福柯家的长子。让·彼尔的妻子是西蒙娜·马克莱。马克莱家族更是需要在此说明。具犹太血统的商人亨利·马克莱育有四个女儿，分别是比安卡、萝丝、西蒙娜和席尔维亚。大女儿比安卡嫁给了著名作家迪奥多·佛兰克[②]，二女儿萝丝嫁给了超现实主义画家安

[①] Jean Piel（1902—1996），法国作家、编辑和批评家。与巴塔耶共同创办《批评》杂志。

[②] Théodore Fraenkel（1896—1964），法国作家、画家、超现实主义者，他是安德烈·布列东的朋友。

德烈·马松①，三女儿嫁给了文化人让·彼尔，而小女儿席尔维亚是著名的演员，她先嫁给了乔治·巴塔耶②，后嫁给了巴塔耶的朋友雅克·拉康③。此一家族，在战后法国文化界和思想界，影响巨大。

让·彼尔后来把自己的连襟安德烈·马松介绍给福柯大夫，两人亦交情匪浅。福柯大夫曾给马松看过一个夭亡婴儿的尸体，他的皮肤是完整的，但脑膜却完全暴露在外。马松以此为主题和意象，画了一幅古怪抽象的、线条扭曲的画，送给福柯大夫，以此答谢福柯大夫。而在福柯的父亲过世后，这幅画就一直放在福柯的案头。正是有这样的机缘，年轻的福柯才迅速进入了让·彼尔及其家族的文化圈子。

让·彼尔直接影响了福柯后来的学术生涯走向。后来福柯在巴黎的文化圈子和学术圈子的拓展，也离不开让·彼尔的提携与帮助。他可以说是看着这位年轻人成长起来的。在福柯成年后，让·彼尔推荐福柯进入《批评》杂志的编辑团队。《批评》杂志是由让·彼尔与其另一个连襟巴塔耶共同创办的。

1945年9月，年仅19岁的福柯入读全法国最著名的中学之一，巴黎拉丁区紧邻万神殿的亨利四世中学。这里曾是萨特的母校，也曾是柏格森执教过的地方。巴黎高师每年所录取的考生中大约有一半多是这所中学文科预备班中的毕业生。正是这样的声誉，使它能够招收到全法国最好的中学生。然而，福柯，一个外省的普通中学生，是如何进入亨利四世中学的我们却不得而知。不过我们知道，这离他的目标又近了一步。

---

① André Masson（1896—1987），法国超现实主义画家。
② Georges Bataille（1897—1962），法国哲学家，被视为解构主义、后结构主义、后现代主义先驱。
③ Jacque Lacan（1901—1981），法国精神分析大师和精神病学家，弗洛伊德之后影响力最富争议的精神分析家。

第一章 布尔乔亚少年（1926—1954）

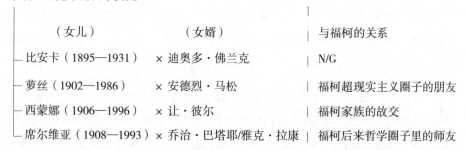

马克莱家族与福柯的关系图

亨利·马克莱的四个女儿

（女儿）	（女婿）	与福柯的关系
比安卡（1895—1931） × 迪奥多·佛兰克		N/G
萝丝（1902—1986） × 安德烈·马松		福柯超现实主义圈子的朋友
西蒙娜（1906—1996） × 让·彼尔		福柯家族的故交
席尔维亚（1908—1993） × 乔治·巴塔耶/雅克·拉康		福柯后来哲学圈子里的师友

2. 新来的预科生

福柯在巴黎亨利四世中学的新生活，可谓平淡无奇、乏善可陈。战时的困难处境刚刚过去，物资匮乏，百废待兴。福柯夫人拜托了自己在巴黎的熟人，来自旺德福尔的朋友莫里斯·拉一家。福柯暂时寄居在那里，随后便搬到了福柯夫人的朋友所出租的拉斯帕依大道和热耐街的租屋居住。福柯不像家住在巴黎的学生那样需要走读，但是也不像来自外省的学生需要住校，他是一个需要走读，但租住在校外的外省学生。这样的安排避免了福柯需要适应集体住宿生活所带来的不便和痛苦，但同时也导致他的生活非常孤独，他在亨利四世中学基本上没有朋友。这个后遗症后来在他考上巴黎高师后，不得不进入宿舍过集体生活时，再次凸显出来。

事实上，福柯所租住的房间，除了基本设施之外并不奢华，冬天也没有取暖设备，以至于他必须蜷缩在床帷下看书。但是在同学们眼中，能够拥有单独房间的福柯，生活质量已委实不赖，因为这已经超越了一般的水准。而全国的交通系统在战争中损毁严重，正在极力恢复之中，所以他在节假日也无法返回普瓦捷家中。不要说回家了，就是巴黎市里面，他也没怎么去过。基本上，他把所有的时间都用来准备入学考试了。唯一出门的机会，就是陪同到巴黎来看望他的姐姐弗朗西娜，看过几场因为战事而错过的美国电影。

巴黎亨利四世中学的文科预科班共有两个班，每个班约有50名学生。邻居路易大帝中学也有近50名学生。而巴黎高师的录取名额只有38人。录取比例还不到4∶1，进入高师的竞争异常激烈。幸好亨利四世中学有一支优秀的教师队伍，他们是来年会考学生获得较高入学率的保障。

历史课的任课教师是昔日高师的毕业生安德烈·阿尔巴[①]，他在亨利四世中学一直任教到1957年，法国二战后整整一代历史学家都是他的学生。福柯对他记忆深刻，他学问渊博，是一位激进的反教权主义者、坚定的共和分子。学生们因为他的缘故而变得激进起来。

还有一位是古代史教师迪尼先生。学生们在他的课堂上第一次听到了乔治·杜梅泽尔这个名字。这个人后面将会对福柯的生命轨迹产生决定性影响。还有文学教师让·布杜先生。他从中世纪文学，一直讲到20世纪文学，讲到超现实主义诗歌的先驱者纪尧姆·阿波利奈尔[②]，后者对萨德侯爵[③]推崇备至，称萨德为"曾存在过的最自由的灵魂"，而萨德的影响力在福柯后来的生命旅程中也不容忽视。

当然，对学生们尤其是对福柯来讲，影响最大的当属黑格尔的学生——哲学课的任课教师让·伊波利特。

3. 在黑格尔的影响下

福柯在巴黎求学时期，法国学术的氛围已开始从布伦什维格[④]式的康德哲学

[①] André Alba（1894—1979），亨利四世中学历史教师。

[②] Guillaume Apollinaire（1880—1918），法国诗人、剧作家、艺术评论家、超现实主义先驱。

[③] Marquis de Sade（1740—1814），出身贵族的法国色情文学家、哲学家，后来的性虐恋（sadism）以其名字命名。

[④] Léon Brunschvicg（1869—1944），法国观念论哲学家，正统哲学的权威代表，开创了法国哲学中概念哲学的思潮。

第一章 布尔乔亚少年（1926—1954）

主宰，向着精神分析式的、现象学式的、存在主义式和黑格尔式的哲学大步转变着。或者更准确地说，首先是向着黑格尔式的背景底色转变着。

在预备班的哲学课上，福柯第一次结识了如雷贯耳的新黑格尔主义哲学家——让·伊波利特。伊波利特是福柯后来哲学道路上的重要引路人之一。1925年，他考入巴黎高师，比萨特、乔治·康吉莱姆和雷蒙·阿隆[①]等人晚入学。但是1929年，他却与萨特、保罗·尼赞[②]和波伏娃等人同年获得大中学哲学教师资格。在当年的考试中，萨特排名第一，波伏娃第二，让·伊波利特排名第三，保罗·尼赞排名第四。1933—1939年，他参加了亚历山大·科耶夫[③]在巴黎高等研究实践学校主持的黑格尔《精神现象学》研讨课。在黑格尔哲学在法国还不受重视的时候，伊波利特就开始研究黑格尔的思想了。他是法国战后思想中黑格尔哲学的代言人。1939年，他就翻译出版了黑格尔《精神现象学》的法文版。此时在亨利四世中学，他给学生们所讲授的正是自己对黑格尔的《精神现象学》的阐释和解读。两年后，在1947年，这份讲稿作为他的博士论文正式出版，这就是大名鼎鼎的《黑格尔精神现象学的生成与结构》。

黑格尔思想在法国有真正意义上的传播，伊波利特绝对是功不可没。20世纪以降，法国哲学基本上受康德哲学的统治，虽然早在1929年，与柏格森同时代的哲学家让·瓦尔[④]就出版了《黑格尔哲学中意识的不幸》，但是基本上，法国哲学家对黑格尔哲学要么是无视的，要么是误读的，对此布伦什维格要负主

[①] Raymond Aron（1905—1983），法国社会学家、哲学家、政治学家，是自由主义知识分子的代表人物。与左派领袖萨特长期不和，1970年入选法兰西学院，著有《知识分子的鸦片》。

[②] Paul Nizan（1905—1940），法国哲学家、作家，后参加法国共产党，在敦刻尔克大撤退中战死。

[③] Alexandre Kojève（1902—1968），俄裔法籍哲学家和政治家。其在二战时开始的研讨班促进了黑格尔哲学在法国的传播，其欧洲统一理念最终促成了欧盟的建立。

[④] Jean Wahl（1888—1974），法国哲学家，1946年创办"哲学学院"（Collège philosophique）。

要责任。黑格尔哲学在法国的真正传播，要等到胡塞尔、马克思、海德格尔、弗洛伊德和尼采的哲学思想在法国传播之后，也就是20世纪30年代之后。因此，身为俄国贵族后裔，在德国海德堡大学雅斯贝尔斯门下拿到博士学位，坚定的马克思主义者亚历山大·科耶夫，于20世纪30年代为巴黎知识分子群体讲授黑格尔的《精神现象学》——此事在法国思想史上的现实意义与象征意义是无法估量的。

沿着科耶夫的道路，伊波利特持续地把黑格尔思想的血液输送到法国哲学的精髓中，在法国二战后的思想运动中制造着显著的影响；某种程度上，也逐渐削弱了法国学界持续接受的新康德主义和布伦什维格主义的影响。

伊波利特身高不高，微微发福，讲课时神态凝重，说话有些结巴。他喜欢用象征派大师保罗·瓦雷里[①]的诗歌《年轻的帕尔卡》（1917），或者另一位象征主义诗人马拉美[②]的诗歌《掷骰子决不能消除偶然》（1897）等文学作品去阐释和解读黑格尔思想，虽然大家都不能完全跟上他的思路，但是学生们还是被他开阔的思路和深邃的思想所打动——黑格尔的学生又发现了自己的学生。

预科班开学后不久，任教仅两个月的伊波利特，就奉命调往斯特拉斯堡大学文学院接受教职。虽然只有过短暂接触，但是预备班上的年轻学生们依然被伊波利特彻底迷倒了。福柯自然也不例外。来自外省普通中学的福柯，哪里见到过这般场面。抽象的、呆板的哲学瞬间鲜活了起来，不再是以前的故纸堆和掉书袋的模样。在伊波利特的解读下，哲学充满了魅力，那是时代的呼唤与要求，历史与哲学重新拼接在一起。

年轻福柯与伊波利特的相遇，注定不是擦肩而过，他们的相识才刚刚

---

① Paul Valéry（1871—1945），法国作家、诗人、哲学家、法国象征主义后期的重要代表人物。1925年入选法兰西学术院（第38号座椅）。

② Stéphane Mallarmé（1842—1898），法国诗人、文学评论家、法国象征主义早期的代表人物。

第一章 布尔乔亚少年（1926—1954）

开始。

接替让·伊波利特的是亨利·德雷福斯–勒·富瓦耶①。据说勒·富瓦耶老师水平一般，经常照本宣科，讲授的是法国传统思想中占主流的科学哲学方面的东西。他偏爱的是埃米尔·布特鲁②和于勒·拉什利耶③。前者是科学哲学家和宗教哲学家，曾激烈反对科学中的唯物主义理论，后来被自己的学生亨利·柏格森的影响力所掩盖；后者是法国现代哲学的奠基者，柏格森曾给予他高度评价，曾把自己的博士论文《时间与自由意志》题献给拉什利耶，纪念他为法国哲学所开创的精神哲学道路。这些人都是活跃在19世纪晚期的人物，他们的影响力都聚集在上一代人的心目中，而到战后几乎已经被人遗忘，剧烈的社会变革使他们的思想无法满足战后人们的内心需求。客观地讲，勒·富瓦耶所讲的内容并非不重要，只是有点不合时宜，和伊波利特的新颖内容和人格魅力确实无法相比。难怪学生们很不买账。学生们总是以扰乱课堂秩序来对抗，直到又一次，勒·富瓦耶终于崩溃了，他当堂咆哮起来，"我知道我不如伊波利特，但是我在竭尽全力地让你们都通过入学考试。"不过话说回来，勒·富瓦耶说的是对的，新颖的东西虽然听起来有趣，学起来有趣，但未必能够帮助大家顺利通过高师的入学考试。

虽然更换了哲学老师，但是福柯的哲学成绩还是扶摇直上，他已经疯狂地迷恋上了哲学。第一学期末他考了9.5分，排在全班第二十二名。第二学期末依然是9.5分，排在全班第二十二名。但是到了毕业时，他考了15分，跃居全班第一。哲学老师给予其最高评价"优等"。福柯的历史成绩在毕业时考了16分，全班第一，老师的评价是"成绩优秀，非常值得鼓励"；法语老师的评价是

---

① Henri Dreyfus–Le foyer，法国中学哲学教师。据说是法国一战前的反犹事件"德雷福斯事件"当事人德雷福斯上尉的侄子。

② Émile Boutroux（1845—1921），法国哲学家，偏重科学、宗教与哲学史研究，1912年入选法兰西学术院（第32号座椅）。

③ Jules Lachelier（1832—1918），法国哲学家，被柏格森誉为法国精神哲学的开创者。

"思维活跃，具有文学修养"；拉丁语作文从第三十一名"成绩合格"提升到第十名"成绩出色"；希腊语排名第四名。校长在给予其的学生评价中总结陈词中说，"该生必将成功"。福柯已经做好了进入乌尔姆街巴黎高师的各项准备工作，第二次入学考试会有什么样的结果呢？

三、考取巴黎高师

1. 入学的口试

福柯报考巴黎高师的首个环节是口试。口试地点在乌尔姆街巴黎高师一层的议事堂（Salle des Actes）。面试官有两位，一位是来自图卢兹大学文学院的皮埃尔-马克西姆·舒勒[①]，另一位是斯特拉斯堡大学的乔治·康吉莱姆。舒勒家族是法国犹太上层，其叔父摩西·舒勒曾在法国圣艾蒂安、维祖耳、厄比纳尔等地担任犹太社区的大拉比。二战后期，舒勒曾被德军关押在科尔迪茨集中营，战争结束后，他担任法国犹太研究学会的主席，后来在法国大学出版社主持"当代哲学丛书"的出版工作。

康吉莱姆毕业于巴黎高师，是法国哲学界的知名人物、认识论与科学哲学的专家。二战中化名"拉封·康吉莱姆"（Lafont），参加抵抗组织，组建野战医院；战后担任哲学考试监督总局的主任，负责稽查全法国的哲学资格考试。此时他正在斯特拉斯堡大学教授科学史。这是福柯与康吉莱姆的第一次相见。此人对福柯后面学术道路的选择影响甚巨，对福柯后来的学术发展也起到了至关重要的作用。

康吉莱姆为人严谨，不苟言笑。在考生的眼中，他是一个思路敏捷、要求

[①] Pierre-Maxime Schuhl（1902—1984），法国哲学家和哲学史家，出身当地犹太望族。

严苛的考官。学生们对他爱恨交加。雷蒙·阿隆的侄子让-保罗·阿隆后来回忆说，康吉莱姆就是一个粗俗的老农民和普鲁斯特笔下荒淫的查尔斯男爵的合体。在图卢兹中学上过他的课的学生对他的苛刻记忆深刻。他会严厉地批评学生的逻辑错误和任何词不达意的情况，说他们是"语义的虚无主义"。

福柯将要面对的正是这样两位严格的面试考官。康吉莱姆后来回忆说，他已经完全不记得当初面试福柯时候的情形了。

几天后，成绩公布。对于那些孤注一掷、拼命备考的年轻考生来说，这一刻简直就是生死关头，冰火两重天。幸而有惊无险，福柯榜上有名。排名第一的是雷蒙·韦依，第二名是居伊·帕马德①，第三名是让-克劳德·理查德，福柯排名第四，榜单上写的是米歇尔·福柯。以后福柯会一直使用这个名字来称呼自己。

事实上，在福柯的同学中，并非所有的考入高师的学生后来都能赫赫有名，帕马德后来成为研究19世纪法国资本主义史和法兰西第二帝国史的历史学家；莫里斯·阿居隆②研究法国当代政治史，后来当选法兰西学院院士（1986—1997），晚年投身左派政治，是法国共产党的拥趸；保罗·维亚拉内③后来是克莱蒙-费朗第二大学的荣休教授，从事对"法国史学之父"于勒·米什莱的专门研究；罗贝尔·毛斯④后来专攻思想史，任教于索邦大学，专长于18世纪法国文学史；这其中，尤数福柯的影响力最大。其余的人，依然籍籍无名。

2. 初入巴黎高师

巴黎高等师范学校是世界上建立最早的高等师范学校，始建于法国大革命

---

① Guy Palmade（1927—1993），法国历史学家。
② Maurice Agulhon（1926—2014），法国历史学家，尤精于法国当代史。
③ Paul Viallaneix（1925—），法国文学史家、历史学家。
④ Robert Mauzi（1927—2006），法国文学史家，尤精于18世纪法国文学史与思想史，代表作有《18世纪法国文学和思想中的幸福观念》。

第一章　布尔乔亚少年（1926—1954）

后期的1794年，旨在为革命后的新法国培养人才，"选拔受过教育的公民，令其继续跟随各个领域最有资历的教师学习授课的技艺"，后来几经波折，最终扎根在巴黎市拉丁区乌尔姆街。巴黎高师没有颁发学位的权力，学生们必须在合作的大学注册学籍，来获得学位。但巴黎高师的学生享受准公务员待遇，由国家给每个学生发放公务员津贴，享受4年的免费学习。邻近的索邦大学的学生就没有这样的殊荣，他们必须自己交学费，负责自己的衣食起居。因而，高师的学生毕业之后必须进入国家单位，至少服务6年。所以，这所原本是培养大学教师的学校，同时也为国家行政系统和管理部门输送了大量人才。以至于在各个部门握有实权的高师毕业生结成了一个紧密的关系网，他们形成了一个自称为"高师人"（normaliennes）的精英圈子。与其说大家看重高师的光环，不如说大家更希望加入以这个光环为纽带构成的精英俱乐部。福柯后来既受惠又回馈于这个由"高师人"构成的关系网。

此时的福柯，告别了亨利四世中学预科班的学习生活，如愿以偿地进入自己梦想中的巴黎高师，向家人初步证明了自己的能力，初步实现了自己的理想。这个"高师人"现在很清楚地知道，自己将是未来的精英。而迎接他的真是充满光明的未来吗？且慢！

乌尔姆街巴黎高师的生活设施一般，生活条件并不算好，入住的学生们必须用窗帘把宿舍隔成一个个小空间。福柯与来自亨利四世中学的五位同学一起入住了一间位于半一层的宿舍（thurne）。在那个长条形房子中，从门口到窗口，一边是：让·巴朋、居伊·德让、居伊·维黑；另一边是罗贝尔·斯特雷、莫里斯·沃茨劳和福柯。对于一直租住着单人间的福柯来说，过集体生活需要克服的困难接踵而至。

可是，福柯完全不能适应学校的集体生活。他性格内向，孤僻古怪，与舍友关系紧张，经常发生争吵。自我的期望与外界的认可所共同编织出来的对锦绣前程的梦幻，让每一个学生都在高度紧张和高度压力下学习和生活。难怪许多人在毕业30年之后，对巴黎高师的生活依然充满厌恶之情。这样的高压之下，福柯的舍友居伊·德让就直截了当地认为，每个人都神经兮兮的。福柯的行为也变得越来越乖张。他无情嘲笑别人，挖苦他讨厌的同学，给他们起外号，在大庭广众之下与所有人吵架，把这种嘲讽视为自己独特的技能。直到大家把他看作半个疯子。

各种古怪的传闻不胫而走。据说他曾用剃须刀划破自己的胸口，血淋淋地躺在大厅。据说他曾在半夜手持利刃追赶另一位同学。据说在入学第二年他曾自杀未遂。总之，他的心理极度脆弱，父亲不得不带他去看精神病医生。福柯第一次来到了圣-安娜医院（Hôpital Sainte-Anne），接诊的是杰出的精神病科的主任医师让·德雷①教授。圣-安娜医院是一所精神病医学专科医院，它在法国现代思想史上扮演着一个独特的角色。后来赫赫有名的精神分析派大师雅克·拉康年轻时曾在这里工作过，成名立派时又在这里开办他的研讨班。著名的诗人保罗·策兰②曾在这里接受治疗。阿尔都塞发疯之后，在这里度过余生。它可以说是法国精神分析学派的重要阵地。这是福柯第一次接触精神病机构，他将在疯癫与正常的边界上来回游走。他的前半生，将围绕着这个话题充分展开，所以后面福柯还会和这所医院有交集。

这次就诊让福柯获得两个意外的收获。第一个是，在巴黎高师的校医皮埃尔·埃蒂耶的建议下，在第三个学年，被诊断患有抑郁症的福柯在巴黎高师的校医院有了一间自己的病房——一个相对独立的私密空间，羡煞旁人。福柯可以心情相对平稳地学习和生活了。第二个是，福柯就此结识了让·德雷医生，并与其维持了长久的友谊。父执辈的让·德雷医生对年轻的福柯照顾有加，

---

① Jean Delay（1907—1987），法国精神病医生、精神病学家、作家。作为医生，他与助手发现了治疗精神分裂的特效药氯丙嗪。1968年"五月风暴"期间，学生冲击了他的实验室。他被迫提前退休，转而进行文学创作，发表了《安德烈·纪德的青年岁月》（1956，1957）等著作。1959年入选法兰西学术院（第17号座椅）。他的女儿佛罗伦斯·德雷（Florence Delay，1941— ）是剧作家兼演员，于2000年也入选法兰西学术院（第10号座椅）。

② Paul Celan（1920—1970），法国籍犹太诗人、翻译家。二战后最著名的德语诗人之一。1948年移居巴黎，1970年在塞纳河自溺身亡。

第一章　布尔乔亚少年（1926—1954）

圣-安娜医院的正门

尤其后来两人的研究领域愈加接近，他们会在国家图书馆见到时相互寒暄，相互寄赠自己的新书。福柯的早期研究侧重于心理学领域和精神分析领域，与让·德雷的影响不无关系。

3. 压抑的校园生活

现有的资料足够表明，巴黎高师的压抑氛围和竞争气氛，使得学生们多多少少都有些神经衰弱、神经紧张或者神经过敏。只不过福柯更严重，他患上了抑郁症。而他的同性恋倾向，无疑使他的抑郁症更为严重，以至于他完全无法适应巴黎高师的校园生活。福柯会时而消失几日，隐秘地光顾同性恋酒吧，但是再次现身的他，非但抑郁症没有缓和，反倒是表现得更为身心俱疲、失魂落魄和沮丧绝望。

1946年，法国政府颁布了《公务员普通条例》（*Statut général des fonctionnaires*），第十六条明确规定进入国家公务员系统的人必须具有高尚的道德。这个条例的内容无疑造成了相当紧张的氛围。福柯在这样的环境中当然只能保持低调。他压抑自己，以至于很多高师的同班同学都不知道福柯当时的同性恋倾向，他们只是对福柯的抑郁症症候，以及时而正常、时而不正常的不稳定状态记忆深刻。俗话说，久病成良医，福柯早期思想中所迷恋的心理学、精神病学和精神分析，很难说与他本人的经历没有关系。当然，我们也不能就此走向另一个极端，用福柯的同性恋倾向去解释福柯的所有著作。作为局外人，我们需要有一个明确意识，即我们所有人的思想都不是从无中产生出来，而是基于每一个个体特定的经历、特定的历史时期和特定的历史背景所形成的——既属于自己，又代表了一个时代；既表达了当下，又不局限于当下的——奇妙的表达。任何人的思想的产生都是如此。当然这一点也是福柯所认可的。事实上，不止福柯一个人，那个时代高师的其他的同性恋者也都极力回避这一点。

入学高师的头两年，情绪低落的福柯经常回家。回到普瓦捷之后，他的一个意外的收获是拿到了驾照，学会了开车。在1946—1947年，有钱买车无疑是家境富裕的表现，这使得开车成为一项非常时髦的技能。随着战后全国交通系统的日渐恢复，福柯可以频繁地往返于巴黎和普瓦捷。每逢节假日，他便归心似箭，一方面是回家看望自己的母亲，另一方面是摆脱学校紧张和压抑的气氛，据说故乡普瓦捷的空气对福柯的抑郁症有天然的疗效。福柯绝对是那个时代为数不多会开车的哲学家。据说，萨特就根本不会开车。而德勒兹，与其说是在开车，不如说是车在开他。这项技能，使福柯的活动半径陡然变大，他的意大利旅行也随即提上日程。而且，这项技能在日后将会派上大用场。十年之后，当他负笈北欧，客居乌普萨拉之时，就购入了一辆二手的捷豹轿车。这辆豪车与当地宗教气氛浓厚、清静恬淡的生活完全不符，于是迅速提高了福柯在当地的知名度。福柯经常驾驶着这辆捷豹，拉着朋友喝酒聚会，还不止一次酒后驾车，有一次还把车开到路边的水渠里，引得当地民众对这个来自法国的富家子弟带来的嘈杂和奢靡之风颇有些意见。不过这些都是后话了。

四、巴黎高师的师友

1. "凯门鳄"：阿尔都塞

福柯在高师就读时，受教的老师中第一个要提到的是"凯门鳄"——路易·阿尔都塞。1918年，阿尔都塞出生在法属殖民地阿尔及利亚。阿尔都塞曾就读于里昂的公园中学文科预备班，1939年考入巴黎高师。不久二战爆发，他应征入伍，但1940年6月被德军俘虏，随后被关押在德国北部的石勒苏益格-荷尔斯泰因战俘营达五年之久。他在被关押期间就开始研究马克思主义哲学，1945年二战结束，他重返高师，在巴什拉的指导下继续完成学业。1948年他先以笔试第一名，后以口试第二名的优异成绩通过大中学哲学教师资格考试，德勒兹与他同时通过考试，但排在第八名。1949年，他接替乔治·古斯塔夫担任巴黎高师的哲学导师。巴黎高师的学生们称呼他们自己的哲学导师叫：凯门鳄。1950年，"凯门鳄"阿尔都塞被任命为巴黎高师主管文科方面的主任，从此一直在高师工作。由于在战俘营的惨痛遭遇，阿尔都塞后半生一直患有严重的精神分裂症和躁郁症。直到1980年11月的一天，他神经错乱之下，亲手掐死了自己的妻子艾连娜。

阿尔都塞的主要任务是辅导高师的学生准备哲学教师资格考试。但是他除了教一门柏拉图导论之外，一般不教什么课程。其他时间，学生们需要提前预约才能和他见面，和他在办公室讨论教师资格考试的事情。福柯正是在此时成为他的学生,不过两人的关系显然不止于师生,而是朋友。福柯和阿尔都塞的友谊是如何建立起来的已经不可考,也许患有精神疾病的相同经历,使这师徒二人有了额外的共同话题。在福柯罹患抑郁症期间,阿尔都塞曾劝他不要住院接受治疗,福柯也就完全听从。两人的友谊维持了很久,超越了政治立场的差异和学术研究的藩篱。

巴黎高师时期的阿尔都塞还不是法国共产党的党员,他的政治立场也不完全属于马克思主义。他一直受到天主教的影响,尤其是在里昂中学上预科时的老师、法兰西学院院士、天主教哲学家让·吉东①的影响。吉东与梵蒂冈交好,与教皇保罗六世亦师亦友,他一生思考的主题都在考察人的信仰和人的理性之间的关系。即便后来阿尔都塞明确宣称他已经脱离了天主教,但其思想中的神学维度还是在隐蔽地起着作用。即便阿尔都塞后来加入法国共产党,但是他并没有表现出一副热心于现实政治的姿态,他对现实政治和党派政治并不热心,他的积极主动是相对的,他只在巴黎高师的小圈子里表现出了积极主动的姿态,或许是在给自己的学生做榜样。而福柯正是在阿尔都塞的影响下,开始接近并加入共产党的。

1948年,阿尔都塞加入法国共产党。这是时代的大势所趋。二战之后,冷战之初,共产党在法国政坛的影响非常大。1945年,法国共产党获得500万张选票,是当时最重要的政治力量。其后越来越热,党员人数达到90万。1946年,丘吉尔发表铁幕演说,冷战在即。法国政府必须选边站队,它天然地属于美国阵营一边。但是,法国共产党依然坚持亲苏联的各种政策,于是影响力随之逐渐下降。福柯正是在阿尔都塞的影响下,于1950年加入了如此情势下的法国共产党。二战之后的年轻知识分子对政治的态度模棱两可。他们对既定的生活方式和社会制度充满情绪,试图建立一个与此前不同的社会。而共产党则代表着一种与传统截然割裂的激烈变革。无论是阿尔都塞,还是福柯,他们的政治态

---

① Jean Guitton(1901—1999),法国天主教哲学家和神学家。

第一章 布尔乔亚少年（1926—1954）

度应被理解为一种社会革命者的心态。他们不满于一眼看到老的、一成不变的生活方式，比如在大学里日复一日地教书，在新闻机构安稳无忧地当一个小记者等。他们根本不在乎到底是选择杜鲁门的美国，还是斯大林的苏联，因为除此之外并没有其他选项。

福柯后来回忆说，对马克思主义的广泛兴趣乃是基于青春期的迷思。一如当初反抗父亲对自己未来职业的决断一样。他拒绝学医，坚持自己的道路，无疑挑战了父亲的权威，加剧了父子之间的紧张关系。但是他加入共产党这件事，却使得政治保守的父亲勃然大怒。因为这意味对父权制度的彻底造反，对传统的彻底颠覆。经历过第二次世界大战的洗礼，很多知识分子对传统所代表的东西彻底绝望，他们秉持激进的政治立场，纷纷选择加入共产党。

与阿尔都塞相像，福柯虽然加入了法国共产党，却不是各种活动的积极分子，他不怎么参加党的会议，也很少参加游行示威。他更多采取的是一种"知识党"的立场。此时，福柯已在巴黎高师兼课，讲授心理学内容，为弥补这种不积极的举动，福柯成立了一个民间组织，即"圣日耳曼-德佩的马克思主义者"读书小组（Saint-Germain-des-Prés Marxists），成员大部分是福柯的学生，比如保罗·维恩、热拉尔·热奈特、让-克劳德·巴斯隆以及莫里斯·潘盖等。圣日耳曼-德佩是巴黎第六区左岸中心区的名字，也是那里的地铁站的名字。显然，福柯的这一举动因为太过于民间化，并没有被党组织看好，甚至被组织斥为异端。

加入共产党和信仰马克思主义看来还是有些区别的。就连阿尔都塞也是在20世纪60年代才真正成为马克思主义哲学家的。他说，1948年，我担任哲学教授，并加入了法国共产党。从那时起，我一直在高师教哲学，并努力成为共产主义者。成为哲学上的共产主义者意味着成为马列主义哲学家，这不是一件容易的事。福柯的情况则更复杂。在阿尔都塞的影响下，福柯对马克思作品的阅读和研究，一直持续到20世纪60年代，直到《词与物》完成，阿尔都塞开始公开批评福柯的思想，两人的关系开始出现裂痕为止。

2. 影子朋友：雅克·马丁

雅克·马丁是福柯的影子朋友。

雅克·马丁是阿尔都塞和福柯两人共同的朋友。他比阿尔都塞小四岁，但是又比福柯大四岁。他是"一位没有留下任何著作的哲学家"。他对阿尔都塞和福柯的思想的形成都产生过非常重要的影响，以至于两人对他都用了相同的术语"作品的不在场"（l'absence de l'œuvre）来标示这种对自身的隐性影响。

雅克·马丁何许人也？只记载重大哲学家的史籍上当然不会给他留下只言片语。他于1928年生于巴黎一个药剂师家庭，1941年考入巴黎高师，师从巴什拉和让·伊波利特。1943年，原本因学生身份免于服役的他，为了学习康德哲学而自愿前往德国法兰克福从事战时强制劳动。等到1945年从德国战场返回高师后，他彻底迷茫了，不知道在奥斯威辛之后还如何继续学习德国哲学。之后，他转向了研究黑格尔和马克思哲学。梅洛·庞蒂称他是高师的"精神王子"。阿尔都塞则直接把自己的专著《保卫马克思》（1965）题献给他："本书谨献给我已故的朋友雅克·马丁，他在最为痛苦的煎熬中，独自找到了通向马克思哲学的道路，同时指导着我走上了这条道路。"可惜，雅克·马丁因为长期深受精神分裂症困扰，于1963年在巴黎高师附近租住的寓所中自杀身亡，临死前毁掉了自己所有的书稿和译稿。

雅克·马丁是个同性恋，他长期遭受着精神疾病的困扰，但是这并没有妨碍他在德国哲学和德国文学方面的才华和造诣。他起先醉心于康德哲学，翻译并出版过维歇特[①]的《无名的大众》、黑塞[②]的《玻璃球游戏》等德文作品。他和福柯之间有着更多相同的遭遇。但是，福柯没有只言片语提到过他的这位朋友。我们只能从阿尔都塞的记载中，得知福柯在雅克·马丁患病不能自理之

[①] Ernst Wiechert（1887—1950），生于东普鲁士，长期担任中学教师，1933年后成为职业作家、诗人。

[②] Hermann Hesse（1877—1962），德国作家、诗人。1946年获得诺贝尔文学奖。

后，定期接济他一直到他去世。他对黑格尔和马克思的研究，深刻地影响了阿尔都塞，使阿尔都塞摆脱了科耶夫式的对黑格尔的暴力解读；他又把另外两位法国概念哲学卡瓦耶斯①和康吉莱姆的思想介绍给阿尔都塞。最后他使阿尔都塞深刻理解了拉康的精神分析理论。这使阿尔都塞从一开始就没有走上现象学的马克思主义这条法国哲学的老路，而这是阿尔都塞式的马克思主义得以诞生的重要原因。

雅克·马丁对于福柯的影响没有直接的文献材料可证明。1964年3月，也就是雅克·马丁离世的第二年，福柯写下了一篇文章，《疯狂，著作的不在场》，重新阐释其博士论文《古典时代疯癫史》（1961）的主题。有研究者认为这篇文章不点名地提到了雅克·马丁，可以被看作"关于雅克·马丁的最大声的沉默文本"。②

雅克·马丁对福柯思想的影响，还表现在福柯中期历史考古学中所使用的术语"问题化"（problemetic）。对此，福柯当然没有提到自己的任何师承关系，这是20世纪50年代发生的事情，它集中表现在1961年出版的《古典时代疯癫史》中。倒是阿尔都塞直言不讳，他在英文版《保卫马克思》（1969）的《致译者信》中提到，这个"问题化"的概念和"断裂"的概念，不是福柯独创的，也不是康吉莱姆独创的，它来自他那遭逢不幸的朋友——雅克·马丁。③

3. 现象学导师：梅洛·庞蒂

梅洛·庞蒂所代表的是法国的现象学传统。他背后的思想资源是来自德国的现象学传统，深受胡塞尔和海德格尔的影响。梅洛·庞蒂1908年出生在海滨

---

① Jean Cavailles（1903—1944），法国哲学家、数学家、概念哲学思潮的代表人物，著有《论逻辑和科学理论》。41岁时被盖世太保杀害。

② cf. Nikki Moore, M.S. Thesis, *Between work: Michel Foucault, Louis Althusser and Jacques Martin*, Massachusetts Institute of Technology, Department of Architecture, 2005: 50.

③ Louis Althusser, *For Marx*, London/New York: Verso, 2005: 257.

城市罗什福尔，五岁丧父，由母亲抚养长大。他学习刻苦，成绩优异，从路易大帝中学——一所与亨利四世中学齐名的学校——考入巴黎高师，与萨特、波伏娃、西蒙娜·韦依和伊波利特是同班同学。1929年，他旁听了胡塞尔的"巴黎讲座"，之后对现象学产生浓厚兴趣。1930年他通过大中学哲学教师资格考试，之后便在各地的中学任教，直到1935年又回到巴黎高师，成为"凯门鳄"，之后便一直在高师教书。福柯考入巴黎高师的时候，梅洛·庞蒂刚刚凭借《行为的结构》（1942）和《知觉现象学》（1945）两本专著而获得博士学位。他勾连起现象学与精神分析、黑格尔哲学与马克思主义、存在主义与结构主义，学术地位正如日中天。

梅洛·庞蒂对高师学生的影响力要远远高于萨特。不过萨特的社会影响力更大一些。克劳德·莫里斯曾说，在他们年轻的时候，梅洛·庞蒂比萨特更为重要，大家对梅洛·庞蒂非常着迷。福柯说，梅洛·庞蒂的课程他一节不落全听了。高师的学生都是追随着梅洛·庞蒂的脚步，进入现象学的研究领域的。1949年之后，随着梅洛·庞蒂转至索邦大学，他的研究重心也逐渐转移到儿童心理学上。福柯也继续追随他到索邦大学。正是在梅洛·庞蒂的课上，福柯第一次听到了瑞士符号学家费尔南多·索绪尔的名字。当时的法国学界对他还是闻所未闻，结构主义思想还正在萌芽之中。

梅洛·庞蒂后来对胡塞尔现象学的推进与超越，也是福柯没有止步于现象学的重要原因。梅洛·庞蒂兴趣广泛，他在索邦大学开设的课程包括语言的获得与意识哲学、成年人眼中的儿童、儿童意识中的结构与冲突、儿童的心理社会学、儿童与他人的关系、人文科学与现象学、儿童心理学方法和他人的经验。其授课内容涉及胡塞尔的现象学、比朗和吉约姆的心理学、考夫卡和哥德尔施坦因的心理研究等。福柯听得津津有味。因为同时期，他正在索邦大学达尼埃尔·拉加什门下读心理学的学位。

福柯的现象学知识不仅来自梅洛·庞蒂所传递的胡塞尔这条线索，还有另外一条。

4. 海德格尔的传人：让·波弗莱

让·波弗莱是海德格尔的亲炙弟子，他代表的是德国现象学在法国的另外一个传统，他背后的思想来源是海德格尔。二战后，随着法国哲学家对德国哲学了解愈加深入，他们的认识逐渐从胡塞尔转移到胡塞尔的学生海德格尔身上。当时号称影响法国学术界和思想界最大的三位导师"三H"，指的就是名字以H打头的三位德国哲学家。他们按照时间顺序分别是黑格尔、胡塞尔和海德格尔。其中要数海德格尔的影响最大，他扭转了胡塞尔的现象学传统，使之导向了存在主义的向度。对于福柯后来的思想发展来说，海德格尔哲学的影响也非常大。而在其中，让·波弗莱可算是一个穿针引线式的人物。

与梅洛·庞蒂一样，让·波弗莱也是路易大帝中学的毕业生，1928年考入高师，1933年通过大中学哲学教师资格考试。他的第一位导师是让·瓦尔，后来他因与让·瓦尔不和，转而在让·吉东门下毕业。让·波弗莱在二战中参加了抵抗组织。二战后，他因读《存在与时间》而结识了海德格尔，后来向海德格尔转寄了若干关于法国存在主义的发展的文章，海德格尔便给他回信，这就是赫赫有名的《关于人道主义的信》。他派遣自己的学生前往德国向海德格尔学习，其中就有让-弗朗索瓦·利奥塔。让·波弗莱是海德格尔的密友，正是因为他的推荐，海德格尔注意到了一个后生小子雅克·德里达，对他称赞有加。

让·波弗莱当时在高师所讲的内容正是海德格尔的哲学，他积极向法国学界介绍海德格尔哲学。这引起了福柯极大的兴趣。福柯自己说，他曾经写下了大量关于海德格尔的笔记，数量远远超过关于黑格尔或者马克思的。海德格尔的著作对他的整个哲学形成都产生了决定性的影响。二战结束时，海德格尔思想在法国并不流行，没有什么译本可以参照，唯一值得提及的《关于人道主义的信》也是1947年才问世。所以，福柯基本上是在让·波弗莱的指导下，直接读德文原著，来了解海德格尔的思想的。而他对海德格尔思想研究的直接后果，就表现在若干年后他为宾斯万格①的专著《梦与存在》所撰写的长篇导言中。

让·波弗莱还讲授过关于康德的《判断力批判》《巴门尼德篇》等课程。福柯从让·波弗莱的课程中受益匪浅。他对于福柯来说不仅是哲学老师那么简单，更是代表了海德格尔和存在主义的小圈子。比如诗人保罗·策兰和热内·夏尔等，福柯后来和他们都很熟。

---

① Ludwig Binswanger（1881—1966），瑞士精神病学家，出身心理学世家，以现象学心理学研究享誉欧美。

五、哲学家的朋友

1. 尼采门徒：巴塔耶、克洛索夫斯基和德勒兹

巴塔耶

德国哲学家弗里德里希·尼采的思想对后世的文学、哲学、艺术领域，对存在主义、马克思主义和后现代思潮等哲学流派都产生了重要影响。而尼采的思想在法国思想界产生影响，则是二战之后的事情，而且，首先是通过文学领域传入法国。其中一位得力干将就是乔治·巴塔耶。

乔治·巴塔耶出生于1897年，完整经历了两次世界大战。1922年从巴黎的国家文献学校毕业后，巴塔耶前往马德里学习西班牙语，并准备环球旅行。两件事改写了他的生命轨迹，第一件事是他在马德里的斗牛场目睹斗牛士曼努埃·格兰诺被一头名叫Pocapena的公牛杀死。锋利的牛角刺入斗牛士的右眼，其头骨当场被刺穿。这是他后来创作的第一部小说《眼睛的故事》的重要来源。第二件事是他在法国国家图书馆获得了一个职位。回到巴黎后，他结识了流亡在巴黎的苏联哲学家列夫·舍斯托夫。舍斯托夫是犹太人，十月革命后即流亡法国。巴塔耶深受他的影响并在其推荐下开始阅读尼采和陀思妥耶夫斯基的著作。舍斯托夫式的绝望哲学与一战的惨烈阴影，导致了巴塔耶思想和生活的放荡不羁和颓废绝望。

斗牛士曼努埃·格兰诺被公牛刺穿右眼身亡

巴塔耶并没有受过职业的哲学训练,他最初走上哲学道路完全是舍斯托夫的功劳。虽然他后来极力消除舍斯托夫在他思想中的痕迹,但是我们还是能看到他对尼采的理解完全是舍斯托夫指导的结果。不仅如此,巴塔耶后来的"内在体验"思想,也完全可以在舍斯托夫的思想中找到原型。1928年巴塔耶与马克莱家族的小女儿、女演员席尔维亚·马克莱结婚,进入超现实主义艺术家和思想家的小圈子。后来他又旁听了亚历山大·科耶夫的黑格尔研讨课,深受黑格尔《精神现象学》中主奴辩证法的影响。1936年,巴塔耶开始阅读萨德的作品,进而把萨德从法国图书馆禁书区解放出来,大胆揭示人的禁忌体验。而这些经历都将成为在未来他与福柯产生交集的契机。

福柯对尼采和萨德的发现和理解,得自巴塔耶的圈子。后来在给伽利玛出版社推出的《巴塔耶全集·第一卷》(1970)所写的序言中,福柯给予巴塔耶高度的评价,说他是20世纪最重要的作家之一,我们亏欠他良多云云。福柯全方位深受巴塔耶的影响,其所说绝非过誉之辞。晚期福柯基本上就是一个复活了的巴塔耶。巴塔耶所提倡和奉行的情色与纵欲的思路将在福柯身上延续。当然,也正是福柯在战后重新发掘了巴塔耶的思想,使巴塔耶重新进入后现代的学术视野之中。

第一章 布尔乔亚少年（1926—1954）

此时的福柯，主要的思路还停留在巴塔耶的尼采阐释方面。因为福柯读了尼采，才变成了后来的福柯。后来福柯声称，读尼采，是因为读了巴塔耶；读巴塔耶是因为读了布朗肖。巴塔耶则是尼采和萨德思想的传人。1953年，福柯在意大利度假，他在西维塔维西亚海滩上阅读尼采的《不合时宜的思想》。他明确地说，这是一种对当下的逃离。

福柯认为，对尼采或巴塔耶的兴趣并非体现为某种对马克思主义或共产主义的背离，而是恰恰相反，这是连接并通向共产主义的唯一道路。彻底摈弃我们本应生活的世界，这个要求，是黑格尔哲学不能满足的。所以，我们正试图寻找其他的思想途径（即共产主义），来准确达到这一要求。福柯说，自己是在还不太了解马克思主义学说，完全拒斥黑格尔学说，并且对存在主义的局限抱有种种疑惑的情况下，在他的老师路易·阿尔都塞的引导下，加入法国共产党的。总而言之，福柯在1950年，要成为"尼采式的共产党员"。所以，在当时的情境下，福柯借助尼采和巴塔耶的思想，以及加入共产党，说明的是二战后法国知识分子试图摆脱黑格尔哲学和现象学为主流的传统思潮的努力。

福柯1950年入共产党，1953年退出共产党。其原因据说有二，一是福柯的同性恋身份，在党内受到无形的压力。考虑到当时的社会风气，他的同性恋身份是使他焦虑的主要原因。正如阿尔都塞说，福柯离开法国共产党的主要原因，是因为他是同性恋。但是还有一个原因，就是斯大林临死前炮制的反犹事件"医生案件"（Doctors' plot）的影响。1952年冬天，斯大林的九位医生被指控密谋杀害斯大林，其中有六位是犹太人。这个极权主义夹杂着反犹主义的消息于1953年初公布，瞬时引起轰动。按照苏联方面的要求，法国共产党对此事件的宣传不遗余力。当年3月5日斯大林去世，之后该案迅速得到了平反。法国共产党员随即要求法国共产党官方给出解释，但是最终也没有答复。不久之后，福柯就退出了法国共产党。

福柯在法国共产党内停留了大约三年。而马克思主义的思想，还持续在福柯思想中构成影响。这个时间应该更长。对此，福柯说："马克思主义不是一种哲学，而是通往哲学的道路上的一种体验。"

克洛索夫斯基

福柯在转向尼采的过程中，深受作家、翻译家和画家皮埃尔·克洛索夫斯基①的影响。

皮埃尔·克洛索夫斯基1905年生于一个文艺世家。他的父亲埃利希是画家兼艺术史家，波兰贵族后裔；母亲巴拉蒂娜则是著名的画家，1919年她遇见诗人里尔克，与之保持长久恋情，直到里尔克去世。克洛索夫斯基的弟弟，就是在里尔克的鼓励下自学成才的著名画家巴尔蒂斯。克洛索夫斯基家与安德烈·纪德家交好，克洛索夫斯基18岁就成为安德烈·纪德的秘书。1933年，科耶夫讲黑格尔《精神现象学》的时候，他也是在座听众之一。1935年，克洛索夫斯基结识乔治·巴塔耶，于是进入超现实主义艺术家和社会学家的圈子，进而认识了安德烈·布列东、莫里斯·海涅以及画家安德烈·马松。1936年，克洛索夫斯基参与巴塔耶所创办的《无头者》杂志的编辑工作。两人共同研究尼采和萨德，志趣相投，相见恨晚，其友谊保持了终生。

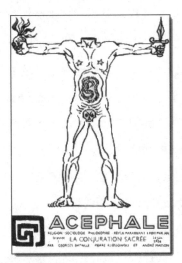

《无头者》（*Acephale*）杂志的第一期封面，由安德烈·马松设计并绘制，取材于达·芬奇的名画《维特鲁威人》

如前所述，福柯也因为其家族与让·彼尔的缘故，与巴塔耶和安德烈·马松相熟，进而认识了克洛索夫斯基。20世纪30年代，克洛索夫斯基就开始研究尼采思想，深受巴塔耶和布朗肖的关注；1954年即翻译了尼采的著作《快乐的科学》，其对尼采的翻译和研究使尼采成为战后法国哲学讨论的核心焦点，这

---

① Pierre Klossowski（1905—2001），波兰裔法国作家，曾引介大量德国哲学家的著作进入法国。

同时影响了后来的福柯和德勒兹。

于是，尼采后来成为福柯走上自己道路的重要手杖。

另外一个隐蔽的影响人物是萨德侯爵。20世纪以来，萨德的影响越来越大，直到二战之后达到顶峰。作为国家图书馆图书管理员的乔治·巴塔耶把萨德的著作挪出禁书区，并为因为出版萨德小说而遭到起诉的出版商鲍维出庭辩护。随着克洛索夫斯基（1947）、波伏娃（1951）以及霍克海默和阿多诺的《启蒙辩证法》等工作的推进，萨德思想得到解禁，他作为启蒙思想家的地位也得以确立。1953年，萨德侯爵写于1813年的书《法国女王秘史》在法国正式出版。1962年，拉康的研讨会就专门讨论康德与萨德。将这两个人物做一勾连，福柯在前一年出版的《古典时代疯癫史》就已经做过。20世纪70年代之后，萨德问题连同巴塔耶一起，成为福柯、罗兰·巴特、德里达、德勒兹等重量级哲学家讨论的焦点，而这股热潮一直持续至后结构主义时期。

德勒兹

德勒兹在福柯思想形成期无甚影响，但是对于福柯成熟期的思想而言，德勒兹无疑如影随形。德勒兹比福柯大一岁，1944年入索邦大学，师从康吉莱姆、伊波利特、阿尔奎耶和冈迪亚克，1948年获得大中学哲学教师资格证。福柯和德勒兹的交集，始于两人对尼采的兴趣。1962年，德勒兹发表《尼采与哲学》，福柯甚为欣赏，此时福柯也正转而研究尼采。后来两人在克莱蒙-费朗相识。1964年，德勒兹作为召集人召开的鲁瓦约蒙尼采会议，成为两人友谊的真正起点。三年后，尼采全集法文版的编辑出版工作又将两人的友谊继续深化。德勒兹给福柯写过很多书评。他为《词与物》撰写书评，赞其为"一部了不起的著作，充满了新思想"，其后又为《知识考古学》撰写评论文章《一位新的档案学者》，为《规训与惩罚：监狱的诞生》（以下简称《规训与惩罚》）撰文《一位新的地图绘制学者》。1968年"五月风暴"之后到20世纪70年代前期，两人持续走近，福柯受命筹建万森大学哲学系，德勒兹正是他需要延揽的教授之一。1970年，福柯撰写了《哲学剧场》一文，正是为德勒兹的《差异与重复》（1968）和《意义的逻辑》（1969）撰写的评论，开头即盛赞这个世纪将是德勒兹的世纪。1971年，德勒兹参加了福柯和伴侣德菲尔发起的监狱信息小组（GIP），其后两人在诸多政治活动中都保持一致，共同进退，但同时，两人的友谊已经出现裂隙。

1972年，德勒兹和瓜塔里的新书《反俄狄浦斯：资本主义和精神分裂》（以下简称《反俄狄浦斯》）出版。此时福柯在法兰西学院已经完成了一篇自己对俄狄浦斯的解读，即《俄狄浦斯的知识》。1976年，福柯给《反俄狄浦斯》英文版撰写了序言，虽然依然是一片溢美之声，但是实际上已经有所批评。德勒兹和瓜塔里还是在进行精神分析式的解读，然而，这在福柯看来需要深入到权力和性真理的生产中去思考。于是，福柯在后来撰写《性经验史》时，就走上了与德勒兹完全不同的道路。此外，两人对意大利和联邦德国的恐怖军事组织①的态度完全不同。由于瓜塔里的原因，德勒兹对这些激进的极端组织持一种支持的态度，大肆接待来自意、德两国的恐怖组织成员，进而批评意大利和联邦德国都是"法西斯国家"。直到1975年，联邦德国律师克罗伊桑为"红军派"辩护而遭政府起诉，福柯不愿意在声援克罗伊桑的请愿书上签字，而德勒兹已经签字，于是两人彻底决裂。福柯对这种极端思想及其政治实践始终保持批评态度，他不愿意像德勒兹一样为其背书，从此两人不再联系。

1984年5月，福柯病逝前，两人重新开始通话，德勒兹甚至到医院看望了他。福柯去世后，德勒兹非常伤感，写下悼词和其他很多纪念文字。1985—

---

① 指联邦德国的"红军派"（Rote Armee Fraktion，简称RAF）和意大利的"红色旅"（Brigate Rosse，简称BR）。红军派是联邦德国的一支恐怖主义组织，成立于1968年"五月风暴"前后，主要活动时期为20世纪70年代，从反美演变为反政府。曾抢劫银行、攻占使馆、绑架资本家，造成1977年的社会恐慌"德意志之秋"。1998年该组织宣告自行解散。红色旅是意大利的一个军事组织，成立于1970年，成员大多为激进的工人和学生。该组织声称它的宗旨是对抗资产阶级，"使权力机构瘫痪"，曾策划大量破坏机器、抢劫银行、绑架谋杀等行动，1978年绑架并处决了意大利前总理阿尔多·莫罗。后来，该组织被意大利政府认定为恐怖组织。

1986年间，德勒兹甚至在巴黎第八大学（即万森大学）开设福柯的研讨班，后整理了专论福柯的专著。

后来德菲尔回忆说，德勒兹和福柯的关系对理解两人的思想非常重要。虽然两人立场和观点不尽相同，但是两人相互欣赏，算得上唯一能相互倾诉的对象。他们在哲学思想方面相互影响都很深。福柯思想中有强烈的黑格尔色彩，一种强烈的否定性，但是从20世纪70年代开始，德勒兹为了走出黑格尔的否定性阅读，开始对尼采进行创作性的积极阅读，福柯对尼采的肯定性的兴趣，或者正来自德勒兹的启发。而福柯去世后，德勒兹从褶子（pli）和机制（dispositf）角度对福柯思想的总梳理，[1]也一度成为福柯阐释的重要向度。

2. 文学时期：布朗肖、夏尔

对尼采的靠近，在某种程度上，贯穿于福柯的后半生；而与之并行发生的，是福柯对文学的兴趣。整个20世纪50年代，都堪称福柯思想中的文学时期。由尼采作品开始，福柯继续阅读了卡夫卡、福克纳、纪德、马塞尔·儒昂多[2]、让·热内[3]等人的作品。

理解法国哲学的难点，在某种程度上就体现在这里。当谈论福柯的时候，我们需要额外谈到其他相关内容，需要涉及当时的文学、艺术、政治、音乐等各个领域的知识。这样才可以深入到当代法国思想的脉络之中，这一点在法国现代思想中表现得尤其明显。这要求我们拥有相当的知识储备，诸如德国古典哲学、德国现象学、古希腊罗马哲学、天主教复兴运动、法国先锋文学、精神分析的兴起、冷战政治生态、战后学生运动、结构主义思想以及后现代思潮等背景知识。

---

[1] François Ewald, *Michel Foucault*, philosopher, Simon & Schuster International Group, 1992：159-166.

[2] Marcel Jouhandeau（1888—1979），法国作家、文学评论家。

[3] Jean Gene（1910—1986），法国小说家、剧作家、诗人和社会活动家，出身社会底层。

法国现代文学的表现形态，有一半内容是与法国当代哲学交织在一起的。尼采所带来的存在主义，在文学中最早呈现并加以传播。福柯的文学兴趣，得自这一条脉络上的律动。1953年1月5日，萨缪尔·贝克特的荒诞剧《等待戈多》正式公映，一票难求，迅速成为一个文化事件，至今依然在不断重演。从这个象征符号继续向前追溯，我们就会来到莫里斯·布朗肖，这个后来福柯无比崇拜的人面前。在这条脉络上翩翩起舞的人，则有贝克特、列维纳斯、巴塔耶、罗兰·巴特、德里达、南希等。

　　布朗肖是一个极其低调的作家、文学批评家。低调到没有人知道他是否还活在人间，就连法国人自己也搞不清楚，直到他2003年以96岁高龄辞世之时，法国学术界和思想界才意识到原来他一直活着。这位当代"隐士"，1923年入斯特拉斯堡大学读书，结识了正在此地教书的立陶宛裔犹太哲学家列维纳斯，后者给他介绍了海德格尔哲学中"向死而生"的此在本真状态。两人后来成为莫逆之交，将这段友谊维持了终生。20世纪30年代，他也在巴黎参加了科耶夫的黑格尔研讨课小圈子，继续研究海德格尔和卡夫卡。1940年，他又在巴黎结识巴塔耶，与其成为终生的挚友。1947年，就在福柯考入巴黎高师，深受巨大的压力和白热化的竞争而抑郁症频频发作的时候，颇有道家风范的布朗肖已经离开巴黎，去南方一个小村庄埃兹隐居了。他厌倦了体制化的学术研究生活，宁可自己通过写作养活自己。其间他不问世事，只与恩师列维纳斯往来，其余社交全部靠书信完成。等他十年后再次出山，已经是沧海桑田。1968年"五月风暴"期间，他大力支持学生，政治立场开始左转。正在此时，他遇到了对他无比仰慕的学术新星福柯，但是福柯并不认识他。在福柯去世后，布朗肖在纪念文章《我所想象的米歇尔·福柯》中提道："在索邦大学的校园里，可能是6月或7月，就是那次，我有幸与他（福柯）交谈了几句，而他本人根本不认识我这位攀谈者。"

　　福柯与布朗肖的擦肩而过，并没有影响两人思想上的交往。1968年之后，布朗肖再次隐居不出。而他所经历的遭际，让他写成了《作者之死》，福柯

第一章 布尔乔亚少年（1926—1954）

在1970年法兰西学院就职典礼上宣读的《什么是作者》，就直接借用了他的思想。在20世纪50年代时，福柯曾说，他梦想成为布朗肖。而此时的布朗肖刚写完对萨缪尔·贝克特的新作《无法称呼的人》的长篇评论，明确区分了"我"和作者。这便是"作者之死"思想的前身。难怪福柯的传记作者迪迪埃说，布朗肖是理解福柯20世纪六七十年代工作的最为重要的根据之一。他们没有见面，他们没有私交，他们没有说过话，但是他们在精神上是真正的朋友。

另一位给予福柯重大影响的是热内·夏尔①。作为法国战后最著名的诗人，夏尔出入超现实主义的圈子。二战中，他曾加入抵抗组织，成为普罗旺斯地区游击队的领袖。他与加缪私交甚密，同时又是巴塔耶和布朗肖的朋友。1960年1月4日，加缪原本打算与夏尔一起乘火车返回巴黎，但是他们共同的朋友伽利马出版社总经理的侄子米歇尔·伽利马邀约他们一道乘他的豪车——法赛·维嘉·HK500②返回，最后加缪选择与伽利马同行，夏尔则因为汽车超载只能乘火车返回巴黎，而加缪则于返程的途中在维勒布莱万附近，与伽利马一同死于据说是克格勃策划的离奇车祸。而命大的夏尔，则躲过此劫。

加缪对夏尔非常赞赏，称其为"法国诗坛上我们最伟大的、现尚在人世的，而且是'疯狂和神秘'的诗人"。在海德格尔到访普罗旺斯的时候，加缪牵线热内·夏尔同海德格尔相识。海德格尔对夏尔的诗歌推崇有加，称其为"向不可言说者的强行军"，现代派诗人中海德格尔最看好的只有两位，即热内·夏尔和保罗·策兰。夏尔的诗歌，影响了加缪、巴塔耶、阿伦特等人。福柯更是后来在课堂上和著作中，频繁引用夏尔的作品。这个痕迹从最早期的《梦与存在》序言一直延续到最晚期《性经验史》的第二、三卷《快感的使

---

① René Char（1907—1988），20世纪法国文坛最具影响力的诗人。福柯深受其影响。
② 法赛·维嘉（Facel Vega）是法国最后一个豪华轿车品牌，一共制造了约2900辆，非常昂贵，其售价与劳斯莱斯不相伯仲。其客户都为社会名流。

用》和《关心自我》。福柯能够大段地背诵夏尔的诗歌,后来在瑞典教课期间经常在课堂上讲授。福柯和夏尔从来没有见过面,也没有说过话,但是夏尔却对福柯赞赏有加,以至于把自己创作的最后一首诗题献给四天后溘然辞世的福柯——《朦胧的克勒兹河》。

还需要提到另外一首诗《红色饥饿》,该诗选自夏尔创作于1966年的诗集《回归高地》。诗的开头写道:"你疯了。这多么遥远!你死时,一根手指横在嘴前。"而福柯后来有不止一张的肖像照片,就是一根手指横在嘴前。这是何等显白的用意?

福柯肖像,图片来自网络,原始出处及拍摄时间不详

福柯在巴黎寓所,摄于1978年

3. 作为音乐家的恋人：让·巴拉克

哲学与音乐的关系往往神秘莫测，哲学家与音乐家的关系也往往神秘莫测，前有尼采与瓦格纳；后有维特根斯坦以及阿多诺。福柯在此也算一例。值得一提的音乐家有两位，一位是奥利维耶·梅西安[①]，另一位是皮埃尔·布雷[②]。梅西安生于1908年，被誉为20世纪最具代表性的作曲家之一，对调性与和声有深入研究，其作曲风格独特。布雷18岁就进入巴黎高等音乐学校学习，师从梅西安，最终成为著名的作曲家和指挥家。布雷二十几岁时就发表了两部奏鸣曲，表现出极高的音乐天赋。布雷比福柯大一岁，1951年两人正式结交。虽然布雷与福柯的交往不算频繁，但是两人却有一个共同的爱好，那就是都热衷于诗人热内·夏尔的诗歌。1955年，皮埃尔·布雷为热内·夏尔在1934年出版的一首诗歌《没有主人的锤子》谱曲，写成一部九乐章的女低音和六重奏乐曲。此时的福柯也同样正着迷于夏尔的诗歌。福柯因而进入了法国先锋音乐家的小圈子，但是音乐可不是福柯所擅长的领域。只不过，20世纪50年代的福柯，正处在一个兴趣广泛、艺术气息浓郁的阶段。[③]

难怪福柯的传记作家大卫·梅西说，福柯在枯燥的学术生活中，突然与现代音乐进行了一次亲密接触，并与一位杰出音乐家经历了一次疾风骤雨般的感情生活，这使得他迅速从当时的法国学术传统中跳脱出来，走上了一条属于自己的学术道路。意义不可谓不重大。

正是在这个音乐家圈子里，福柯有机会结识了另一位年轻的音乐家让·巴拉克。巴拉克生于1928年，比福柯小两岁，是梅西安和布雷在巴黎高等音乐学校的学生。福柯与巴拉克的相遇是1952年的事情。年轻的巴拉克充满激情，他

[①] Olivier Messiaen（1908—1992），法国作曲家、音乐教育家。
[②] Pierre Boulez（1925—2016），法国作曲家、指挥家。
[③] 参见：让·巴拉克（Jean Barraqué），《德彪西画传：印象派音乐画家与象征主义音乐诗人》，宋航译，北京：中国人民大学出版社，2004年。

让·巴拉克

让·巴拉克与福柯
（左一为巴拉克，右一为福柯）

对音乐非常严苛，但并不是一个古板的人；相反，他倒是一个积极地享受生活的人。每逢大家结束在音乐学校梅西安的课程，他都要组织这个青年音乐家小圈子聚餐，上好的红酒当然必不可少，此时的他俨然是一个美食家。福柯经常被邀请在列，虽然他听不懂这帮同龄的音乐家在说什么，但是气氛依然和谐融洽，大家天南海北，胡聊一气，其乐融融。正是在这样的频频交往中，福柯与巴拉克之间首先产生了友谊，进而迅速上升到了罗曼蒂克的程度。

这段恋情维持了三年时间，后来因福柯远赴瑞典乌普萨拉大学而逐渐冷淡下来，两人进而分手。后来福柯回忆这段恋情，曾隐晦地说，他二十来岁的时候，遇到了他的第一个同性恋人，他是一位音乐家。虽然没有明确提到当事人的名字，但是明眼人一看就知道，他指的就是让·巴拉克。这段恋情对双方的人生轨迹造成了什么样的影响，我们缺乏直接的材料，但是，从两人后来的访谈和作品来看，这段恋情堪称影响深远。

福柯把巴拉克引入到法国当代哲学家的圈子中，他向巴拉克推荐了当时法国哲学界关注度正高的思想家，如尼采、海德格尔和宾斯万格。1954年,奥地利小说家赫尔曼·布洛赫①小说《维吉尔之死》的法译本刚刚出版,福柯就把它推荐给了巴拉克。而巴拉克则把福柯引入音乐家的社交圈子中,为哲学带来了音乐。而且更为重要的是,正如迪迪埃所说,音乐使福柯的哲学思想摆脱了当时法国哲学家所侧重的现象学和马克思主义的影响。厕身于艺术家行列中的年轻哲学家,也表现出了如艺术家一般的鲜明个性。

巴拉克在福柯的引导下,深受尼采影响,为尼采的《查拉图斯特拉如是说》中的诗歌谱曲,创作了《序列》(séquence,1956),进而深受海德格尔哲学的影响,他为赫尔曼·布洛赫的作品谱曲,在其著作的影响下,先后写出了《被修复的时间》(Le Temps restitué,1957)、《话语》(Discours,1961)、《吕萨尼亚》(Lysanias,1966)、《一唱再唱》(Chant après chant,1966)和《火的廊柱》(Portiques du Feu,1968)等作品。福柯则在巴拉克的影响下,逐渐成为真正的福柯。1967年,他在与西班牙学者保罗·卡鲁索(Paulo Caruso)的对话中说,音乐对他思想的构成所产生的重要影响,与尼采对他的影响可以等量齐观;并且唯一一次提到了巴拉克的名字,他说,对他来说巴拉克是最杰出的音乐家,同时也是当前一代最为陌生的音乐家。然而此时的福柯自称,他的兴趣已经从音乐转向了绘画。明面上看,他指的是刚刚完成了对西班牙画家委拉斯凯兹的《宫娥图》的哲学阐释,而实质暗指的是,这段恋情已经结束了,因为那时他已经找到了达尼埃尔·德菲尔。

从两人感情的起点看,他们兴趣相投,都对贝多芬感兴趣,对海德格尔和尼采感兴趣,对卡夫卡、陀思妥耶夫斯基感兴趣,对热内和贝克特感兴趣。然而,两人因尼采而结缘,因尼采而分手。1952年两人初识之时,巴拉克正在构思和创作自己的作品《序列》,当时的创作灵感得自波特莱尔,随后由于福柯的介入,福柯所推荐的尼采成为巴拉克创作的主要源泉。1956年3月,《序列》

---

① Hermann Broch(1886—1951),奥地利作家,他把群体心理学和政治理论引入文学创作。代表作有《维吉尔之死》。

最终创作完成,并在巴黎小马里尼剧场公演,然而此时的福柯已身在瑞士,分处两地使两人的关系实质上已然中断。

1955年8月26日,福柯离开巴黎,来到瑞典乌普萨拉。此时他依然试图维持与巴拉克的关系,他说愿意来年5月就提前回国。就在《序列》公演后不久,巴拉克还是选择了分手,他给福柯寄去了一封绝交信。到了1956年5月,福柯回国度假,他还抱有幻想地写信给巴拉克询问他是否愿意暑假相见,结果没有等到任何实质性的消息,巴拉克就这样从福柯的生活中彻底退出了。

4. 科学史学派:巴什拉、康吉莱姆

巴什拉是另外一个向度上的存在。加斯东·巴什拉①是法国科学史维度上的重要代表人物。巴什拉和卡瓦耶斯一样,对于福柯来说,属于上上一代的前辈学者,属于他的师爷级。巴什拉把诗学想象与科学认识论做了完美的结合,开创了一种研究法国科学哲学和科学史的独特方法,绵泽后学,被誉为"有艺术家气质的科学史家"。他的学生康吉莱姆忠实地继承了他所开创的道路,不过比他更偏重科学的一维。1955年,加斯东·巴什拉从索邦大学科学哲学和科学史教席上退休,接替他学术衣钵的就是他的学生康吉莱姆。康吉莱姆继续沿着巴什拉的道路前行,把科学哲学推进到科学史的领域。巴什拉与自己的优秀学生康吉莱姆之间,多少还是有些差异。巴什拉研究物理和化学,而康吉莱姆则主要关注生物学和医学,而且他本人就是医学博士出身。所以,巴什拉是科学哲学家,而康吉莱姆是科学史学家。

福柯正是在此时成为康吉莱姆的学生,而后者则是他学术上的重要的引路人之一。在这个意义上,福柯早期哲学完全继承了巴什拉-康吉莱姆的治学思路。但是我们毋宁说他是透过康吉莱姆而直接通达巴什拉,从而构建了一条

---

① Gaston Bachelard(1884—1962),法国哲学家,自学成才,著有《火的精神分析》《空间的诗学》《梦想的诗学》等。

"巴什拉–康吉莱姆–福柯"的法国科学哲学和科学史传统的清晰脉络。

巴什拉的思想深刻地影响了福柯早期作品的色调,虽然福柯没有在任何著作中直接提到这种影响。在《梦与存在》的长篇序言中,他也只是偶尔提到了巴什拉的著作《空间和梦》。然而,美国学者盖瑞·古廷①却一针见血地指出福柯对待科学的立场,完全是巴什拉式的。巴什拉提出了著名的"认识论障碍"和"认识论断裂"的问题。事实上,巴什拉并不是第一个使用"认识论断裂"这个术语的人,但他的科学史研究思路激发了后来概括出该术语的马克思主义哲学家路易·阿尔都塞。在巴什拉看来,科学史的发展并不具有连续的整体性,而是像爱因斯坦的相对论一样表现为不连续性。他所批判的对象正是以孔德为代表的实证主义思路。而这种认识论断裂的提法,明确成为福柯在其中期思想《词与物》中考察不同时期认识的直接思想来源,同时也成为20世纪60年代路易·阿尔都塞考察马克思主义思想时的重要概念。

巴什拉所提出的重要思想有关于科学的认识论、关于时间和意识的研究,以及关于想象力的研究。其中,关于想象力的研究开创了一种全新的颠覆性的人本主义,它能够使得主体发生改变。以至于它不仅颠覆了笛卡儿、胡塞尔和萨特的传统的人本主义,而且在某种程度上也削弱了阿尔都塞、德里达和福柯等人所开启的后人本主义的思潮。从这一点来说,福柯《词与物》末尾中所探讨的人的死亡和人的消失的问题,在巴什拉的思想中是可以找到其根源的,或者说,后人本主义思潮的这些思想家无一例外都受到了巴什拉思想的启发。

在福柯思想形成时期,与康吉莱姆的因缘际会,使得他成为法国科学史传统的继承者,而不是像同时代的其他人一样,走上了现象学、精神分析、结构主义或者马克思主义的道路。科学哲学和科学史传统在福柯思想中作为底色永

---

① Gary Gutting(1942—2019),美国哲学家,圣母大学哲学教授,主要研究科学哲学、分析哲学和福柯思想。

远存在着。或者，我们可以这样说，正是因为这样的底色，我们才能够说，福柯思想是纯正的法国思想的后裔。他继承了孔德、科伊热和卡瓦耶斯，他继承了巴什拉和康吉莱姆，所以福柯后来提到康吉莱姆时，会充满敬意地说："抛开康吉莱姆，你就无法更好地理解阿尔都塞，无法更好地理解法国的马克思主义者所进行的系列讨论，你也不可能领会像布尔迪厄、卡斯特尔、帕斯隆的独特之处，你也会错过精神分析家的理论著作以及拉康的追随者，更有甚者，在1968年之后的思想的整体讨论中，我们很容易找到那些或近或远的受到过康吉莱姆训练的人的位置。"①

康吉莱姆是巴黎高师1924级的学生。他与萨特、雷蒙·阿隆、保罗·尼赞是同班同学，1927年毕业之后便在法国各地的高中任教。在图卢兹任教期间他开始研习医学，并于1943年获得医学博士学位。战时，康吉莱姆积极参加法国抵抗运动，战后，他于1948年成为全法高中哲学评估部门的主席，他生硬的办事方式和火爆的脾气，招致了中学教师群体的反感。1955年，他接替去世的巴什拉，成为索邦大学的教授，并成为该校科学史研究所的主任。他在这个岗位上一直干到1971年，由此对法国哲学界产生着一种隐而不显的持续影响。

康吉莱姆是福柯在巴黎高师读书时的老师，更是福柯后来博士论文《古典时代疯癫史》的指导教师，虽然论文主体部分是在瑞典写成，但是福柯在序言中明确提到康吉莱姆对他论文的论述和审读。福柯对康吉莱姆哲学地位的总结陈词，来自福柯给康吉莱姆的成名作《正常与病态》一书的英文版撰写的序言。福柯说，他的著作一丝不苟，他刻意而精心地固守在科学史的一个特定领域，他在任何情况下都不会混同于任何一个特定的学科，却莫名其妙地发现自己出现在了自己一直留意着不要卷入的讨论中。康吉莱姆对法国当代思想的影响是立体的，尤其是在福柯所经历的从结构主义到解构主义，再由解构主义到

---

① Georges Canguilhem, *On the Normal and the Pathological*, Boston, Reidel Publishing Company, 1978: 7–14.

后结构主义的过程中，受益匪浅。康吉莱姆的概念史研究及其成果之一《正常与病态》，考察的是病态如何在科学和历史中被定义为正常的反面的全过程，该书的方法论是观念史的考察，其研究主题是医学人类学，这些都直接启发了福柯，成为后来福柯博士论文《古典时代疯癫史》的议题来源和思想依据。

福柯后来回忆说，战后法国哲学界可以分为两大类。一类是巴什拉、卡瓦耶斯、科瓦雷和康吉莱姆为代表的概念哲学家，他们从事的是科学史研究；另一类是萨特、梅洛·庞蒂为代表的存在主义者和现象学家，他们主要关注的是经验与意义的世界。而在其中，康吉莱姆是这两大类思潮的一个重要的交会点。他后来被认为是结构主义的先驱，因为科学史研究中的结构分析直接出现在后来结构主义的思想之中。康吉莱姆是一个高寿的学者，他见证了福柯从青年学者到学术明星，再到公众人物和后现代标志的全过程。以至于1984年福柯死后，这位福柯博士论文的指导教师，不无伤感地撰文寄托对自己得意弟子的哀思。

六、心理学研究与拉康时代

1. 心理学家的圈子

福柯的思想色谱中，不得不提的是心理学的部分。这个部分往往是从事思想史研究和哲学研究的人所忽略的内容，但是它又非常重要，不只是在福柯的思想形成过程中，在法国现当代思想史的发展脉络中，亦复如是。

巴黎高师的心理学专业研究在福柯入学之前就已经展开了。当时的"凯门鳄"乔治·古斯多夫（Georges Gusdorf）就是其中的主导人物。乔治·古斯多夫于1933年入巴黎高师求学，是巴什拉和布伦什维格的学生，他与社会学大师埃米尔·杜尔凯姆的得意弟子安德烈·拉朗德[①]和哲学史家埃米尔·布雷耶[②]的关系都非比寻常。在路易·阿尔都塞来到巴黎高师接替乔治·古斯多夫的职位之前，福柯曾一度接受古斯多夫的论文指导，直到古斯多夫1948年被调往斯特拉斯堡大学哲学系为止。他对巴黎高师的贡献就是心理学研究领域的全面开拓。

他曾邀请他的朋友诸如乔治·多梅丛[③]、亨利·埃[④]和雅克·拉康来学校，为高师的学生们讲授变化巨大、日新月异的心理学发展内部的新思潮，

---

① André Lalande（1867—1964），法国哲学家。
② Émile Bréhier（1876—1952），法国哲学史家，著有七卷本《哲学史》。
③ Georges Daumezon（1912—1979），法国精神病学家。
④ Henri Ey（1900—1977），法国精神病学家。

轮流组织每月一次的学术讲座。乔治·多梅丛是法国版的"心理治疗协会"（Institutional Psychotherapy）的创始人之一，亨利·埃是战后法国"精神病学进化"（L'Évolution psychiatrique）运动的主要推手和得力干将，而拉康此时正专注于临床医学和临床诊断，已经完成了镜像理论，提出要返回弗洛伊德，即将与法国的精神分析学界决裂。他们的精神病学研究成果，使得福柯能够从一个更为自由的角度来反思和审视精神病学的理论与实践。

在巴黎高师求学期间，福柯选修了索邦大学心理学家达尼埃尔·拉加什的课程，并于1949年获得心理学学士学位。拉加什是战后法国心理学界的领军人物。他于1924年入巴黎高师学习，同学人才济济，他与康吉莱姆、萨特、保罗·尼赞和雷蒙·阿隆等都是同学。拉加什求学期间因受到乔治·杜马①的影响而转学医学与精神分析。他曾于1930年通过大中学哲学教师资格考试，但是随后依然转向心理学。1937年，他受聘任斯特拉斯堡大学心理学讲师。1947年，他在索邦大学担任心理学教席。福柯正是在此阶段选修了他的心理学课程。

巴黎高师的学生们对精神分析和心理学的研究，不只局限在课堂的理论知识上。在众多优秀教师的指导下，他们还有机会亲自参与到精神分析的临床治疗中。无论是古斯多夫还是他的继任者阿尔都塞，都对临床实践教学非常重视。在乔治·多梅丛的联系下，学生们经常前往多梅丛自己任职的富勒瑞-勒-奥伯来医院，亲自聆听医生们的讲解示范，进行现场学习；阿尔都塞则带着学生们频繁地前往巴黎最著名的精神病治疗医院——圣-安娜医院观摩。福柯就是其中的常客。圣-安娜医院他更熟悉，他曾在那里接受过一年多的治疗，让·德雷医生和亨利·埃医生都曾是他的主治医师。于是，患者变成医生，福柯也就此进入了法国战后精神病和心理学界试图革新学科的"精神病学进化"的小圈子。

拉康对高师学生的影响也很大。高师的很多同学最后都加入了拉康的精神

---

① Georges Dumas（1886—1946），法国医生、心理学家，著有《心理学论》总计十卷本。

分析圈子。迪迪耶·昂泽[1]和福柯曾经一起参加过拉康的研讨班。他是高师1944级的学生，先跟着拉加什学习心理学，1948年通过大中学哲学教师资格考试，1951年成为拉加什的助手。他先跟随拉康学习精神分析，然而后来，他发现自己的母亲也是拉康精神分析的病人，经常出入圣-安娜医院，而且被拉康作为案例编入了早期专著之中，被称为"爱梅案例"（1932）。在对拉康的愤怒之下，他于是转入拉加什的朋友、来自瑞士的精神分析家乔治·法威[2]门下继续学习。在批判拉康理论的基础上，他发展了弗洛伊德的自我分析学说。

还有一位是让·拉普朗什[3]。1944年，拉普朗什从亨利四世中学考入巴黎高师学习哲学，师从让·伊波利特、加斯东·巴什拉和梅洛·庞蒂。他与迪迪耶·昂泽、让-贝朗特·彭塔利[4]是同班同学。1946—1947年他在哈佛大学访学期间结识了波兰裔美国精神分析学家鲁道夫·罗文斯坦[5]，拉康正是在此人指导下展开其早期的精神分析理论和实践的。于是，让·拉普朗什精神分析理论的理解得到了迅速的提升。回国后他积极参加拉康的研讨班，在拉康的建议下开始学习医学，并取得博士学位，随后加入拉康的国际精神分析学会。他还有个副业，就是与妻子一起经营勃艮第的波马尔红酒庄，号称是"世界上唯一由拉康弟子酿造的干红"。拉普朗什在两个领域都很成功，这种双重身份启发了福柯后来在研究方向上的选择。

昂泽和拉普朗什都是福柯的师兄，他们比福柯早两年进入高师。当时高师的风气就是一边学习哲学，一边学习心理学和精神分析。当时的学术体制里面，心理学的学位设置和课程设置，都处在逐渐完善的过程之中，心理学作为

---

[1] Didier Anzieu（1923—1999），法国精神分析家。先后师从拉加什、拉康和法威等。
[2] Georges Favez（1901—1981），瑞士精神病学家、精神分析家。
[3] Jean Laplanche（1924—2012），法国精神分析家、作家、酿酒师。
[4] Jean-Bertrand Pontalis（1924—2013），法国哲学家、作家、精神分析家。
[5] Rudolph Loewenstein（1898—1976），精神病学家、精神分析家、巴黎精神分析学会（SPP）的创始人之一。

独立专业正从哲学专业中分化出来。学生们都有非常坚实的哲学功底和自然科学训练,转向心理学的大有人在,而做交叉学科研究的也为数不少。迪迪耶·昂泽属于前者,而拉普朗什属于后者。而从他们与拉康的学术关系可以看出,他们都试图走出拉康思想的藩篱。

2. 心理学与精神病学研究

福柯对心理学和精神分析的重视,不仅是当时学界的风气使然,还有一个重要的因素我们不能忽视,就是福柯的父亲是一名出色的外科医生。虽然他与父亲长期不和,但是家教的潜移默化依然让他对与医学相关的内容保持兴趣。这一个潜在影响在他身上持续了很久,一直到写完博士论文《古典时代疯癫史》。此时的福柯,正着迷于这种20世纪全新的意识哲学和临床医学交叉的新颖内容。

早期的福柯思想中,可以明显看到一条以心理学和精神病学为主线的思想线索。在这条主线的脉络下,夹杂着其他各种思想资源。但是不可否认的是,早期福柯在其学术、生活和工作中与心理学和精神病学的交集更多,关系更密切。

20世纪50年代前半期的福柯,一直沉浸在心理学、精神病理学、精神病学和精神分析的领域之中。在高师求学的最后阶段,他就跟随着拉加什学习心理学,并于1949年获得心理学学士学位,1951通过了大中学哲学教师资格考试,随后就应阿尔都塞邀请在巴黎高师教授心理学。与此同时,他继续在心理学研究院学习学位课程,在让·德雷的指导下学习,在圣-安娜医院参加临床实践,在心理学研究学院科学秘书莫里斯·贝纳西的指导下学习精神分析理论。1952年6月,他就获得了精神病理学学位。当年10月,在于勒·维也曼[①]的推荐下,26岁的福柯就来到法国北部城市里尔应聘,并获得里尔大学的心理学助教职

---

① Jules Vuillemin(1920—2001),法国哲学家、分析哲学家,1962年入选法兰西学院担任知识哲学教授。

位，福柯由于表现优异，随后不久就升任心理学的副教授。

于勒·维也曼是福柯学术道路上的另一位贵人。他是巴什拉和卡瓦耶斯的学生，主要研究算术哲学、科学哲学和英美哲学。1943年，他与研究现象学的越南裔哲学家陈德草①以并列第一的优异成绩（premier ex aequo）通过大中学哲学教师资格考试。于勒·维也曼是路易·阿尔都塞的朋友，此时任教于克莱蒙-费朗大学哲学系。而10年后，福柯也会步于勒·维也曼的后尘，来到克莱蒙-费朗。而20年后，于勒·维也曼又将推荐福柯进入法兰西学院。所以此时，这两人的交集才刚刚开始，在随后的漫长岁月中，他们有足够的时间成为彼此的朋友。

3. 存在主义者：宾斯万格

福柯对心理学和精神分析的热衷，最终收到了成效。

在巴黎求学期间，福柯与一位住在巴黎的普瓦捷故交——雅克琳娜·韦尔道取得了联系。他们两家很早就相识，二战时雅克琳娜一家就住在福柯家里，雅克琳娜还当过福柯医生的麻醉助手。战争结束后，雅克琳娜一家返回巴黎。而福柯在高师上学抑郁症频频发作期间，经常来雅克琳娜家求助，并与他们家人共进晚餐。雅克琳娜后来学习心理学，成为一名心理医生；她的丈夫乔治·韦尔道在拉康门下拿到博士学位，夫妻俩一起工作。在让·德雷医生的要求下，他们在圣-安娜医院建立了一个脑电图实验室，福柯经常来参观他们的实验室，帮他们做些简单的实验。

一个偶然的机会，韦尔道夫妇结识了瑞士著名的精神病学家罗兰·库恩②，雅克琳娜决定翻译库恩的德语新书《面具现象学》。这是一本关于墨迹测试的

---

① Tran Duc Thao（1917—1993），越南裔法国哲学家，试图结合现象学与马克思主义哲学。其思想在20世纪50—60年代的法国深受德里达、阿尔都塞和利奥塔等人的追捧。

② Roland Kuhn（1912—2005），瑞士精神病医生，于1957年首次发明抗抑郁药（丙咪嗪），著有《面具现象学》（*Phénoménologie du masque*）。

书，她非常感兴趣，所以她亲自前往库恩医生那里说明自己的意愿。库恩医生又极力推荐另一位同事路德维希·宾斯万格的著作，说她应该也会感兴趣。路德维希·宾斯万格是奥托·宾斯万格的侄子，而奥托·宾斯万格是耶拿大学的心理学教授，当年尼采在耶拿就诊时的负责人，是非常著名的心理学家和精神病学家。于是，库恩带着雅克琳娜直接造访了宾斯万格在康斯坦茨湖畔明斯特林根的诊所。宾斯万格在自己开满玫瑰的花园式的精神病院里接待了雅克琳娜一行，他们聊得很投机，最后宾斯万格翻箱倒柜，终于找到了一本他最希望翻译成法文的小册子——《梦与存在》。

宾斯万格是存在主义心理学的先驱，他在叔叔奥托·宾斯万格的指导下学习心理学，拜当时的心理学大师荣格、布鲁勒和弗洛伊德为师，并与弗洛伊德保持了终生的友谊；同时又与胡塞尔、马丁·布伯、雅斯贝尔斯和海德格尔过从甚密，深受海德格尔的影响，被誉为最杰出的现象学式心理学家。《梦与存在》是一本深受存在主义哲学影响的心理学小册子，里面涉及大量哲学术语，雅克琳娜回到巴黎，邀请福柯协助她进行翻译。就这样，雅克琳娜隔三岔五地带着刚从高师毕业不久的福柯一起去瑞士拜访库恩和宾斯万格，一起讨论特定术语的理解和翻译问题。书译完后，雅克琳娜又力邀福柯写序。福柯欣然领命，才思泉涌，一发不可收，写了一篇比译文还长的《序言》。1954年《梦与存在》正式出版，而该序言就成为福柯正式发表的排在第一位的作品。

福柯把这篇论文放在了现象学的背景下加以释读。他提到了胡塞尔的《逻辑研究》[①]和弗洛伊德的《梦的解析》，这两部都是1900年出版的著作。它们共同开启了一个新纪元，即开始讨论意识的基础或者意识的底层，或者对梦的现象学分析。传统上对梦的解读是认识论的。比如古希腊-罗马传统中，梦是一种特殊的经验，它是"沉睡的清醒"（sleeping wakefulness）和"清醒的沉睡"

---

① 可参考学者刘国英对福柯与胡塞尔关于《逻辑研究》中梦的现象学的分析。参见，刘国英，《法国现象学的踪迹：从萨特到德里达》，台北：大雁文化出版社，2018年，第10章。

（wakeful sleep），直接诉诸对象而不假任何器官作为中介。

与此同时，同是1954年，福柯应阿尔都塞的邀请，撰写了《精神疾病与人格》的小册子。该书基于《序言》的思路，继续游弋于现象学和存在主义话题。该文中渗入了青年福柯对自己经历过的自杀焦虑的自我分析。通常在经验中的人，是无法意识到自己的存在的，只有在出现阻碍的情况下，存在才作为问题出现于我们的经验中。福柯在这本小书中，表现出明确的存在主义风格，海德格尔的上手存在（Zuhandenen）和用具性（ustensilité）也被他拿来分析"疾病和存在"的关系。不过，后来福柯对此作非常不满，1962年修订再版时改名为《精神疾病与心理学》，第二部分《病的现实条件》从标题到内容被悉数删改。

4. 隐秘的"拉康时代"

讲精神分析学派的影响，就不能不提到弗洛伊德。弗洛伊德是那个时代哲学思想的共同资源。他对福柯思想的影响既是整体性的，又是具体性的。一方面，弗洛伊德开辟的我思研究的潜意识道路，成为整个欧洲思想研究的背景，另一方面，精神分析作为学界的热门，成为福柯从事心理学学习的具体内容。早期福柯思想，从最早的文本《梦与存在》的序言到博士论文《古典时代疯癫史》，从鲁瓦约蒙尼采会议到《什么是作者》，弗洛伊德的影响都一直贯穿其中。有弗洛伊德而进一步就要涉及拉康。在福柯的思想形成过程中，拉康的作用是无可回避的。拉康生于1901年，1932年就获得了医学博士学位。拉康经常受高师的"凯门鳄"乔治·古斯多夫的邀请去讲授心理学和精神分析理论。1945年11月，拉康曾受邀去讲解疯癫的起源问题，在座听讲的就有福柯后来的老师路易·阿尔都塞。拉康在圣-安娜医院学习、研究和工作，读书期间的福柯曾因抑郁症多次前往圣-安娜医院。所以无论是在高师听课，还是去圣-安娜医院见习，拉康和福柯都有交集，当然，拉康对福柯的影响，远不止于此。

1953年，因为反对巴黎精神分析学会（Société Parisienne de Psychanalyse）

第一章　布尔乔亚少年（1926—1954）

对精神分析的医学化规定，拉加什、拉康、乔治·法威和妻子朱丽叶·法威-布冬妮①以及两位女精神分析学家弗朗索瓦兹·多尔多②和雷夫乔-茹福③共六位同道，宣布退出原学会，重新成立了一个新学会——法国精神分析学会（Société Française de Psychanalyse），这标志着精神分析理论在法国思想界的异军突起。20世纪50年代之后的法国精神病学界，逐渐成了精神分析理论的天下。20世纪50年代之后，当时小有名气的拉康在圣-安娜医院每周三举办一次研讨班（seminar）。福柯的好友莫里斯·班戈回忆，福柯每周都会去参加拉康的研讨班。此时的福柯正处在心理学和精神分析的光影之下。或者说，此时的法国思想界和文化界，正处在心理学和精神分析的光影之下。这个时候的福柯，甚至曾一度考虑，想成为一名精神分析家。只是因缘际会，福柯最终并没有走上精神分析的道路。1978年底，福柯在接受意大利记者特隆巴多利的采访时，提到拉康的作品对他是有影响的，不过他并没有因此而紧密追随拉康学派，以至于成为其拥趸。因为1955年后，他就离开了法国，也即远离了对法国学界的关注。也就是说，法国当时所有的热门学术流派，精神分析、马克思主义、结构主义等等，都与他绝缘。当然，这只是表面上的理由，拉康的影子却时时在福柯的思路中显现。

20世纪50年代末，拉康和拉加什也闹僵了。法国精神分析学会一直希望能够得到国际精神分析学会的认可，但拉康的激进思想和行为成了绊脚石。1963年，国际精神分析学会要求新学会开除拉康，才能批准其加入。于是，拉加什等人只能开除了拉康，两年后加入了国际精神分析学会。1963年，拉康的事业进入低谷，他的分析师资格被剥夺，举办了十年的圣-安娜医院研讨班被迫关闭。拉康反倒愈挫愈勇，自比斯宾诺莎。友人列维-斯特劳斯和阿尔都塞伸出援

---

① 乔治·法威和妻子朱丽叶·法威-布冬妮是当时年轻一代的精神分析家。
② Françoise Dolto（1908—1988），法国儿科医生、精神分析家。
③ Reverchon-Jouve（1879—1974），法国外科医生、精神分析家。

手，拉康于是转战巴黎高师和索邦继续开办研讨班，继续着他那体制外的学术研究。

在拉康去世后不久，1981年9月，福柯接受好友迪迪埃·埃尔蓬的采访，这篇对话未竟稿直到1994年才以《拉康之死》为名正式出版。福柯把拉康和萨特并列，称两人成为逃离德国哲学、开辟法国哲学的前驱。在20世纪30年代的法国，萨特和拉康是两个非此即彼的选项。他们代表了将德国现象学和海德格尔哲学引入法国的两种可能性。然而，他们都一方面引入一些新思想，另一方面又错失了一些新思想。比如萨特引入弗洛伊德思想，但是却错失了无意识问题。而拉康却因为语言学和结构主义的缘故，可以从无意识角度切入笛卡儿以来的主体问题，这就绕开了现象学经由意识的意向性而试图考察的主体问题。拉康开辟了一条重新思考主体问题的新理论。这一点对福柯影响很大。

20世纪50年代，福柯发现了拉康对自己形成思想的特殊价值。"主体（sujet）——这是一种复杂又脆弱的东西。主体很难被谈论到，但是离了主体，我们又无法谈论。"福柯认为拉康对主体的讨论之所以晦涩难懂，是由于主体的复杂性所致，每一个人都只能基于自身（soi-même），来理解和谈论关于主体的问题。对于福柯来说，从1946年考入高师到1955年离开法国，是他沉溺于心理学和精神分析研究的时段，这是一个发现拉康，走出拉康的过程。20世纪60年代，都已经天下闻名的拉康与福柯的交锋依然如故。1966年初，福柯的《词与物》已经付梓，等待正式出版之际，5月18日，他受邀参加了一次拉康的研讨班，主题为：精神分析的对象。拉康此次讨论的对象，正是《词与物》开篇的隐喻《宫娥图》，拉康批判了福柯的主体建构的现代认识方式，以便把主体还原为纯粹的无意识、欲望与冲动。这种精神分析的解释与福柯的"人之死"的后现代哲学阐释，确实千差万别。[①]约三年之后，1969年2月22日，福柯在法国哲学学会上宣读了《什么是作者》的论文。其中提到了康吉莱姆的影

---

① http://www.thepaper.cn/newsDetail_forward_1820321

响,提到了弗洛伊德和马克思,提到了拉康所强调的"回到弗洛伊德",但是有意回避提到拉康的名字。既然要回到某个东西,福柯说,那这意味着首先已经遗忘掉它了。他在文章中不提及拉康这件事表明,他要回到的不是拉康,而是弗洛伊德。显然,弗洛伊德并不是拉康。拉康那天一直待到晚上才回去,他以为福柯会对他表示肯定,然而福柯要提的却是"回到弗洛伊德"。①

1982年2月3日,法兰西学院的讲座中,福柯正在讲授当年的主题:主体解释学。课前的互动环节中,有一个对拉康思想非常熟悉的学生提了一个问题,即拉康对主体的处理和福柯自己之间的区别的问题:拉康对主体问题的处理能否当成理解福柯思想的抓手(opérateurs)?显然,这是一个敏感的话题。他说,在20世纪没有多少人在主体和真理关系的维度下提出真理问题,比如,真理的主体是什么?说出真理的主体又是什么?福柯说,他发现只有两个人提出了上述问题——海德格尔和拉康。福柯承认自己是沿着海德格尔开辟的道路在前进,而不是拉康的道路。福柯与拉康道路之间的界限分明当然是不争的事实。

虽然福柯一生之中提到拉康和精神分析的次数的确不多,但是我们不能因此就武断地说两人的思想之间没有联系。福柯多次强调自己对拉康思想并不感兴趣,然而有一个事实不能忽视,就是拉康的精神分析思想是福柯青年时期思想构成中的重要选项。福柯早期对心理学的迷恋使他差点投身精神分析的事业,他前往巴黎高师的拉康研讨班,这些足以说明拉康对他所造成的影响。福柯正是首先经由拉康而避免了现象学和存在主义;其次,经由拉康而避免了拉康和结构主义;最终,走上了福柯自己的道路。拉康走过的路,自然不必再重蹈。那么,拉康未走过的路,自然成了福柯的优选。只不过,福柯晚年最终还是再次回到了"主体的问题",这个拉康通过语言解构而加以保留的东西。福柯哲学可以被理解为对拉康思想的逃离过程。这个逃离过程的所有起点,似乎都可以归于拉康思想。

---

① Elisabeth Roudinesco, *Jacques Lacan*, Columbia University Press, 1997: 312-313.

1955
—
1970

第二章
哲 学 浪 子

一、北欧与中欧的游历

1. 乌普萨拉的漫漫长夜

从1955年开始，福柯开始了漫长的流浪之旅，时而在国内，时而在国外。它在两方面的意义上成立，一是福柯不会固定在法国巴黎某处，而是漂泊在外，短则一两个月，长则三五年就改变地点，乌普萨拉（3年）、华沙（几周）、汉堡（一年多）、克莱蒙-费朗（5年）、突尼斯（2年）、万森（几个月），短期讲学的还有巴西圣保罗（2个月）、日本东京（几周）等等；二是他的思想也处于从"游牧"逐渐到"定居"的状态，正在找寻并且逐渐走上自己的道路。而终结这一时期的也是一件富有意义的标志性事件，即1970年福柯入选法兰西学院思想体系史教授，它在两方面的意义上富有标志性。一是从此以后福柯结束了漂泊生活，开始长期待在巴黎，基本成为一个巴黎人而在此工作、生活；二是他的思想已经形成了自己独特的风格，福柯式的思想已然得到了法国学界的认可。

乌普萨拉大学位于瑞典首都斯德哥尔摩以北70公里的小城乌普萨拉。当时的乌普萨拉只有7万居民，其中十分之一是当地大学的学生。福柯之前并没有打算去这个地方，一切完全是个偶然的机缘。这件事需要提到当时在乌普萨拉大学任教的杜梅泽尔。他是著名的印欧宗教和印欧神话学家、法兰西学院的印欧文明教席（1946—1968）、乌普萨拉大学的教授，并且在自己的好友、人类学家列维-斯特劳斯的帮助下于1978年入选法兰西学术院不朽院士[①]，文献学与文明史教授，座位号是第40号。杜梅泽尔早年也毕业于巴黎高师，后来他辗转海外多地任教，先在土耳其伊斯坦布尔大学任教，后又在瑞典乌普萨拉大学再执教鞭。1954年，他在乌普萨拉大学的同事希望他能够为学校罗曼语学系推荐一名法语助教。而此时他久居海外，对国内的学术情况不甚熟悉。而与此同时，他的另一位法国老朋友，同是共济会会员的知名考古学家——拉乌尔·居耶尔[②]帮了他的大忙。居耶尔刚从阿富汗回国，他向杜梅泽尔盛赞自己偶然碰到的一位巴黎高师的学术新秀——米歇尔·福柯。于是，杜梅泽尔立刻就给福柯写信，询问他是否愿意来乌普萨拉大学任教。福柯欣然同意。

　　此时的福柯，正陷入与巴拉克的感情旋涡之中，进退失据，前路暗淡。这一纸来自海外的聘书，宛如体面退场的情况说明。传记作者都认为两人的关系是在福柯前往瑞典之后戛然而止的，给我们造成了一种假象，即如果福柯没有远走异国他乡，两人的感情就能够继续。这是多么乐观的假设。福柯的确在去往瑞典之后依然表现出一种对巴拉克的一厢情愿。留下了大量被传记记者迪迪埃认为是感人至深的书信。虽然他在书信中时时强调他随时都可以为了巴拉克提前结束海外生活，但是显然他还是自愿选择留下来。前往乌普萨拉并留下来，不仅意味着他需要重新调整他与巴拉克的关系，更加意味着他需要重新调整他的研究方向，之前的心理学和精神病学研究需要让位于新岗位所需要的法国文学和法语教学。

　　福柯在乌普萨拉遇到的困难不只是学术上的，还包括生活上的。任何一个局外人都会觉得打道回府，才是最符合这个布尔乔亚青年的抉择。乌普萨拉毗邻北极，冬季的时候下午两三点就天黑了，漫漫长夜使人精神压抑，导致当

[①] 法兰西学术院为法国最高学术机构，由黎塞留于1637年受命创立，由40名院士组成，院士为终身制，只有在一位院士去世后，才能补选一位新院士，故称为不朽院士。其学术地位高于后来福柯加入的法兰西学院。

[②] Raoul Curiel（1913—2000），法国历史学家、考古学家。

地自杀率很高。福柯就笑称自己是当代的笛卡儿，只是幸好没有克里斯蒂娜公主。还有一个方面，就是福柯以为瑞典号称开放之国，但是在乌普萨拉这个路德派清教徒占主导地位的城市其实异常保守，远不如法国的自由和开放，同性恋在这里受到压制。福柯表现出极其不适应。但是，福柯还是坚持留了下来，因为他在这里结识了一个忘年交——杜梅泽尔。此人将改变福柯的生命轨迹。从乌普萨拉开始，他们的友谊一直维持着。

2. 杜梅泽尔指导下的研究

杜梅泽尔是福柯待在乌普萨拉的最重要的理由，没有之一。此时此地的福柯表现出了惊人的可塑性。从他后来的成功登顶回看这段自我放逐的历史，我们惊奇地发现，他把所有的不利因素都排除掉了，把所有的最有利的因素都整合在了一起，这为他后来的成功奠定了坚实的基础。

杜梅泽尔一纸聘书把福柯招去乌普萨拉之后，自己并没有留在当地，而是例行在英国休假，1956年开春才返回学校。两人这时才见面。此时福柯已经克服了各种困难，在乌普萨拉站稳脚跟。当时的福柯接近而立，杜梅泽尔已近花甲。福柯与杜梅泽尔的交往就此正式开始。

杜梅泽尔在书房

他们的第一次见面地点在乌普萨拉的"法国之家"。多年后杜梅泽尔对这次见面依然记忆犹新。作为前辈，杜梅泽尔首先以一本正经，但是却调侃幽默的口气，询问了福柯参加高中会考的时间。福柯回答说是1943年。杜梅泽尔说他是1914年，早了近30年。前辈以关爱之心说，"以后，我们就以'你'

(tu)相称吧。"后学福柯欣然同意,以瑞典语举杯致谢道:"谢谢您!"(Tack ska' du ha!)从此之后,福柯就以"教授"来尊称杜梅泽尔。

福柯在乌普萨拉大学的一个重要的研究内容,得因于1957年与法国普隆出版社(Plon)签订的出版协议,负责撰写一本关于精神医疗的历史著作。于是,福柯以此为契机,开始准备基本材料,撰写自己的博士论文,论文的方向也逐渐由开始预定的精神病与精神失常转向了精神病的思想史。在杜梅泽尔的建议下,福柯去乌普萨拉大学的卡罗琳娜图书馆(Carolina Rrediviva)寻找医学史和精神病学史的历史资料和档案材料。

乌普萨拉大学的卡罗琳娜图书馆

该图书馆中藏有"瓦雷瑞纳文库"(Bibliotheca Walleriana),由瑞典的外科医生兼收藏家埃里克·沃伦①捐出生前收藏所构成,主要为各种医学类书籍和2万余册档案,包括中世纪古版书150册及其他早期图书。他去世后,这些图书按照遗嘱全部捐给了乌普萨拉大学。1955年,也就是福柯来到乌普萨拉大学的当年,当地学者汉斯·桑兰德完成了对这批文献的编目整理工作。福柯可以说是最早对这批医学史材料善加利用的学者,而其中杜梅泽尔最初的指引才真是

---

① Erik Waller(1875—1955),瑞典外科医生、藏书家。1955年,沃伦临终前把自己收藏的全部医学和科学文献资料约2万件捐赠给乌普萨拉大学。

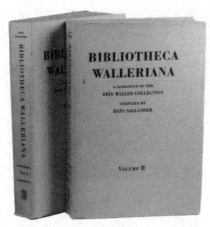

两卷本的"瓦雷瑞纳文库"目录

厥功至伟。

在论文撰写的过程中,福柯定期去拜见杜梅泽尔,汇报自己的研究进展,听取杜梅泽尔对自己的具体指导,这种耳提面命的教导,一直延续到福柯离开乌普萨拉为止。他们的深厚友谊正是从此时奠定的。福柯把杜梅泽尔视为自己的精神之父,对他的人格和学术都推崇有加。福柯身上打上了很深的杜梅泽尔结构主义治学方法的烙印,以至于1960年福柯的博士论文杀青时,他已经辗转到了德国汉堡,仍在第一版序言结尾处,明确地提到了这种学术渊源上的继承关系。他说:"杜梅泽尔先生是我首先要感谢的人。如果没有他,我便无法开始这项工作。既不会在瑞典的长夜中开始,也不会在波兰自由顽固的太阳底下完成。"杜梅泽尔对青年福柯的影响是整体性的而非具体的。在某种意义上,阿尔都塞和康吉莱姆也是如此。

从19世纪30年代延宕至二战之后,阿尔及利亚一直是法国的殖民地和势力范围。但是二战后,全球各地的殖民地解放运动风起云涌,浪潮也席卷法属阿尔及利亚,从1952年起,阿尔及利亚就爆发了谋求国家独立的民族解放运动,法兰西第四共和国软弱无力,内阁频换,应对不及,逐渐在与阿尔及利亚的反殖民战争中落入下风。1958年5月13日,法军在阿尔及利亚的将领利用人民对法国政府的不满,在阿尔及利亚首都阿尔及尔发动政变,影响进而波及法国国内,当时的总统勒内·科蒂被迫任命正赋闲在家撰写回忆录的戴高乐出山,担任总理,收拾局面。

随着戴高乐的复出,法国民众情绪高涨,社会上一片鼓噪,好像所有的困局的解决都指日可待了。远在乌普萨拉的福柯也无法按捺住内心的躁动,于是与自己的好友让-克里斯多夫·奥柏格于月底回到巴黎。他看到挥舞着三色旗的人群熙熙攘攘，挤满了香榭丽舍大道。福柯虽然对政治并不关心，但是对戴高乐的复出充满了期待。他在巴黎与家人待了一个多月，见证了法兰西第五共和国的孕育与诞生。先是6月，国民议会以紧急命令的方式授权戴高乐全权修宪。于是戴高乐修改了宪法，增加了总统权力。9月28日，宪法修正案公投通过。1959年1月8日，戴高乐正式就职，成为法兰西第五共和国的首任总统。在接下来的议会选举中，法国共产党败北，戴高乐为首的保卫新共和联盟取胜。

对于福柯来说，接下来的事情是，他再也不想回乌普萨拉去了。每周十个课时的工作量，使他没有充沛的精力完成自己的博士论文的定稿，虽然他已经基本完成了论文的初稿。因此，对乌普萨拉的厌倦开始超过了对它的喜爱。还有另一个重要的原因，他无法在瑞典提交自己的博士论文，获得学位。虽然他联系到了乌普萨拉大学的思想史和科学史教授斯蒂勒·兰德诺斯，并把自己的初稿交给他审阅，兰德诺斯认真地看了书稿，但是对福柯的方法论不能认同。于是，福柯在巴黎挨到7月，回去收拾行李，与老朋友们一一道别。福柯与乌普萨拉大学签订了一份两年的合同，然后又续聘了一期。但是现在，他提前一年结束了自己在乌普萨拉的工作。接下来何去何从，福柯并没有明确的目标。

此时，又是杜梅泽尔出手相助，他联系自己当年在高师的同学菲利普·勒贝罗尔，此人是法国外交部外国教育处的处长。不久前，法国与波兰刚刚签订了一份文化协议，华沙的大学里可以开设法国文化中心。杜梅泽尔向老朋友推荐了福柯，基于福柯在乌普萨拉法国之家的优秀表现，勒贝罗尔欣然同意，顺水推舟，把福柯介绍去了波兰。

福柯与法国的渐行渐远，一如他与心理学与精神病学研究的关系，自我放逐的行为背后也包含着对心理学与精神病研究议题和领域的淡出。这是一个具有里程碑意义的转变。而它的发生地就在瑞典的乌普萨拉。

有关疯癫史的写作，最早源自福柯给《梦与存在》写的长篇序言以及随后的《精神病学与心理学》小册子。疯癫与非理性的话题成为他此后思考的一个隐含的线索。福柯自称他继承了古希腊思想所开启的疯癫和非理性传统，这是一个从文艺复兴以来的伊拉斯莫到黑格尔和弗洛伊德的传统。福柯试图勾画17—18世纪以来关于疯癫的发展史，或者陈述古典时期非理性的基本图式，这图式清晰地表明"非理性作为理性的对立，理性借助排除非理性而自我确立的本质结构"。这便是杜梅泽尔式的结构主义。福柯后来在接受采访时提到，他早期的研究深受杜梅泽尔的影响。

3. 法国之家的新主任

法国之家是法国政府派驻国外的文化机构，旨在通过开办讲座和研讨班，传播法国文化。正是在杜梅泽尔的大力推荐之下，福柯被任命为驻乌普萨拉的法国之家的主任，地点在乌普萨拉的圣·乔安娜街22号，一栋位于大学区的19世纪豪华建筑。这栋玫瑰色的大楼内有四层，顶层是法国之家的办公区，其中有一个图书室，一个唱片室，一个会议室，还有两个房间是负责人福柯的寓所。

乌普萨拉的法国之家，
位于该栋建筑物的四楼顶层

随后不久，福柯便结识了在乌普萨拉留学的其他法国青年。他与乌普萨拉大学的生物化学博士后让-弗朗西斯·米盖勒和随后到来的物理学家雅克·帕贝-雷皮纳成了好朋友。他们都成了法国之家的常客。福柯时常请大家吃饭，还因此爱上了烹饪。米盖勒是研究生物化学和生命科学的专家，而雷皮纳研究的是暴风雨与雷电，正准备撰写《雷暴理论的数学贡献》。由于两位好友的影响，福柯对自然科学研究和实验方法产生了很大的兴趣，他经常造访米盖勒的生物化学实验室，津津有味地观摩生物学家的实验，以至于时而会抱怨自己小时候应该去学习自然科学。还有一位是乌普萨拉大学的物理化学教授特奥多尔·斯韦德贝里，他是1926年诺贝尔化学奖的得主，他领导的粒子加速器实验室也让年轻的福柯醉心不已。

福柯在法国之家的主要职能是担任法语教师。他需要给瑞典当地的零起点的法语爱好者讲授法语和法国文化。他还开办了多场法国文学的讲座和研讨班，比如"法国文学中的爱情概念：从萨德到热内"，这显然是一个在当地富有争议的话题，萨德侯爵的作品此时在法国刚刚解禁不久，而让·热内本人就是一个话题颇多的小说家，素以惊世骇俗著称。福柯所讨论的内容，涉及法国文学的选题，也包括其他内容，比如法国戏剧等等。只不过这些讲座都没有留下书面材料。教学之余，福柯还介绍了大量法国文化界的新老朋友前往乌普萨拉交流，其中包括尚未成名的作家玛格丽特·杜拉斯、克劳德·西蒙、阿尔贝·加缪，还有自己的恩师、哲学家让·伊波利特，后来的朋友罗兰·巴特。

此外，他还组织大家讨论画家爱德华·马奈和其他印象主义派画家的作品，以及福柯本人非常热爱的超现实主义诗人热内·夏尔的作品。福柯积极张罗这些友人在乌普萨拉的学术活动，他组织晚会，安排观影讨论，排演戏剧，使得乌普萨拉的法国之家逐渐成为一个文化氛围浓郁的地方。另外，他还要负责法国之家的日常建设。现在能够看到的材料显示，他积极扩充图书馆；试图通过引入娱乐内容，来激发当地学生对法国文化的兴趣；同时打算成立学生之家，设法邀请学生参加专门的讲座和交流活动。总之，福柯把法国之家管理得可谓井井有条，得到了外交部各位文化参赞的嘉许。出色的工作在某种程度上体现出了福柯的学术行政管理的能力，他坦言对此非但不反感，反而非常有兴趣。这种能力后来在福柯进入教育部工作，以及参与筹建万森大学哲学系的过程中都起到了重要的铺垫作用。

4. 华沙与汉堡的二重奏

1958年10月，福柯来到波兰首都华沙，开始他海外流浪的第二站。波兰的生活条件相对于北欧的瑞典而言，可谓清贫。饱受战争摧残的国家百废待兴，同时正在经历1956年匈牙利十月事件所带来的各种效应。当时的波兰领导人瓦迪斯瓦夫·哥穆尔卡力主改革，试图寻找一条通往社会主义的波兰道路，被称为哥穆尔卡解冻，但是国内外局势紧张，困难重重。

福柯来到华沙后，先去法国驻波兰大使馆向新任大使比兰·德·罗齐格报到。他的工作和在乌普萨拉的类似，主要负责主持法国文化中心的日常运转。只不过情况稍有不同的是，在波兰华沙大学的法国文化中心是从零开始，所以他需要去跟校方确定地点，购置桌椅板凳等办公用品，以及必要的图书资料，使这个法国文化中心尽快走上运转轨道。同时，他还要在法国文化中心授课，讲授法国文化和法国文学。对此，他已经轻车熟路，在乌普萨拉的工作经历确实使他省心不少，他决定继续讲授在瑞典的文学内容，重新开设法国当代戏剧等内容。

此外，福柯还经常参加大使馆的文化活动，与大使馆文化专员让·布鲁伊成为好朋友。当让·布鲁伊请假去完成自己关于波兰文学的博士论文之时，福柯当仁不让地成为这个文化专员的替补。他迅速展开工作，开办了一系列讲座，其中包括他自己主讲的关于超现实主义诗人纪尧姆·阿波利奈尔的讲座。阿波利奈尔的母亲是一位流亡罗马的波兰女贵族，因而关于诗人的系列讲座在波兰非常受欢迎，福柯从格但斯克一直巡回讲到克拉科夫，甚至在阿波利奈尔逝世四十周年之时，他还发起举办了一个展览会。福柯精力充沛，工作起来热情高涨，很快就受到了大使的赏识，在华沙大学的师生中也是有口皆碑。

然而好景不长，福柯的同性恋取向给他招来了大麻烦。不是因为信奉天主教的波兰人对同性恋的不赞同，而是其他原因。作为一个频繁出入外交使馆的单纯学者，福柯的特殊身份迅速成为试图刺探法国情报的波兰秘密警察的突破口。于是，一个年轻人出现在福柯身边。他是一个在卡廷惨案中遇害军官的儿子，希望通过与安全部门的合作来换取大学的学费。福柯因而误中"美男计"。当事态尚未扩大之时，大使馆提前知道了消息，于是大使责令福柯立即结束在华沙的工作，返回法国。福柯在华沙大学的工作戛然而止，后面的工作转回到让·布鲁伊身上。所幸，此次事件并没有对福柯造成太大的影响，而且驻波兰的法国大使馆给福柯的评价依然很高，评价报告由让·布鲁伊起草，言明福柯同时在外交、教学和行政方面圆满完成工作，并且使新建立的合作机构迅速开始运转。这个评价回避了福柯离职的原因，为福柯在华沙的驻外工作画上了句号。

福柯怏怏地回到巴黎，拜访了菲利普·勒贝罗尔——恩师杜梅泽尔在外交部的一个故交。他在波兰马失前蹄，但是波兰法国文化中心的工作成绩还是瑕不掩瑜。有让·布鲁伊背书，勒贝罗尔把福柯推荐去了联邦德国的法国文化中心。二战之后，法德之间的文化交往逐渐频繁和正常化，法国在联邦德国多地建起了文化中心。福柯选择了汉堡。汉堡是易北河的入海口、德国最大的港口城市。二战后期，盟军的空袭制造了"汉堡大轰炸"，将极具战略价值的要冲汉堡基本上夷为平地。福柯选择这里，自然有他的道理。作为港口城市，这里相对瑞典和波兰都更为开放，位于港口附近的圣保罗区（Sankt Pauli）是德国最大的红灯区，有超过六七百年的历史。当然，这里对待同性恋也相对更为宽容。

福柯对在汉堡的工作已经驾轻就熟，完全可以复制之前的工作经验。他依然被委任为汉堡法国文化中心的负责人，住在海德莫尔大街（heidmer Strasse）55号。他得心应手，应对自如，工作之余邀请各路法国学界名家前来交流，正是在汉堡期间，他结识了闻名已久的新小说家阿兰·罗伯-格里耶①。福柯陪着阿兰·罗伯-格里耶在汉堡到处闲逛，去了露天广场，全是镜子的游乐屋，甚至还有脱衣舞俱乐部。记录福柯在汉堡的行踪的，还有一位被福柯邀请来汉堡的文化人，皮埃尔·加斯卡。记者和作家出身的加斯卡在后来出版的一部游记里

---

① Alain Robbe-Grillet（1922—2008），法国作家、电影制片人、新小说代表人物之一。

记录了自己在汉堡与福柯的过往经历。福柯带着客人不止参观艺术馆，而且还穿梭于圣保罗区的绳索街，各种小店鳞次栉比，福柯则轻车熟路，游刃有余。在有的酒吧和夜店里，福柯居然有自己的绰号"博士先生"，他与女店员插科打诨，彼此非常熟悉。加斯卡对此颇为愕然，但福柯却不以为意。

此时，福柯撰写的博士主论文《古典时代疯癫史》已经杀青，按照国家博士学位的要求，他还需要提交一份补充论文。他选定的补充论文是关于康德《实用人类学》的翻译研究。接下来，福柯希望回到法国完成博士论文的答辩。恰巧此时，克莱蒙-费朗大学寄来了一纸聘书，邀请他加盟心理学系。虽然这只是一个临时的教职，但是福柯还是接受了下来。1960年，福柯决定回国。

二、博士论文完成时

1960年，福柯带着他在各地辗转期间写成的博士论文返回法国，20世纪60年代俨然成为一个新时代。就在两年前，随着戴高乐重新成为法国的总统，法国已经从第四共和国变为第五共和国。1960年1月，加缪出车祸意外死亡。2月，法国原子弹试爆成功。3月，新浪潮电影的开山祖师戈达尔[①]上映了自己的第一部长篇《筋疲力尽》（À bout de souffle），女主角珍·茜宝[②]迅速成为20世纪60年代自由与解放风气的象征。3月，结构主义思想的大本营《太凯尔》（Tel Quel）创刊。5月，萨特的《辩证理性批判》出版，他称20世纪下半叶是一个马克思的时代。法国的面貌焕然一新。

1. 康德的《人类学》导论

按照法国的国家博士学位的授予要求，博士候选人需要提交两篇论文：主论文和补充论文，而且主论文需要正式出版。福柯在索邦大学所提交的博士论文《精神病与精神失常——古典时代疯狂史》，就是后来众所周知的《古典时代疯癫史》。而其补充论文，则是对康德《实用人类学》的翻译、评注和导论《康德人类学的生成与结构》。

---

① Jean-Luc Godard（1930—），法国导演，法国新浪潮电影的奠基者之一。
② Jean Seberg（1938—1979），美国女演员，曾主演《筋疲力尽》《圣女贞德》等34部影片，40岁时在巴黎服药自杀。

康德对福柯的影响，是福柯哲学中的一条隐含线索。福柯晚年曾说，他的工作可以归之于康德的批判哲学传统。德勒兹也说，福柯终究是一个康德主义者。事实上，福柯哲学的"生成与结构"（genèse et structure），深刻地受惠于康德哲学。康德哲学是福柯思想大厦的重要基石，而对康德《实用人类学》撰写的导论便是他建筑时的脚手架。它是福柯哲学思想的发源地。康德哲学在福柯哲学生成过程中的产生过重要作用，康德的先验哲学和人类学关系对福柯的哲学结构也有深刻影响。不过，由福柯翻译的译文于1964年已经由法国弗林出版社（Vrin）出版。而这篇本应一同出现的导论（该导论的手稿有128页）却没有出版，一直静静躺在索邦大学的图书馆里，直到2008年，才由弗林出版社出版。在导论中，我们能够发现它与后来出版的《词与物》之间的内在联系。从某种意义上说，《词与物》的诞生并不真是其卷首所言，来自博尔赫斯的某篇小说和福柯的仰天长笑，而是福柯在康德《实用人类学》"出版考据"中令人费解的最后脚注："批判思想和人类学反思的关系将在后续著作中研究。"由于福柯的《词与物》最终先出版，而这篇人类学导论则是福柯死后二十多年才出版的，所以，出版的时间顺序和福柯写作的时间顺序正好颠倒过来。它造成一种结果，就是我们都已经读过一篇尚未出版的导论了。所以，学者们表示，福柯的这篇导论，可以视为《词与物》之第七、第九章的前史[1]。

康德《实用人类学》中的"实用"（pragmatique）一词，来自古希腊语 πραγματικός（pragmatikós），意思是现实中的一种行动和活动，其词根为 πράγμα（pragma），指一种比πραξις（praxis）更具体的实践活动。康德用实用性来标示他的人类学，即它不是理论的而是具体的；不是思辨的而是日用的；因而在生活中是有用的。

福柯选择以康德的《实用人类学》为切入点，本身就代表了他的立场，因

---

[1] Beatrice Han, "Foucault and Heidegger on Kant and Finitude", *Foucault and Heidegger: Critical Encounters*, Minneapolis: University of Minnesota Press, 2003: 129.

为这是另一个面向上的康德，没有枯燥与抽象、刻板与艰涩，而是充满幽默和搞怪、通俗与机智——一个现实世界中的康德。该书是康德先后讲授了二十多年的人类学课程的讲稿，跨度从其《纯粹理性批判》时期一直到晚期思想。1793年，康德在给友人的信中，提到了早期出自批判哲学时期（即《纯粹理性批判》）的三大问题，即（1）我能知道什么？（形而上学）（2）我应当做什么？（道德学）（3）我可以希望什么？（宗教学）（A804-5/B832-3）①。而到了《逻辑学讲义》中，康德提出了第四个问题：即人是什么？（人类学）。这是他二十多年来每年都会讲一遍的问题。该讲义于1798年正式出版。正如苏联学者阿·古留加所说，它"既是康德学说路程的终结，但同时又是其开始：研究康德哲学正是从《实用人类学》开始最合适"。福柯也认为人类学的产生（1772—1798），贯穿了康德思想的"沉淀过程"。显而易见，康德批判哲学与其人类学的关系，就成为历代学人关注的重点。

福柯最关注的当然是"人是什么"的问题，也就是康德的《实用人类学》及其批判哲学的关系问题。福柯从实用角度来看康德的人类学，而不是从人性的本质的角度，所以强调人类学反思的世俗特性和实践特性。这一点尤为重要，因为这是康德的道德哲学的一个经验领域的对应物。福柯也关注康德人类学的实践特性，因为它是一本日常训练书，而不是理论论说或大学教材②，这种解读的方法也预示了福柯以后对自我技术、希腊化哲学和基督教牧师的精神性训练的兴趣所在。康德人类学中的核心要点将会出现在福柯晚期的著作中："人既不是一个自然人（homo natura），也不是一个纯粹自由的主体；他是他与世界之关系的综合体（syntheses）。"③从这些论述中，再迈一小步就可以思考其他的"综合体"，即那些（福柯晚期著作中经常出现的关键词）以策略、

---

① 参见康德《纯理性批判》，邓晓芒译，北京：人民出版社，2004年，A805/B833，第612页。
② Michel Foucault, *Introduction to Kant's Anthropology*, Semiotext（e），2008：53-54.
③ Michel Foucault, *Introduction to Kant's Anthropology*, Semiotext（e），2008：54-55.

技术和仪器的方式作用于人与世界的关系中的综合体。

在导论序言中，编者德菲尔、弗朗索瓦·埃瓦尔和格霍提到，在1952年，福柯经由尼采重读康德，1953年又经由海德格尔重读康德。考虑到整个二战后法国一代思想家所经历的思想背景，可以想见海德格尔思想应该在福柯导论思想形成过程中所构成的影响。到了20世纪60年代，福柯试图发展出一种对康德的新阐释，以便超越海德格尔式的康德阐释。毫无疑问，这个"哥尼斯堡的中国佬"将成为福柯终生思想发展和变化的标尺。

如前所述，批判哲学和人类学的关系，不仅是康德哲学思想发展的核心问题，也是福柯的导论中所要处理的关键和核心问题。福柯哲学的起点，乃是源自一个康德哲学提出的问题。而康德又是受到卢梭和休谟的双重影响，提出了真正属于人的问题：即在一个上帝无法保证永恒真理并且只能被作为假定前提而存在的、被神所抛弃的世界中，有限的人如何能够超越自己经验局限性的边界，从普遍本质（universality）的合理权益中获得知识？这是所有福柯哲学思考的出发点。批判哲学是康德哲学的基础，康德通过批判哲学系统考察并设定了人的认识的前提条件，其形而上学基础也就预设了一种对人的追问，即预设了一种人类学的归宿。

福柯说，康德的人类学受制于其批判哲学。因为批判哲学限定了知识的先天条件。因而，海德格尔认为，康德形而上学的基础在于人类学和形而上学的必然关系，因为它必须以对人的有限性的分析为基础。批判哲学正是在有限性的基础上对人的理性和认识的条件加以规定，而人类学则是以批判哲学对有限性的考察之结果为起点，从而确定了人类学知识所隶属的经验领域。所以，福柯认为，康德的人类学在遵循其批判哲学的发展中获得了顺序。另一方面，福柯认为，人类学是批判哲学和先验哲学的过渡。在康德思想的核心之处，人类学掏空了人的经验本质的有限性问题。当我们谈到人，或者说到关于人的知识的时候，我们指的是人的有限性，即关于不完美的、有限和缺陷的知识；简言之，即本性中的否定性（negativity in nature）的知识。显然，这是一种关于现实中的、自然中的具体的人的知识。

福柯否认在人类学模式中通过反思人来规定其起源和范围的所有的人类学研究。因为它们忘记了有限性乃是在于真理的结构和对真理的分析。福柯认为，由于忘记了这一教导，现代哲学把有限性本质化了，认为有限性就是人的本质，进而把有限性变成了真理的真理（the truth of truth）。这就是所谓的"人类学沉睡"。它把人的有限性视为人的真理。所以，尼采说，上帝之死意味着人之死，上帝之死意味着形而上学的终结，当然也就意味着以有限性为奠基的人类学的开端，因为人占据了上帝离开之后所留下的空缺。而这种思路，其实是福柯极力反对的。这个思路后来则发展成为《词与物》的核心思想。

2. 获得"铜奖"的博士论文

如果要拿到国家博士学位，福柯首先需要找到一位论文指导老师。虽然他在论文撰写期间，曾来到巴黎，拜访过伊波利特，但是伊波利特答应做他的补充论文的指导老师。而主论文，伊波利特推荐了一位更为适合的同事，就是研究科学史的索邦大学教授康吉莱姆。

福柯和康吉莱姆之前就打过交道，康吉莱姆不只是福柯在巴黎高师的老师，当年福柯考进巴黎高师时的口试评委中，康吉莱姆也是其中之一；福柯第二次参加大中学哲学教师资格考试的面试副主席中，康吉莱姆又是其中之一。虽然康吉莱姆的研究方向主要集中在医学史和生命科学，福柯所研究的内容并不在他所擅长的范围之内，但是他还是接受了伊波利特的推荐。唯一能够解释的理由就是，康吉莱姆当时研究的重心正好与福柯对疯癫史的研究相吻合。1960年4月19日最终答辩时，福柯的博士主论文的审核报告：《关于汉堡法国研究所所长、米歇尔·福柯文学博士主论文手稿准许印刷的报告》是由康吉莱姆撰写的。在报告中，康吉莱姆高度赞赏了福柯研究的重要性，称这是一篇有创见的精神病史料技术的论文。福柯的研究提醒精神病学研究者注意那些被大家所忽视的疯癫话语，理性无法将其纳入精神病学研究的部分，隔离疯癫者的历史与对精神疾病研究的建立过程是同步的。福柯提醒我们注意疯癫在历史上所起的隐秘作用和历史作用。随后，康吉莱姆推荐福柯在文学和人文科学学院的评审团面前进行博士论文答辩。

1961年5月20日，福柯的博士论文答辩正式开始。评审委员会由主席亨利·古耶①担任，成员有康吉莱姆和拉加什。福柯先向大家介绍了自己的研究，最后总结时，说出了那句后来非常出名的话："要想谈论精神病，需要有诗人的才华。"

首先开始答辩的是补充论文康德《实用人类学》的翻译和导论。答辩教授是让·伊波利特和冈迪亚克②。优点自不必提，委员会认为福柯的译文略显浮躁，没有康德的原文凝练。导言部分结论过早，事实不足。福柯比起解释学家和历史学家来说，更适合做哲学家。伊波利特认为导言里有太多的尼采味道。冈迪亚克建议把导言和译文分开出版。

然后是主论文的答辩。福柯提到，他原本打算写一本关于精神病患者的书，而不是关于精神病医生的书。但是，他在搜集资料时却发现，所有关于精神病患者的资料都是残缺不全的，因为他们的声音被无情地扼制了。能够发出声音的，在历史中保留了大量的记载的是精神病医生主导的，那些理性压制了精神病的部分。说到底，精神病是由文明社会所规定的。所以，福柯认为，要想考察理性与精神病之间的关系，首先要反思现代医学对精神病的定义。这一点，正好与康吉莱姆当时的研究相契合。

答辩委员会主席亨利·古耶从哲学史的专业角度对福柯的论文进行考察。他对福柯文中的许多段落和解释提出了有益的质疑，并且对福柯所提到的一些

---

① Henri Gouhier（1898—1994），法国哲学家、哲学史家。1979年，他接替吉尔松，入选法兰西学术院第23号座椅。

② Maurice de Gandillac（1906—2006），法国哲学家。他是吉尔松的学生，1946年被任命为索邦大学中世纪和文艺复兴哲学教授。

历史事实进行了必要的修正。当然,这些都是答辩程序的必要组成环节。事实上,亨利·古耶并非一位古板的老学究,他对福柯答辩过程中透露出来的灵气和才华还是表示欣赏。论文的答辩进行得很顺利。古耶给出了很高的评价。福柯的文学博士学位顺利拿到了。接下来,亨利·古耶需要撰写一份答辩报告。

5月20日。克莱蒙-费朗大学文学和人文科学系教师米歇尔·福柯先生介绍了他的博士论文:

——康德:《实用人类学》。导言、译文和注释。博士论文的补充论文,报告人为伊波利特先生。

——《精神病与精神失常——古典时代疯癫史》,博士论文的主论文,报告人是康吉莱姆先生,第二报告人是拉加什先生。

评审团还有冈迪亚克先生和本人,前者负责补充论文,后者负责主论文。

最后的结语是,"尽管有保留意见,评审团还是一致同意给答辩人以'优秀'的评语。"福柯的论文还存在诸多问题,比如康吉莱姆认为某些段落辞藻华丽,言过其实;拉加什认为他在精神病学方面的信息不足,有关弗洛伊德的论述也不深入。但是,这篇论文还是获得了全国科学研究中心颁发的哲学学科"铜奖"。

3. 英译本的异军突起

按照法国颁发国家博士学位的要求,博士论文必须提前出版。福柯的博士论文,早在1961年就已经出版问世了。令人遗憾的是,它在法国的反响并不是太好。虽然,答辩委员会的报告,给予了高度的评价,但是,学界和思想界对这位学术新秀,尚不熟悉,也并未认可。1965年,该书的英文译本,准确的说,是一个英文的简写本出版,题目被改为《疯癫与文明:理性时代的疯癫史》（简称《疯癫与文明》）。该书在英国引起的反应，出乎福柯的意料。英译本迅速在反精神病学家的圈子中获得认同，这部著作也被收入罗纳德·莱恩①主编的"存在主义和现代学研究"丛书之中。罗纳德·莱恩是当时英国著名的精神病学家，对精神分裂症有深入的研究。他和另一位英国精神病学家大卫·库珀②正在试图创建"反精神病学"，他们非常欣赏福柯的研究。他们认为，精神分裂症是家庭和社会施加于人太多压力的结果。传统精神病学代表的就是一种绝对压制，反精神病要从存在主义出发，从尼采、海德格尔，特别是萨特出发，重新定义精神病和精神分析。福柯的著作之所以受他们的重视和推崇，某种程度上是因为福柯的研究使他们看到了一种对精神病研究的历史性分析，进而把福柯视为同道中人。这样一个反精神病学的背景是当时的法国所不具备的，甚至是超前的。

该书在当时法国的精神病学研究和精神分析的主流话语圈子中毁誉参半。虽然，在二战后，精神病研究领域，一直在酝酿着一场革命，有学者试图把马克思主义和自由主义的思想，引入传统的精神病学研究之中，他们坚持新的话语体系和新的临床试验方法。当时法国最进步的精神病学者群体，都试图更新实践方法，试图打破传统的政策，进行"第三次精神病学的革命"，（前两次分别是皮内尔③和弗洛伊德的精神病学研究），他们试图摧毁精神病院的围墙，"并在符合民主需要的社会中救助精神病患者，以重新把精神病学与它所处的时代联结起来"。福柯对这种具有启蒙特色的乐观主义表示反感，他恰是要批判这种自以为是的理性胜利者的姿态。但是，却恰恰是这些精神病学者对福柯的研究《古典时代疯癫史》表现出了最初的好感。这种吊诡的情况，让福柯无

---

① Ronald Laing（1927—1989），英国精神病学家、英国反精神医学运动的领袖。
② David Cooper（1931—1986），英国精神病学家、英国反精神医学运动的倡导者，曾为福柯《疯癫与文明》撰写导言。
③ Philippe Pinel（1745—1826），法国精神学家，倡导以人道主义方式对待精神病人，是现代精神医学之父。

可奈何。好景不长，整个精神病研究群体就开始说"不"了。海峡对岸的英国反精神病学思潮传到了法国的时候，福柯的研究就成了众矢之的。

1969年12月6日—7日，法国精神病学的发展年会在图卢兹举行，该年度的主题就是尽快肃清《古典时代疯癫史》的意识形态观念流毒。组织方力邀请福柯前往参会。显然，福柯并没有出席。大家以形体是否出席思想争论会并不影响真正的思想交锋为由，继续热烈地对福柯的作品加以批判性讨论。著名精神病学家巴吕克教授认为，福柯是反精神病运动的煽动者和缔造者，这些无能鼠辈试图推翻第一代精神病学家皮内尔所创建的人道主义和自由主义的医疗原则。而事实果真如此吗？

在福柯这边，可能情况稍微有些差别。虽然福柯的英译本新著在1965年后，就在英美学界造成了影响，特别是在对反精神病学派圈子中引起轰动，但是福柯并没有加入所谓的反精神病学派，充其量，他只是在极其有限的程度上响应了反精神病学的各种活动而已。他有时会与反精神病学的诸位同道并肩战斗，在后来当选法兰西学院院士之后，他也曾邀请大卫·库珀到法兰西学院开班讲课。他也曾积极支持意大利的精神病学家组织的制度批判小组，但凡此种种，都无法与他后来亲身参与监狱问题的那种政治热情相提并论。德勒兹和福柯一样，他的反精神医学运动的情况也是如此。

福柯的著作被时代利用了。现在看来确实如此。同样清楚的是，福柯自己也对这种弄潮的机会善加利用。他迎风而起，翩翩起舞，抟扶摇而上，于是突然之间，就声名鹊起。但是值得一提的是，这一切，并没有使他迷失，他的目标依然明确无误，他是个哲学家，在精神病圈子的玩票，是为了发现其中理性与精神病的本质关系。在所研究的显白主题之下，比如压迫性的暴力、专横、封闭、控制、隔离和排除等等，隐藏的是另一个哲学的话题：权力。

三、理性时代的疯癫史

1. 愚人船的意向

1965年,福柯亲自修订的英译本《疯癫与文明》在万神殿出版社正式出版。福柯的学术影响开始走向英语世界。英文版是以700多页的博士论文为基础,缩写和改写而成的,副标题也变更为"理性时代的疯癫史"。基本上英文版的每一个章节在原博士论文中都能找到对应地方。但是福柯也删去了原论文中的大量文献内容。

福柯开篇就提到疯癫问题的历史起点,他需要追溯理性和非理性尚未分化的时刻,寻找一种未分化的体验,一种尚未分裂的对区分本身的体验。同时,福柯努力排除掉现代精神病理学主导的对疯癫的理性描述,也就是排除掉理性对非理性的征服。福柯虽然此前深受心理学和精神病学的学术熏陶,但绝不是要去"撰写精神病学语言的历史,而是论述那种沉默的关于疯癫的考古学"[①]。不是要用理性的话语即精神病学的话语来诊断疯癫发生的历史,而是要让沉默的疯狂自我发声。从古希腊开始,Ὕβρις(hybris)与σωφροσύνη(sophosune)的对立已然出现。hybris的意思是傲慢、张狂、疯狂,而sophosune则指的是明智。

---

① 福柯,《疯癫与文明》,刘北成、杨远婴译,北京:生活·读书·新知三联书店,2012年,第3页。

第二章　哲学浪子（1955—1970）

赫拉克利特残篇第112说，明智是最高的德性①。从古希腊开始，张狂和明智、疯癫与理性成为一对儿。在福柯看来，这对关系构成了西方文明的一个独特向度。疯狂与理性，从古希腊到中世纪，从古典时期到现代社会，不断呈现出此消彼长的复杂关系。

中世纪西方社会对付麻风病人的方法是把他们隔离并驱逐出去。这个来自亚尔古英雄传奇的神话故事讲的是，愚人船载着神经错乱的乘客从一个城镇航行到另一个城镇，自由散漫地在莱茵河和佛兰芒运河上巡游。它从社会中心开往社会边缘，从"社会化"开往"非社会化"。愚人船驱逐的是神经错乱的疯子。虽然后来的历史学家一致认为愚人船的叙述在历史上缺乏史实的支持，但是毋庸置疑的是，驱逐疯子的意向就此确定下来。诸多的画家纷纷以此为主题。

愚人船比喻了正常人对待非正常人的态度。而疯癫的人正是在麻风病消失之后，填补麻风病人留下的空白位置。驱逐疯人成为一种净化的仪式。在此时期，疯癫还是能够被言说和被表达的主题。15世纪后期的德意志人文学者、神学家、讽刺作家塞巴斯蒂安·布兰特②的长诗《愚人船》（*Das Narrenschiff*）于1494年在瑞士巴塞尔出版，它直接影响了后来的愚人船意向。而大画家丢勒③于三年后创作的插图，更是让此意向固定了下来。从博斯④的《治疗疯癫》《愚人船》到布鲁盖尔⑤的

丢勒为布兰特的长诗《愚人船》创作的版画，1497年

---

① Sophrosyne is the greatest virtue / σωφρονεῖν ἀρετὴ μεγίστη.
② Sebastian Brant（1458—1521），德意志人文学者。
③ Albrecht Dürer（1471—1528），中世纪末期、文艺复兴时期德意志著名的油画家、版画家、雕塑家及艺术理论家。
④ Hieronymus Bosch（1450—1516），荷兰画家，所绘题材多为描绘罪恶与人类道德的沉沦。他擅长以想象的恶魔、半人半兽形象来表现人性的邪恶。
⑤ Pieter Bruegel the Elder（1525—1569），文艺复兴时期居住在今天布鲁塞尔的画家。

《疯女玛戈》,连绵不绝。

中世纪的疯癫,在罪恶体系中占有一席之地。它通常是邪恶一方。到了文艺复兴时期,以塞万提斯和莎士比亚的著作为代表,疯癫跃居罪恶体系之前列。它成为一切人类弱点的领袖。到了17世纪古典时期,对疯癫的经验诞生,大禁闭取代愚人船的驱逐航行。疯癫成了获得知识的手段和途径。

2. 被禁锢的疯癫

《新约·路加福音》说:"强迫他们进来。"这当然是一种比喻:镇子上的主人设宴邀所有人来吃饭,但人们以买地、买牛、娶妻为理由而不来,主人进而邀请城中"大街小巷,那贫穷的、残疾的、眼盲的、瘸腿的来",但是人数依然不够,坐不满宴席;于是主人命令仆人去勉强(compel)那些"路上和篱笆那里的"人前来,以便坐满整个宴席。

主人当然比喻的是耶稣,他要传播福音给镇子上的所有人。但是有地位的人都以各种世俗的理由为托词。所以耶稣只好传播给那些最底层的人以及那些外乡人。这里的强迫表明了一种强制把宗教为代表的理性加以扩展的味道。福柯在这里正是以此为起点发难,城中大街小巷里那些贫穷的、残疾的、眼盲的和瘸腿的人,还有原本在大路上的行人和篱笆里的做工者,都是被强迫来到代表了理性权威的主人家里,接受主人的规训与改造的。

17世纪出现了禁闭所。这是一个重要的标志。1656年,巴黎总医院建立,其任务是收容巴黎市的穷人。它不是医疗机构,而是半司法机构、独立的行政机构。因而它与医疗没有关系,而是在法律的边缘(警察和法律之间)的一种奇特的权力,表现为君主制与资产阶级的联合。禁闭疯人,首先是一种治安功能,治安即police,即使所有没有工作就无法生存的人能够和必须工作的手段之总和,主要的内容是人口治理。同时,它还具有经济功能。在经济衰退期出现的经济职能,给禁闭者提供工作,禁闭所都有各自的专长。最后一个是道德功能:通过对劳动之哲学意义的揭示,来反衬不劳动者、游手好闲者和疯癫者的反面意义，从而表明禁闭所起的作用。禁闭是17世纪创造的一种制度，它使得现代城市得以产生。因为疯癫掩盖了政府的宗教意图（即在此世构建乌托邦的举动，如建立大型现代化城市），又掩盖了教会的世俗活动（即现代城市化建设在宗教看来本质上是世俗活动）。

在文艺复兴时期，疯癫如堂吉诃德一样还能自由地在地平线上出入，在踉跄挣扎中前行。但是到了17世纪，疯癫就被理性和道德戒律所禁闭起来，失去了自由。

法国思想家、科学家帕斯卡尔在其《思想录》的第339节说，"我很容易想象一个没有手、没有脚、没有头的人。但是我不能想象一个人没有思想。那样的人应该是一块石头或者一只动物。"帕斯卡尔的这句话，可以被视为中世纪对待疯人的基本态度。因为中世纪对疯人的看法，就是一个没有思想的人，因而只不过是一块石头或者一只动物。

帕斯卡尔所生活的17世纪上半叶，理性已经开始对疯狂进行大禁闭。而禁闭中的疯人，就是被视为一只动物。于是福柯进一步考察了后来在精神分析领域大名鼎鼎的法国巴黎硝石库医院[①]等地，正常人对疯人的处理，表现出了一种对"动物性的恐惧"。他们认为，动物性就是疯狂的。以疯狂的形式发泄出来的动物性使人失去其应有的人性。人完全处于自己的动物本性中。对于17世纪的人来说，最彻底的疯癫是人与自己的动物本性之间建立起一种直接的关系。

福柯对疯癫与动物性关系的论述，使一种动物哲学的建立成为可能。它从哲学层面上反思了人与动物的关系——这种既属于动物，又不属于动物的复杂关系。在古希腊哲人眼中，人是高于动物的，人类代表了理智与秩序，动物代表的正是其反面。人类处在一条这样的线段上：一极是动物性，表现为疯

---

① 硝石库医院（Pitié-Salpêtrière Hospital），又译巴黎皮提耶-萨尔佩特里尔医院，是法国最大的医院，也是欧洲最大的医院之一。因在精神医学和精神分析方面的影响巨大，几乎成为精神病院的代名词。

硝石库医院

狂；另一极是神性，即绝对的理性。苏格拉底和亚里士多德都说过，人是理性动物。理性成为人这种动物区别于其他动物的特殊品质。而动物则是属于自然的，它威胁着秩序，破坏着理智。当这种人类中心主义成为现代哲学的主流之后，随之而建立起来的是人的主体性地位，非理性不再成为理性的根基。动物没有理性，当然也没有道德感。这种无理性者的非道德感正是疯癫的最佳代表。所以福柯把死亡和疯狂对等起来，正如死亡是人类生命在时间领域的极限，疯狂是人类生命在动物性领域的极限，是人类真相的最低的边界。

非理性成为理解疯癫的重要手段，它也规定了疯癫的可能范围和疯癫的诸种表现形态。这就涉及了激情与谵妄的问题。英文版《疯癫与文明》的版权页中提到，激情与谵妄是新材料添加的内容，事实上，英文版翻译时，译者理查德·霍华德所依据的版本，其内容主要也是脱胎于《古典时代疯癫史》的第二部第二章《谵妄的超越性》。按照医学史的观点，疯癫与激情有密不可分的关系。在西方思想中，激情（pathos）向来是肉体和灵魂的聚合点，主动的灵魂和被动的肉体在激情中发生关系，因而，不同的激情会直接表现为不同的疯狂。激情通过灵魂与肉体的结合造就疯狂，而疯狂反过来威胁并摧毁了产生它的激情，疯狂是灵魂与肉体的分裂。谵妄则指的是一种虚妄的想象所导致的疯狂。由于心智的出错，想象就成为谵妄。所以，福柯引用了康德在《实用人类学》中的说法，谵妄是非睡眠者（清醒者）所做的梦。而梦是一种暂时的疯狂。

疯癫导致两种盲目，一种是谵妄，一种是眩惑。而两种盲目导致两种虚无，一种是由于纯粹的黑夜而盲目导致的虚无，一种是由于太亮而目盲导致的虚无。疯狂是谵妄的虚无，是眩惑的虚无。谵妄和眩惑的关系就构成了疯癫的本质。疯癫把可见与盲目、想象与判断、幻觉和语言、睡眠和清醒、白昼和黑夜结合起来，最后成为一种虚无。①疯癫只能通过理性秩序的外衣来表现自己。这是一种疯癫展示自身的辩证法，它只有首先背离自身，变成与自己相反的东西，才能呈现自身。

3. 解放精神病人

在《古典时代疯癫史》中，福柯已简要介绍了该文内容的梗概。我们要一一重拾长期存在于整个古典时代的各种疯狂形象。主要有三类：精神错乱、躁狂症和忧郁症、歇斯底里和疑病症。而在英文版《疯癫与文明》中，原本的属于第一部分的内容被悉数删去，只留下后两类。他分析了四种两类病相，分别是狂躁症和忧郁症②、歇斯底里③和疑病症④。

---

① 福柯，《疯癫与文明》，刘北成、杨远婴译，北京：生活·读书·新知三联书店，2012，第103页。
② 躁狂症（mania），希腊语词源为μανία（manía），英译为madness, frenzy, 疯狂, 狂热。忧郁症（melancholia），希腊语词源为melan（black, dark）+ cholē（bile），意思是"黑+胆汁"，即黑胆汁，引申为忧郁、抑郁。黑胆汁对应的就是西方一直流传着的体液说的一种。
③ 歇斯底里（Hysteria），希腊语作ὑστέρα（hystera），意为子宫。
④ 疑病症（Hypochondria），希腊语作ὑποχόνδριος（hypokhondrios）。由前缀ὑπό（hypo）和χόνδρος（khondros）组成。意思是under+cartilage，胸肋软骨下方的肚子。Hypochondria在晚期拉丁语中的意思是腹部，通俗讲就是肚子疼。

18世纪以来，谵妄和忧郁症的病因被认为是黑胆汁在体内的过度运行。忧郁导致谵妄，英国医生托马斯·威利斯（1621—1675）说，忧郁症是"一种没有高烧和狂乱但伴有恐惧和悲伤的疯癫"。如果说它是谵妄的话，其根源在于元气的无序运动和大脑的根本决裂。患抑郁症时，精神处于某种微弱的躁动中，它是一种软弱无力的激动，它是一种软弱无力的疯癫。歇斯底里尤其值得一提，最早指的是女子特有的一种病，子宫在体内的不正常运动，其比喻的是以女性子宫为代表的欲望向上移动，侵犯到以大脑和心为代表的理性和勇气，导致一种情绪的不受控制。现代的意思是情绪失控、癔症。歇斯底里是首先在现代精神病学领域引起高度关注的病症。歇斯底里和癔症听命于无序的精神，歇斯底里最真实又最有欺骗性。它能够模仿所有的疾病，其临床表现多种多样，故有人称其为"疾病模仿家"。进入现代社会以来，对人的发现、对欲望的强调、对女性器官意向的强调，导致柏拉图的垂直道德等级（灵魂三分法，欲望-勇气-理性）被一个立体空间的无序状态所取代。随之而来的是对疯癫的恐惧。

在理性占据统治地位的古典时期，它对非理性的态度，依然是压制和敌对的，非理性给理性带来了恐慌，理性所要做的就是通过手中的权力机器消除非理性所带来的恐慌。笛卡儿的做法就具有一种现代哲学的代表性。笛卡儿在《沉思》中通过普遍怀疑的"我思故我在"发声说：因为哲学家在怀疑周围的一切，所以哲学家不是疯子。哲学家所要排除的正是这个邪恶的精灵对自己的蒙骗和干扰，确保它永远不能强加给自己任何虚幻的东西。这个邪恶的精灵就是非理性和疯狂。然而，要排除它是何其艰难，一不留神就又坠入非理性和疯狂的状态之中去了。所以，笛卡儿说他要在精神上做好准备去和这个"大骗子"做持久斗争，一定要通过审慎和修习来战胜这种非理性的狡诈。

与笛卡儿要排除掉"非理性之疯狂"的思路相反，狄德罗笔下《拉摩的侄儿》的状况就恰恰反映了理性和非理性两者的不可分割状态。该书是以"我"

和"拉摩的侄儿"两人的对话构成的。我们毋宁说,"我"即代表狄德罗的理性部分;"拉摩的侄儿"代表的是狄德罗非理性的那一面向。所以,这是一场理性和非理性、正常与疯狂、道德与无道德之间的对话与较量。"拉摩的侄儿"的形象"集高傲和卑贱、才智和愚顽于一身",他清楚地知道自己疯了,他既是一个说话者,又是一个疯人。"拉摩的侄儿"的所作所为明确地宣告,非理性和疯狂是无法被排除在理性之外的,而且它还将成为启蒙运动中非理性的恐惧的源头,从而使萨德侯爵的出场成为其必然结果。于是在全书的结尾部分,萨德成为福柯反启蒙理性的核心人物,人身上的一切被"道德、宗教以及因拙劣的社会所窒息的东西"都在萨德小说的预设之地一一复活。这种疯癫,被尼采、凡·高和阿尔托继承和传递下去,被荷尔德林和奈瓦尔继承和传递下去,一直到以此法脉继承者自居的福柯。

与大多数法国战后的思想家不同,福柯的著作并没有对第二次世界大战和大屠杀进行过明确的思考。然而,我们无法因此就说他没有进行反思,反而恰恰应该说他的反思与批判触及了更深的地方,即对现代性本身给予批判。因为,制造了最大灾难的恰恰是理性和理性的人采取的理性的方法。

影响现代心理学和精神病学走向的两位先驱者,法国精神病学家皮内尔和英国公理会的图克解放了精神病院的病人,除掉了病人身上有形的枷锁,可视为19世纪精神病学的新发展。皮内尔和图克的行动可以称为道德疗法。疗养院开始具备宗教功能。他们纷纷以新的治疗方式解放病人,废除强制,创造出一种人道的环境,使病人处于道德氛围中,使病人在道德的戒律下进行自我治疗。但是,福柯认为这种宗教隔离的做法甚至比强制惩罚还厉害。他们使负罪感成为疯人本人的一种意识。负罪感使得疯人把自己设定为一个理性健全之人的他者,所犯的错误成了面对理性时而产生的不够理性的罪,这无形中把理性放置到了真理和上帝的位置。于是非理性和疯癫相应的,就成为理性需要加以治疗的对象。图克的公谊会通过"茶话会",让疯人们扮演正常人,掩藏自己的疯癫本性。疯癫被置于观察之下,病人时时通过"自我克制"来修正自己。所以人们无法了解到行为的意图，只能看到行为的结果。因而福柯说，19世纪的疗养院中没有强制措施，不是因为非理性获得了解放，而是因为疯癫早已经被制服了。①因为每一个人都或多或少地在努力扮演一个正常人。

更为严重的是，在新的理性看来，疯癫代表一种未成年状态（madness is childhood）。未成年人是没有自我治理能力的，只有理性的成人才能自治。而图克认为，未成年状态（minority status）恰恰是一种适合疯人的生存方式，他用"家庭"把精神病人和看护组织起来。由此，他看似把病人放置在正常的环境中，其实更加异化了病人。在"家庭"中，疯人扮演监护对象，而父亲的角色就是由有理性的人来扮演。对待疯癫的办法使得理性家长制的权威得以复活。康德在《什么是启蒙？》（1784）里说，"启蒙运动就是人类脱离自己加之于自己的不成熟状态"。②福柯所批判的理性对疯癫的定性，和康德倡言理性对未成年状态的启蒙作用，正如同一个硬币的两面。康德汲汲以求的是启蒙理性对人类未成年状态的引领与提升，进入理性的成人世界。而福柯目光所及之处是理性以其权威地位，把非理性视为理性的未成年状态，而未加反思地加以规训和看护、改造和消灭的现代性事实。康德讴歌摆脱学步车，学会自我运用理性的时代精神，而福柯则明显针砭现代性对理性力量的盲目信任所导致的灾难和恶果。

---

① 福柯，《疯癫与文明》，刘北成、杨远婴译，北京：生活·读书·新知三联书店，2012，第236页。
② 康德，《历史理性批判文集》，何兆武译，北京：商务印书馆，第22页。

四、在克莱蒙-费朗的日子

1. 学而优则仕

由于于勒·维也曼的幕后工作，福柯被从汉堡召回，来到克莱蒙-费朗大学担任心理学教授一职。于勒·维也曼作为战后把分析哲学引入法国学界的代表人物而著称。他是梅洛·庞蒂的好友，后来梅洛·庞蒂提名他接任自己在里尔大学的教职，受阻后转而在克莱蒙-费朗大学接受全职教职。于勒·维也曼被任命为克莱蒙-费朗大学哲学专业的负责人，他勤于治学，注重教学质量，在他的周围迅速聚集起一帮志同道合的精英年轻人，比如米歇尔·塞尔、莫里斯·克拉维兰、让-克洛德·帕里昂特等清一色的巴黎高师子弟。于是，这才有了于勒·维也曼后来对远在联邦德国的学术新星福柯的延揽。

福柯决定结束自己漂泊在外的日子，接受了于勒·维也曼的聘书，欣然来到这个自己的导师康吉莱姆曾经手执教鞭和武器战斗过的地方。福柯将在克莱蒙-费朗继续待下去，时间从1960年一直到1966年。不过，福柯和维也曼相处的时间，只有两年。两人相见恨晚，结下了深厚的友谊，虽然维也曼的研究着力于科学哲学和分析哲学，而福柯的研究更多偏向哲学和历史，但是这并没有妨碍两人对彼此的欣赏。即便维也曼后来偏向右派，而福柯偏向左派。两人对知识的尊重超越了他们的所有分歧。1961年5月3日，维也曼的恩师梅洛·庞蒂猝然离世，不久后他就被召回巴黎，去法兰西学院接替恩师的教席。维也曼的竞争对象是雷蒙·阿隆，而福柯也为此次竞争贡献了自己的力量。他找到了自己在乌普萨拉大学的老师杜梅泽尔来支持自己的朋友，结果，维也曼顺利当选。一年后，让·伊波利特也顺利进入法兰西学院。福柯的两位老师兼朋友迅速开始进行疏通的工作，为福柯进入法兰西学院铺路。而败选的雷蒙·阿隆，则必须等到1970年，与福柯一起进入法兰西学院——这个法国学人梦寐以求的最神圣、最光荣、最权威的学术殿堂。

福柯在克莱蒙-费朗大学时期，因为巴黎高师毕业生密布在巴黎政、商、学界的关系网，借由当年法国驻波兰大使比兰·德·罗齐格的推荐，进入法国高等教育研究会"十八人委员会"。该团体旨在实施教育改革，尤其是战后法国的高等教育改革和大学改革方案的修订工作。牵头的是时任法国国民教育部部长克里斯蒂昂·富歇，这个新团体中的成员包括历史学家费尔南·布罗代尔、哲学家于勒·维也曼，巴黎法学院院长乔治·韦代尔，科学院院长马克·藏芒斯基，巴黎高等师范学校校长罗贝尔·弗拉塞列尔等。当然，福柯也位列其中。此时的福柯热心于高等教育的改革事业，同时兼及中学教育。委员会每月一次例会，会议地点一般在部长办公室的图书室内。从现在留下的会议纪要看，福柯的发言积极而有建设性，先后讨论过中学教育、大中学哲学教师资格考试、学院的组织问题、博士论文体系问题、大学哲学课程的设置问题以及中学哲学课程的设置与衔接问题等。福柯十分看重他所参与的改革工作。

只不过，这场被冠之以"富歇改革"的运动成效一般。改革前出现的各种问题，在1967年改革之后，还未来得及落实，就碰到了1968年的"五月风暴"。福柯主动参与政治体制建设与改革的工作就此结束了。正如传记作者迪迪埃所说，有些评论家试图把福柯20世纪60年代的工作与1968年事件关联起来确实是一个反讽。福柯当时正钻在一个戴高乐派部长的办公室里讨论着法国中学和高等教育的未来呢，哪里会想到迎接他们的改革方案的是学生的革命造反和街垒巷战。

巴黎高师的毕业生圈子成为巴黎高师学生的重要资源。福柯正是借此机会，有了一次与戴高乐政府亲密接触的机会。福柯绝非一个戴高乐主义者，他不属于任何党派，也并不试图达到任何个人的政治目的。福柯在波兰华沙期间，与大使比兰·德·罗齐格关系密切，后者后来当上了戴高乐政府的秘书长，正是在他的引荐下，福柯介入政府当时正在推进的高等教育改革议题，并开始建言献策，展开深度合作。1965年后，戴高乐政府打算任命福柯为法兰西第五共和国国民教育部高等教育司的副司长。圈子里的人几乎都认定此事已经确定，就差发文颁行，以至于许多学院的院长不约而同地给这位即将上任的新领导发来贺电。但是此次与政府部门的亲密接触中，福柯临门一脚欠佳，在最后环节，他遭到了反对派阵营的抵制。唯一的理由是，福柯是同性恋。于是波兰的往事被重新提及。最终，福柯未被任命。套用一句流行语，由此，世上从此少了一个力图改革高等教育的官员，而多了一个名满天下的职业哲学家。孰轻孰重，已无须赘言。

2. 关于"目光"的考古学

《临床医学的诞生：医学目光的考古学》无疑是《古典时代疯癫史》的续篇。福柯最初把该书提交给导师康吉莱姆审阅，康吉莱姆顺手就把它编入自己主编的一套纪念古希腊医学家盖伦的丛书中。虽然拉康对它非常满意，但是该书在坊间的影响前没有《古典时代疯狂史》，后没有《词与物》那么重大。然而，本书提及的目光（regard）、光线（light）和启蒙（enlightenment）的个中关系，可以被视为打开福柯思想的钥匙，贯通了福柯前后期思想，因而尤为重要。即便如此，该书的阅读观感对于初学者来说却不是友好的，它是一本专门的医学史著作，引证的资料磅礴，涉及的领域艰深。

该书继续了《古典时代疯癫史》中进行的"目光"考古学的研究。福柯关注的正是这种"看"的行为。该书的副标题"医学目光的考古学"正是来源于此，所以福柯开篇就坦言，这是一本关于看的行为的书、关于目光的书，此处涉及的无疑是从现代医生的目光中看到的临床医学的诞生的过程。而到后面，福柯会把这种目光的研究拓展到艺术领域，尤其是对绘画的评论之中。

福柯在序言中敏锐地发现了现代医学产生和转变的一个事实。在18世纪的时候，病人见到医生，医生总会问："您怎么了？"（Qu'avez-vous？）而后来，医生见到病人说的是："您哪里不舒服？"（Où avez-vous mal？）后一句话十足地暴露了现代临床医学所面对的对人体科学化、知识化后的所有紧张。现代临床医学眼中的现代病人不再是一个活的整体性的"我"，而毋宁说是由各种零部件组成的医治对象，生病的零部件可以在医学知识的支配下进行更换。这是一种新的身体观。随着现代临床医学的诞生，新的医患关系就此建立起来。临床医学背后鲜为人知的权力关系就被福柯巧妙地揭示出来。

医学语言的建立，使得医学经过一千多年的发展，而在近代成为一门科学。现代医学要把身体当作最纯粹意义上的、科学的客体来对待，也就是把身体当作尸体来看待，因而看的目光发生了改变。这一目光的改变，促成了临床医学中现代解剖学的产生。不难试想一下，为什么传统医学中没有解剖学？人类宰杀和分解动物的历史悠久，杀人的历史也一样漫长，可是并没有因此衍生出一套关于解剖人类自己身体的知识。这个向度上的认知的缺失直接导致医学在漫长的一千年中与迷信、道德和宗教混在一起。眼光的改变，是现代实证医学产生的条件。接下来可以继续问：为什么人的身体在传统医学中是不能解剖和研究的？答案是：因为死亡问题在古代并不是一个医学问题，而是一个神学话题。

进而福柯就可以说，现代医学能够产生的一个重要因素是把死亡纳入医学。他引述了荷西·加尔迪亚①的话，"健康取代了拯救"（la santé remplace le salut）。现代医学与人类学具有同构关系，它以其获得的技术知识促成并保障了现代人的产生，在对现代人的有限性加以肯定的基础上，给予现代人一个全

---

① José Miguel Guardia（1830—1897），西班牙裔法籍医生兼哲学家和科学史家。

新的死亡经验，既无可避免又让人安心。之所以无可避免是因为现代医学确信任何个体生命都是会死的；之所以让人安心，是因为现代医学允诺给了生命某种排除病痛折磨的健康权。于是，健康成为生命的第一目标。

福柯应该是从导师康吉莱姆的博士论文《正常与病态》的同名引用中获得了加尔迪亚的这个提法。作为福柯20世纪60年代研究的关键词，后来它还出现在1964年的《尼采、弗洛伊德和马克思》和1968年《精神》杂志的访谈中。[1]

从18世纪末到19世纪初以来，伴随着现代医学的全面发展，死亡问题成为其需要面对的唯一问题。直白讲，现代医学的重要职责就是如何避免死亡，或者尽可能延迟死亡。死亡所代表的有限性逐渐入侵到无限性的领域之中，死亡被现代医学最终视为身体和生命的本质性构成部分。从而，现代医学中对有限性思想的强调，一方面成为其区别和批判无限性的界限，另一方面又成为现代人得以产生的基础（起源的奠基）。实证主义式的临床医学的诞生，是知识类型和语言结构发生改变的结果，福柯借助这样的目光考古学，深刻反思了近两百年来各门类现代知识（包括哲学）赖以产生的经验本身的产生过程。

当最早一批临床医生的目光与他们的前辈相比而发生转移之时，他们发现了千百年来一直不可见的和不可表达的东西。通过理性的方式，借助于他们的感官以及感官的延长，他们发现了疾病和死亡。他们把前辈们所赖以维系的想象、沉思冥想、炼金术、道德感化和神学疗法排除在外。所以，福柯说，在现代理性的作用下，可见物与不可见物之间的关系发生了根本性的改变。在前现代，看的行为指向一个可见的事物，而话语所代表的词语指向的是一个不可见的东西。在"词与物"尚未分离的时候，当"目光"所指向的可见物和"词语"所指向的不可见物之间还完全一致的时候，福柯开始了对临床医学如何诞生的考察。由此福柯一直考察启蒙理性如何在所见和所说之间建立起一种新的关系，现代人目光所能看见的东西，词语所表述的东西，都是新的，这正是现

---

[1] 详情可参见 https://aphelis.net/sante-salut-michel-foucault/。

代医学的诞生过程。而"词与物"的关系，将成为他下一本书的话题。

3. 鲁瓦约蒙的尼采研讨会

1964年7月4日—7月8日，著名的哲学史家马提亚·盖尔鲁[①]召集当代时贤在巴黎以北的鲁瓦约蒙修道院（Abbaye de Royaumont）召开了一场为期五天的关于尼采哲学的国际研讨会。马提亚·盖尔鲁也是巴黎高师的毕业生。他于1945年继承新康德主义者布伦什维格在索邦大学的教席，又于1951年继承了著名的中世纪哲学史家埃提安·吉尔松在法兰西学院的教席，名为"哲学系统的技艺和历史"，直到1962年退休为止。他因在学界的影响力，之后成为鲁瓦约蒙修道院系列研讨会的主持人。此次与他一起召集会议的是尼采研究专家德勒兹。德勒兹邀请到了数名尼采研究专家参与此次研讨会，其中包括老辈学者如让·瓦尔、让·波弗莱、卡尔·略维特、加布里埃尔·马塞尔[②]，也包括中青年学者如克洛索夫斯基、福柯和意大利学者吉安尼·瓦蒂莫[③]。此外，还有意大利学者乔治·科利[④]和他的朋友马奇诺·蒙蒂纳利[⑤]，他们都是尼采全集的编委。与会学者都提交了高质量的论文，会后以《鲁瓦约蒙哲学集第六辑：尼采编》为名于1966年结集出版。

福柯受到德勒兹的邀请而参会，他提交的论文是《尼采、弗洛伊德和马克思》。该论文是打开其后著作《词与物》神秘大门的钥匙。该论文开篇部分可以看到福柯同时期所撰写的符号学论文的影子。福柯要考察的正是尼采、弗洛伊德和马克思这三位现代解释技术（techniques d'interprétation）的集大成者。解

[①] Martial Gueroult（1891—1976），法国哲学家，主要研究领域是17世纪和18世纪的哲学和哲学史。

[②] Gabriel Marcel（1899—1973），法国存在主义哲学家。

[③] Gianni Vattimo（1936— ），意大利哲学家、政治家、都灵大学伦理学教授。曾在卡尔·略维特和伽达默尔指导下学习。

[④] Giorgio Colli（1917—1979），意大利哲学家、语言学家和历史学家、比萨大学教授。

[⑤] Mazzino Montinari（1928—1989），意大利哲学家、尼采哲学专家。

释的技艺，便是他在文中要深入反思的主题。解释的技艺在西方文化中可谓源远流长，福柯说他梦想着有朝一日能够汇编一部涵盖西方文化史的解释技术的百科全书，对印欧语言的符号进行归类，考察其自16世纪以来，也就是文艺复兴以来的发展史，进而梳理出解释者和被解释对象之间的关系。这部分内容就与《词与物》中第二章的内容直接相关。

在福柯看来，语言是无法信任的，它无法准确、完整地传达出意义。传递出来的意义是表面的，还有隐含的意义，希腊人称之为寓意（allegoria）和涵义（hyponoia）。而且语言也并非独一无二的，这个世界上到处都是非言语方式的语

法国子夜出版社出版的《鲁瓦约蒙哲学集第六辑：尼采编》，1966年

言，这也是一种绝不能忽视的符号表达（semainon）。基于此，我们要寻找语言所表达的内容，更要寻找语言没有表达出的内容。这样一来，解释就是无穷尽的。19世纪以来的解释系统，构造了一套新的语言表达内容。福柯选出来的典型代表就是马克思《资本论》第一卷、尼采《悲剧的诞生》和《道德的谱系》以及弗洛伊德《梦的解析》。他们重新建立起一种解释学的可能性。然而，他们并没有改变之前的符号的分布空间，解释项（interpretandum）往往凭借暴力而绑架着被解释项（interpretans）；解释总是面临着持续自我解释的必要，必须总是重新开始。对此，我们的当务之急是，必须抛弃解释的暴力、未完成性和无限性。这正是尼采所走的道路。

4. 遇到达尼埃尔·德菲尔

福柯在克莱蒙-费朗大学的表现不错，被任命为心理学系的副教授。他认真按照教学大纲积极授课，学生反响不错。然而好景不长，他与人文学院的罗杰·加洛蒂之间的矛盾愈演愈烈。加洛蒂是一个左派思想家，经常与福柯发生

立场上的冲突。直到1965年，两人闹得水火不容，于是加洛蒂被调离，而福柯随后也选择了南下北非，前往突尼斯支教。

福柯的感情生活可以稍微总结一下，以达尼埃尔·德菲尔逐渐走进他的生活而分为前后两部分。从与让·巴拉克分手而前往瑞典开始，福柯可以说绯闻不断。曾与他一同在瑞典的朋友回忆说，福柯在瑞典的时候，就到处留情。虽然受到舆论反对同性恋的压力，福柯依然我行我素。在瑞典期间，福柯仍然交往有几位异性朋友，甚至到了有可能发展出恋情的程度。其中值得一提的就是他在瑞典乌普萨拉的好友让-克里斯多夫·奥柏格的妹妹达尼。正是奥柏格把自己妹妹介绍到瑞典来。达尼的工作是在乌普萨拉的法国之家当专职秘书。福柯非常喜欢达尼，念念不忘，后来这一点让德菲尔非常介意。

1960年10月，福柯游荡了一圈之后，重新回到巴黎，这才有机会与达尼埃尔·德菲尔相识。德菲尔比福柯小11岁，1937年生于法国中部勃艮第的韦兹莱。1960年，高中毕业的德菲尔在考取巴黎高师的口试中失利，而他在里昂的哲学老师罗贝尔·毛斯与福柯有同窗之谊，于是就打算把德菲尔介绍给福柯认识，希望福柯能给他打打气，来年再战。毛斯也是巴黎高师1946级的学生，与福柯同班，还比福柯早一年通过大中学哲学教师考试，他也去过梯也尔基金会，两人颇多交集，关系很好。在升学的沉重压力之下，德菲尔不想再考了，他接受了圣·克劳德师范学校的录取。不过，他还是和福柯取得了联系，从此走进了福柯的生活。

1963年下半年，福柯和德菲尔的情侣关系便正式确立下来，但是他们相互不约束对方，两人的关系一直延续到1984年福柯去世。这一点有点像萨特和波伏娃。他们一起住在福柯在巴黎十六区的芬莱博士街（La rue du Docteur-Finlay）的高档寓所里。该街道以芬莱博士命名，是为了纪念这位曾在巴黎接受教育的古巴籍黄热病专家。这是一处非常时髦的公寓，大楼紧邻格勒纳勒河堤路，路边就是塞纳河，视野非常开阔。此时，福柯基本上每周需要往返一次克莱蒙-费朗大学。他把课程都排在一天里，上完课就马上回到巴黎，撰写他的

第二章 哲学浪子（1955—1970）

新书《词与物》。而德菲尔正在准备自己的大中学哲学教师资格考试。1964年6月，在福柯的辅导和帮助下，德菲尔顺利通过考试，拿到大中学哲学教师的资格。接下来，德菲尔需要按规定服兵役18个月，或者用在国家外派教育机构中的服务来代替。德菲尔这一代战后学生大都是左派政治的活跃分子，对国家及其暴力机器具有出于本能的反感情绪，于是他选择去海外支教。他首选的地点是远东的越南，但是运气不好，东京湾事件后，美军全面介入，战争升级，双方激战正酣，局势非常不稳。于是德菲尔就近选择了突尼斯。1964年9月，他决定前往突尼斯的第二大城市斯法克斯（Sfax）的中学教哲学。

正是因为德菲尔的原因，突尼斯这个国家，也逐渐进入福柯的生命之中。后来的事态使我们能够清晰看出，突尼斯的经历对福柯后来思想改变的影响巨大，但是这一点往往又为后来的思想史家所忽视。德菲尔在突尼斯支教期间，福柯顺便去旁边的摩洛哥旅游。1964年圣诞节假期，福柯就是在突尼斯与德菲尔度过的。1966年9月，福柯也正式来到突尼斯大学哲学系工作。当年的圣诞节期间，福柯与德菲尔又一起去了阿尔及利亚的旅游胜地阿杰尔高原露营，周围满是骆驼和毛驴。阿杰尔高原保存有很多史前岩画艺术，砂岩所侵蚀的地形也非常独特，这令福柯十分喜爱。

可能从一开始，福柯就没有打算在克莱蒙–费朗大学长期待下去。所以，1963年，考虑到福柯在乌普萨拉、汉堡的优秀表现，法国外交部打算提名福柯去东京担任那里的法国文化中心的主任。法国知识分子阶层对东亚的好感由来已久，这种莫名的情绪随后还会在福柯身上继续发酵。

福柯欣然接受外交部的委任，但是原单位的领导不同意。克莱蒙–费朗大学的系主任写信到教育部表示强烈挽留，福柯在学校担任的心理学教职和研究岗位暂时无人能替代。还有一个个人原因使他无法前往——达尼埃尔·德菲尔在暑假与他见过面后，两人一见如故，关系逐渐升温。此时，他和德菲尔的关系刚刚确定下来，他也无法贸然离开。即便德菲尔愿意陪他一起去日本就职，也会影响到德菲尔接下来要进行的大中学哲学教师资格考试的复习与备考。事实上，传记作家大卫·梅西曾就此事专门采访过德菲尔，其实德菲尔当时已经做好了为福柯放弃备考的心理准备；而与此同时，福柯最终也为了德菲尔的备考而放弃了此次东京之行。两人都没有为此事公开讨论和交换过看法。这场错位的相互关心使得德菲尔来年必须全力以赴准备自己的大中学哲学教师资格证考试了。幸运的是，在福柯的帮助下，德菲尔于1964年顺利通过了大中学哲学教师资格考试。而福柯的下一次日本之行，将延宕到七年以后才最终实现。

在两人的关系确定后，福柯就立刻动用自己的行政权力介绍德菲尔来克莱蒙-费朗大学担任哲学系的助教。虽然克莱蒙-费朗校方有各种各样的反对声音，但是他还是成功了。对他的赏识和争议真是无处不在。在朋友的小圈子之外，福柯与校方的关系多少有些微妙，不愿意迁就官方的他也逐渐对高等教育机构表现出厌倦之情。他开始想方设法逃离。1965年，社会学家乔治·古热维奇①支持他去索邦大学，他蠢蠢欲动。同年夏天，他应邀前往巴西圣保罗，在那里逗留了两个月，又差点打算继续待下去。最终，1966年，虽然距聘期的结束还有一年时间，但他还是选择离开克莱蒙-费朗，前往突尼斯。此时（1966年4月），他的《词与物》正式出版，大家争相购买，好评如潮，争议也不断。

---

① Georges Gurvitch（1894—1965），俄裔法国社会学家、知识社会学的领军人物。

五、《词与物》的诞生

《词与物》的诞生,可以视为战后法国思想史上的传奇。作为当年的非小说类畅销书作者,福柯的名字走出知识分子圈子,他成为家喻户晓的名人。对该书的热捧程度,如同当年康德的《纯粹理性批判》,一度成为民众标榜自己身份和层次的文化符号消费品。然而说到读懂其中内容,恐怕大部分读者都无法达到。该书的文笔晦涩,以批判当时的主流思想为目的,绝非一般意义上的消遣读物,连福柯自己也承认,该书是自己写过的最难理解、最无聊的书。他的潜在读者群是法国各大学里的现代哲学研究者,人数应该还不到两千人。但是毫无疑问,该书之所以能够热卖,是因为其出版得恰逢其时。20世纪60年代的法国思想界,充斥着各种新的思潮,而结构主义思想已经开始一统天下。1962年,列维–斯特劳斯出版了《野性的思维》,阿尔都塞出版了《保卫马克思》,1965年阿尔都塞和巴利巴尔出版了《读〈资本论〉》,1966年拉康出版了他的专著《写作》。《词与物》这本既批判现象学,又批判结构主义的书,就迅速成为学界和思想界竞逐的热点。

1. "人之死"

福柯说,他的创作灵感来自阅读阿根廷作家博尔赫斯小说之时的发笑。这部小说中提到了"中国古代的某种百科全书"中对动物界的怪异分类。事实上,福柯杜撰了博尔赫斯的百科全书。直到现在,人们也没有在博尔赫斯的任何著作中找到福柯所引用的中国古代的某种荒诞分类。这种玩笑福柯也不是第一次开。其博士论文《古典时代疯狂史》里面所提到的中世纪的愚人船也基本上出于福柯的有意杜撰。不过，我们可以用福柯自己的思路为其辩护，即我们并不能在历史中找到对发生过的事件的真实记录。"是谁在讲话，这有什么重要的呢？"

《词与物》思想的真正来源，最早可以追溯到《临床医学的诞生：医学目光的考古学》。此外，该书还有另外两个来源，一个是1961年出版的《康德〈人类学〉导论》的结论部分；还有一个是1964年的论文《尼采、弗洛伊德和马克思》。《康德〈人类学〉导论》结尾处的脚注说，"批判思想和人类学反思的关系将在后续著作中研究。"因而《康德〈人类学〉导论》可以视作《词与物》的真正导论。而论文《尼采、弗洛伊德和马克思》则预示了《词与物》将涉及生命、语言和经济的基本结构。

该书的副标题"人文科学的考古学"值得一提。在20世纪70年代，福柯在接受两位美国学者休伯特·德雷福斯[①]和保罗·拉比诺[②]的采访时，说他原本给这本书起的副标题是"结构主义的考古学"。这样的变更并非不可理解，虽然福柯并不承认他自己是结构主义者，但是自从《词与物》出版后的很长时间，他都被视为一个典型的结构主义者。当然，我们可以认为，福柯正是在《词与物》问世之后，不但思想与结构主义渐行渐远，语言上也逐渐自成一家。因而《词与物》中的关键词"知识型"就成为一个存在时间极其短暂的概念，只出现在《词与物》阶段福柯的思想中。他考察了自从16世纪以来西方现代知识的形成过程，以发现其中的断裂为宗旨，也就是说不同的时期，有不同的"知识型"表现出来。这种人文科学的考古学的追问，导致了现代人的产生，进而也

---

① Hubert Dreyfus（1929—2017），美国哲学家、加州大学伯克利分校哲学教授，深入研究过现象学、存在主义和人工智能。

② Paul Rabinow（1944—），美国人类学家、加州大学伯克利分校人类学教授，福柯哲学专家。

导致了"人之死"。

"人之死"无疑是《词与物》全书的母题。福柯说，关于人的现代知识，来源于18世纪，而在此之前，不存在真正意义上的人类。而现代科学关于人的全部知识看似勾画出关于人的所有真理叙述，但是反而恰恰导致了人之死。此话怎讲？在福柯看来，自笛卡儿以降的理性主义在德国古典哲学中达到顶峰，尤其是康德哲学中，康德在《逻辑学讲义》中提到了四个问题：我能知道什么？我应当做什么？我可以希望什么？人是什么？第四个问题正是康德所导向的人类学话题。康德哲学所提倡的"人为自然立法"，把人的理性置于宇宙的中心，以康德哲学为代表的现代哲学所犯的共同的错误，就是把对人的有限性所做的经验分析当成了对人的无限本质所做的先验分析，所以批判哲学本质上成了一种"人类学"。在此基础上发展起来的，以胡塞尔的现象学和萨特的存在主义为代表的现代哲学都陷入了"人类学沉睡"之中。现象学无可避免地走向了一种先验哲学，而存在主义则把人道主义放到核心位置，这些都是把人的有限性拔高为无限性的虚妄。福柯所质疑的正是这种主体性哲学，正是在这种哲学的引领下，最终导致了对有限之人的遮蔽。人死了，而活下来的是先验的人、理性的人。

尼采说"上帝死了"，是人杀死了上帝。人用理性杀死了上帝，然后又坐在上帝的位置上。而福柯所说的"人之死"，正是对尼采"上帝之死"的继承。因为上帝死了，所以人也死了。在福柯看来，正因为尼采哲学消解了原本存在于人思想中的对人的有限性的无限化使用，所以人又真真切切回到真实的有限性之中，以有限性为基础来建立所有的知识系统。正是尼采首先振聋发聩的呼喊，使得福柯从"人类学沉睡"中惊醒过来。正是因为"大写的理性"主体死了，所以后面的人必须从当下的自己出发来决断了。决断在自己，责任也在自己。这种自主自觉反倒能够促成启蒙之后的现代人产生。

这部分内容主要出现在《词与物》的第九章"人及其副本"部分。福柯说，在18世纪末以前，人是不存在的。而现代知识却在两百年的时间里构建起了人的形象，毋宁说是人的副本。那是和原本的人一模一样的人吗？显然不是，古典知识所造就的只是人的一个副本、一个表象、一个复印件。人并不在场。正是因为人的缺席，所以我们能够发现一个无人的空间，同时也能够激发出一个新的人的空间。正是在此基础上，福柯断言先验在重复经验，我思在重复非思，对起源的返回在重复隐退。这才是形而上学的真正终结，下面即将开启的是生命的哲学。

2. 世界的散文

《词与物》的真正开篇应该要从第二章《世界的散文》开始算起。而该书的第一章《宫娥图》是福柯在出版之前，临时添加的一篇报刊文章，对西班牙画家委拉斯凯兹的《宫娥图》的评论。据后来的报道称，把《宫娥图》作为开篇放在全书的起首位置，这一举动在营销上非常成功。

《世界的散文》是一个非常抢手的名字。1961年5月3日，梅洛·庞蒂猝然离世时，手头留下的一部遗稿就叫《世界的散文》，该书1969年由伽利马出版社出版。在当时，福柯也曾打算把自己的新书起名叫《世界的散文》，但是他的好友兼责任编辑胡谢·加利瓦[①]劝他放弃。福柯次选定的书名是《事物的秩序》，无奈该书名已经有结构主义学者提前采用，于是在出版社的建议下，他采用了后来为大家熟知的书名《词与物》。福柯的这个遗憾在推出英文译本之时得到了补偿，英文版书名正是他梦寐以求的最恰当名字——《事物的秩序：人文科学的考古学》。在《词与物》的书名确定后，《世界的散文》成为第二章的标题。胡谢·加利瓦建议福柯把第二章《世界的散文》单独挑出来，分别以法语和英语发表在联合国教科文组织创办的哲学杂志《第欧根尼》上。此举迅速提高了福柯的国际声誉，尤其是在英美哲学圈子中。加利瓦之所以挑中第二章，恰因为该章是对《词与物》全书的概览。

---

① Roger Caillois（1913—1978），法国知名文化人，曾把拉美文学介绍到法国。

什么是关于世界的"散文"？汉语的译文"散文"往往具有某种误导性。福柯要说的，无论如何也不是对这个世界的真情告白，而毋宁说是对世界这个"物"所进行的语"词"的言说。prose的拉丁语词源有二，一个是prōsus，含义是直来直去地说话，另一个是proversus，向前翻转。其要点所指向的正是词与物之间的对应关系：语言对世界的直白言说，或者语言对世界的复制翻转。所以，福柯开篇就大谈语言与世界之间的四种相似性（这里显然已经把书写《尼采、弗洛伊德和马克思》阶段所思考的相似性数量精简到了四个），语言是世界的镜子，一面有着本质缺陷但又不得不用的镜子。

3. 异托邦与外在思考

《词与物》出版不到一年，1967年3月14日，福柯在巴黎建筑研究会上作了《另类空间》的演讲，提出了"异托邦"的思想，而其思路最初来自《词与物》的导言。福柯杜撰的中国古代百科全书的如同儿戏的动物分类方法，使我们把目光聚焦到了分类行为本身上。我们惯常是用"同与异"来区分事物，然而这种区分是否有效却值得反思。把毫无标准可言的标准并置在一起的分类，与动物学的林奈分类法形成鲜明的对照。福柯提醒我们去看那些不可见的东西，去思那些不可思的东西。比如，以英文字母a、b、c、d、e等标示出的系列构造的相互联系的范畴假象；中国百科全书分类的不可能性到底向我们表现出了什么样的不可思议的空间；或者如博物馆、墓地、监狱、疯人院和档案馆等等"另类空间"究竟如何成为可能。

这个不可能的空间便指向了"异托邦"。福柯后来的思想主题，都可以在这种"异托邦"的维度下加以理解。所谓异托邦，就是"反空间"和"反广延"，异于正常空间的另类空间。它不是在"同"中表现出来的空间，而是在"差异"的当下时刻中标示出来的那个空间。因此，从文本空间的角度看，阅读博尔赫斯小说的笑声，恰恰指出了一个反空间，它使我们意识到"同与异"的边界。从社会空间的角度看，监狱、疯人院、墓地恰是标示出"另类空间"

的异托邦。从生命空间的角度看，病态、疯狂、非思和死亡，恰是我思主体之最根本意义上的异托邦。

或许是受到拉康镜像理论的启发，福柯在此创造出另一种镜像分析。镜子既是乌托邦，又是异托邦。镜子给我们一个机会，让我们看到可见性与不可见性的交错关系。福柯说，镜子正好处在乌托邦和异托邦的边界之处，它是一个无间之间（un lieu sans lieu）。①

在镜子中，我在我不在之处看到我自己，在一个虚拟的敞开的表面之背后的非实在空间中，我在那里，在我没有在之处，给我某种自己的可见性的影子，使我能注视我自己在我不在之处，此即镜子乌托邦。然而，镜子也是一种异托邦，因为它真的存在，而且它有（在我所占据的位置）某种折返的效应。由于有镜子，我发现我不在我所在的位置，因为我发现我在那边。从这个可以说由镜子另一端的虚拟空间深处投向我的目光开始，我又回到自己这里，开始把目光投向我自己，并在我身处的地方重新构成自己。如此，镜子的异托邦之功能，使得我所占据的位置，在我自己注视于玻璃的时候，同时既绝对实在，又绝对非实在。绝对实在是因为它连接到所有围绕它的空间，绝对非实在是因为为了被感知到，它被迫经过在那边的那个虚拟之点。②

此时，我们可以设想一下，我站在镜子前面，我向镜子所投射出的目光，可以分解为两道：目光1和目光2。目光1在镜面处折返，回到我自身。这就是我们通常用眼睛去看事物时的状况。目光2则穿过镜面，指向了我在镜中的影

---

① Michel Foucault, *des espaces autres*, *Dits et ecrits 1954-1988*, gallimard, 1994：752-762. 另可参见《另类空间》，王喆译，《世界哲学》，2006年，第6期，第54页。
② 参见《另类空间》，王喆译，《世界哲学》，2006年，第6期，第54页。

像，借影像的目光而返回我自身。福柯说，镜子之内所显现的空间是乌托邦，它是虚拟的。而镜子之外所构成的空间是异托邦，它是实实在在的。此处的目光1无甚新意，因为任何物体的被看见，都是因为目光被可见之物所折返所致。通过目光1，我们看到的可见之物是镜子本身。目光2才是特异性的表现，它是回溯到自身的目光，尤其是那道从镜中我的影像所发出的朝向镜子外面的我的目光。它也是重叠的目光，它既是乌托邦的，又是异托邦的。它设定了一个镜子中的虚拟空间以及虚拟的主体。镜子的特性，使我思和我在分裂在两边。如果坚持我思，则它无疑只能来自镜中的我，但是它并不在场；如果坚持我的在场性，则我是无法反思的，我只能经借助于镜子里面那个虚拟之点的我思来获得。

因而，通过镜子这个装置，我们发现，照镜子的我既是实在的，又是非实在的，我的主体性既是在场的，又是不在场的。目光首先摆脱自身，然后借助他者的目光返回自身，建构起自身。基于此，福柯认为我性的建立过程本身就与他性不可分割地纠缠在一起。因而他提出与异托邦相一致的外在思想。主体性的考察必须从另类空间和外在思想着手。在后来的思想中，这种外在的思考就成为福柯哲学的特色，所谓"外界、否定、他者、分裂、差异、不在场、反"都指的是对另类空间的发掘和外在思考的建立。通过镜子的乌托邦和异托邦作用，福柯强调折返与重叠。因此，福柯强调"……与……"的关系，在《词与物》中，他最终朝向了经验与先验、我思与非思、起源与返回等的统一关系。

《词与物》全书最后一句话是："人将被抹去，就像大海边沙滩上的一张脸。"这是福柯对人之死的最后强调。福柯说，在18世纪结束之前，人是不存在的。何以如此，因为在此之前，还不存在一种关于人的认识，比如在中世纪神学中，人的位置和观念无非是朝向崇高的神和永恒观念的起点。人是暂时的，是过程，而不是最终目的。因而人是不存在的。自从笛卡儿之后到康德哲学，人才正式被认识。哲学家开始考察人的有限性，这就意味着人的出现。福柯说，人是一个近期的发明，尚未具有两个世纪的历史。然而，福柯继续说，虽然整个现代的知识系统都围绕人而展开，号称发现了人，但是其实恰恰导致了"人之死"：即笛卡儿、康德以来关于人是自足和确然的认识，被发现是一种幻像，他们试图以经验来解释先验。现代科学领域诸如经济学、语言学和生物学等现代知识系统，则陷入了一种"人类学沉睡"之中。

六、从突尼斯到万森

1. 首次经历街头政治

福柯于1966年9月底来到突尼斯大学哲学系任教。19世纪，突尼斯是法国的殖民地，一直受到法国文化圈的影响。1956年后，突尼斯在殖民地独立运动中宣布独立，成立王国，但是文化上依然受到法国的影响。当时刚刚成立的突尼斯大学，正在组建哲学系，法国人吉拉·德拉代尔①成为哲学系的主要负责人。德拉代尔专长是英美哲学，尤其是美国实用主义思想，对皮尔斯和杜威研究颇深。1964年，德拉代尔邀请他的老师让·瓦尔来讲授维特根斯坦哲学，让·瓦尔欣然答应。不过六个月之后，年届七旬的老先生耐不住思乡之苦，决定打道回府，留下一个空缺的教席。在这种情况下，让·瓦尔试着推荐正打算离开克莱蒙-费朗的福柯补缺。于是，福柯就这样走马上任。在法国外交部的关照下，福柯将从行政上脱离克莱蒙-费朗大学，来到突尼斯大学，合同期限为三年。

现代的突尼斯可以追溯到上古腓尼基人建立的城邦国家迦太基。一直以来，它都是以古希腊罗马文明的"他者"面目而存在。古罗马和迦太基的关系复杂，双方爆发了三次布匿战争，最后导致了古罗马人对迦太基城的彻底毁灭。中世纪早期它又是北非基督教会的宗教中心，这里是基督教神学家圣·奥

---

① Gérard Deledalle（1921—2003），法国哲学家，主要研究英美哲学。

古斯丁的家乡。此地一直是著名的旅游胜地，阳光与大海、鲜花与沙滩、历史与现实的交融无处不在。

福柯来到突尼斯后，德拉代尔安排他住在突尼斯东北20公里的小镇西迪·布·萨义德（Sidi bou Said），小镇坐落在一个伸向海湾的山丘上，由当年奥斯曼土耳其帝国时期统治的突尼斯大公所营建，房屋清一色的白墙蓝窗。福柯租住的房间，打开窗户就能看到波光粼粼的大海，真可谓是"面朝大海，春暖花开"，福柯对此非常满意。有一次，在漫游古迦太基城遗址的旅行中，福柯不无感慨地说，此地真是值得永久居住。如果不出任何意外，福柯将在这里安度一生。然而，意外事件频发，福柯最终在突尼斯只待了不到两年光景。

携着《词与物》新著的热度和学术新星的荣誉，福柯在突尼斯大学的教学工作展开得非常顺利。福柯被安排在文学与人文科学系，他的授课范围异常广泛：先后讲过尼采、胡塞尔《笛卡儿沉思》、马奈绘画的解读、心理学、精神病学和精神分析等等，还开办过"西方思想中的人"的公开课，课上往往座无虚席。

1967年，他邀请自己的老师伊波利特来讲学。伊波利特讲的是黑格尔与现代哲学。福柯无比激动地给在场的听众介绍自己昔日的老师："每一种哲学思考都是在同黑格尔对话，而写黑格尔哲学的历史就是实践现代哲学。"伊波利特则谦虚地指着福柯说，"你们请我来，恐怕是搞错了，因为现代哲学就坐在这里。"福柯的评价伊波利特当之无愧。此时的伊波利特已经于四年前入选法兰西学院。而老师对学生的赞誉也毫不夸张，用不了多久，福柯也会沿着老师开创的道路前进。

在突尼斯，福柯以为可以享受大海和阳光，然而突尼斯大学逐渐升级的骚乱，使福柯以另外一种形态重新回到现实政治中。此事无关乎法国1968年"五月风暴"，顶多也只能算是一场前奏，但是却给福柯提供了不同于法国国内知识分子圈看待"五月风暴"的立场。福柯在内心里是有点看不上巴黎那帮学生

第二章 哲学浪子（1955—1970）

制造的过家家式骚乱的，那和突尼斯学生在斗争中所遭遇的风险根本无法相提并论。

突尼斯大学的骚乱开始于1966年12月，福柯刚到突尼斯还不到半年光景。一位大学生因为乘坐公交车不买车票而遭到警察的殴打，在学生中导致了普遍的抗议浪潮。事件延宕至1967年6月初，以色列空军轰炸西奈半岛和苏伊士运河，第三次中东战争爆发。以色列与埃及、叙利亚和约旦联军交战，战争从6月5日开始，持续了六天，又被称为"六日战争"，此次战争以阿拉伯联军的失利而告终。以埃及为首的阿拉伯联军的败北导致泛地中海地区的局势不稳。突尼斯的抗议从学生上街游行，反对美国和以色列开始。这种亲巴勒斯坦的游行，迅速转变为反犹太人的暴力骚乱。突尼斯城的大约一百五十到两百家犹太人商铺被打砸劫掠，五十多处被焚毁，犹太教堂也遭到严重破坏。福柯起初对这些群众性事件非常反感。他认为民族主义与种族主义叠加是非常危险的，如果再加入左派的因素，滥用口号，就更加危险了。考虑到驻外教师不得介入当地事务的原则，福柯对突尼斯的学生运动一直持观望态度。

然而，随着时间的推移，骚乱持续到了1968年。1月9日—11日，美国副总统休伯特·汉弗莱到访突尼斯。学生骚乱立刻升温，引发新的暴乱，英美大使馆也遭到冲击，学生中的"托洛茨基分子"和"巴勒斯坦兄弟会"联合起来，对抗总统布尔吉巴。对抗从3月一直延续到6月，政府开始刻意弹压学生运动，大批学生被捕入狱，其中也包括福柯的学生。这件事深深地触动了福柯。他再也无法袖手旁观了。他对学潮的态度发生转变，开始转向同情学生。他和另一位同事让·加特纽等人开始帮助学生躲避军警的搜捕，油印宣传单，直接参与突尼斯的现实政治活动。随后，他的行踪受到监视，电话遭到窃听，人身安全受到威胁。考虑到他的国际影响力，突尼斯当局没有对他下手。而他的同事让·加特纽则被解除合同，被缺席判处五年监禁。突尼斯眼看就待不下去了，福柯原本打算在西迪·布·萨义德小镇买房久住的想法随即也泡汤了。

1978年12月,他在与葛兰西的学生、意大利左翼记者达西奥·特罗巴多里①的访谈中,总结了自己当时在突尼斯的心路历程。全文摘录如下。

我在突尼斯生活了两年半,这段经历让我感触颇深:就在法国"五月风暴"发生之前,在那里发生了极其激烈的学生暴动。1968年3月,罢课、停课、逮捕(学生),持续了一年时间。警察直接冲进大学殴打学生,很多学生受伤并被投进监狱。他们被判处八年、十年,甚至十四年监禁,有些学生直到现在(即1978年)还被关押着。因为我是一名法国教授,旁观者清,我可以更好地理解,世界上其他大学所发生的事情与突尼斯这里的内在关系。当地政府对我算是客气,使我可以做一些事情,同时准确地把握到法国政府的反应。我必须说,他们的态度给我留下了深刻印象。这些男学生和女学生们冒着巨大危险撰写传单、散发传单,或者号召呼吁大家罢课、罢工。他们的这些行动足以危及他们的生命、自由。他们给我留下了深刻的印象,对我来说,这才是真正的政治经验。

对我来说,对政治的经验一直没有好感。以至于我把自己归入某种思辨的怀疑主义,对此我并不隐瞒。在阿尔及利亚战争中,我未能直接参与其中,即便我当时参与了,也不会危及我的人身安全。但是在突尼斯,我被迫私下支援学生,我在突尼斯所经历和参与的,与在欧洲上演的政治演说和政治辩论的自说自话是判然两立和决然不同的。

我的意思是说,在1950年到1952年间,我们也曾思考过,对于我们这些学生来说,马克思主义意味着什么或者它如何起效果。或者我们也思考过,对于像波兰这样的国家,它又意味着什么。对于波兰的年轻人来说,它已经成为令人厌恶的对象,对它的教育就像教理问答。或者我回想起20世纪60年代初在法国展开的关于马克思的冰冷的、书斋气的辩论。但

---

① Duccio Trombadori(1945—),意大利记者、罗马建筑大学美学教授。

是，在突尼斯情况就完全相反，每个人都信奉马克思主义，并伴之以激进的暴力和强大的推动力。对于这些年轻人来说，马克思主义不仅是一种分析现实的方法，更是一种道德的驱动力、一种摆脱麻木的生存行为（an existential act）。马克思主义在突尼斯学生身上所表现出来的，和我所知道的它在欧洲（如法国、波兰等）所表现出来的是如此的不同，每念及此我都感到幻灭，充满痛苦。所以，对我来说，突尼斯意味着我以某种方式再次投身于政治争论的契机。改变我的不是法国1968年的"五月风暴"，而是在1968年3月的第三世界国家——突尼斯。①

突尼斯的遭遇深刻改变了福柯。以至于传记作家迪迪埃认为此后的福柯可以命名为"新福柯"。出于未知的原因，突尼斯的经历在福柯思想形成中的重要性被严重低估了。在突尼斯期间，福柯有机会以马克思主义为指导参与真实的政治生活，同时他还读了大量的左派理论著作，如托洛茨基、罗莎·卢森堡、切·格瓦拉、美国黑豹党人的书。此外，他还读了1965年出版的阿尔都塞的《保卫马克思》，以及他和他的学生巴利巴尔合写的《读〈资本论〉》。这一系列活动导致他对马克思主义社会理论的理解与同时代其他人完全不同，这种改变直接体现在他20世纪70年代的思想和行动中。

2. "新型档案学者"

在突尼斯的经历中尤其值得一提的是福柯关于马奈绘画的评论。这本书原本是福柯计划写作中的一部分。德菲尔曾说，福柯有一部关于马奈绘画的稿件，有一百多页，不过后来被他废弃。他一度为此写了大量的笔记，但是该稿件并没有正式出版。福柯只是以此书稿为基础，分别在米兰（1967），东京和佛罗伦萨（1970），以及突尼斯（1971）作了相关讲座。此言不差，因为福

---

① Michel Foucault, *Remarks on Marx*, Semiotext（e），1981：132-136.

福柯《黑夜与表面》手稿

柯1966年曾与子夜出版社签订了一份写作合同，打算撰写一本有关马奈的专著，名字叫作《黑夜与表面》，但是计划最后流产。从福柯个人思想的发展轨迹来看，这本未刊之书无疑反映了他在突尼斯期间的思想轨迹。彼时，他沉醉于《知识考古学》的撰写，同时也沉醉于艺术史的研究。

1968年9月—1971年5月，福柯第二次到访突尼斯。在将要离开突尼斯之前，福柯在塔哈尔·哈达德（Tahar Haddad）文化俱乐部举办了这场关于马奈绘画的讲座。塔哈尔·哈达德（1899—1935）是突尼斯当代久负盛名的政治家、学者和女权主义者。福柯在此场合的讲座可谓非常成功。此后，坊间有各种标榜"完整"的讲座文字稿流传。法国美学学会正是在流传的不完整录音和德菲尔的补充下，拼凑出一个完整版，于2001年4月以法国美学学会会刊增刊名义首次正式出版，并以此为基础于当年11月召开了研讨会"米歇尔·福柯——一种目光"。研讨会后一个偶然的机会，福柯的学术助手马里沃尼·塞宗[①]获得福柯传记作者迪迪埃·埃尔蓬所保存的完整版讲座原声录音。进而，她以此为蓝本整理出福柯的此次演讲的"学术标准版"，并与2001年研讨会的八篇论文一起结集出版——这就是《马奈的绘画：米歇尔·福柯，一种目光》（简称《马奈的绘画》）。

对于福柯来说，这种看的思路是持续的，这种对目光的关注也是一以贯之的，它从《词与物》中的《宫娥图》继承而来，并得到进一步的发展。在《马奈的绘画》中，福柯以时间为线索，逐一考察了马奈绘画中所表现出的空间，

---

① Maryvonne Saison，法国哲学家、巴黎第十大学哲学教授。她曾担任福柯的学术助理。

第二章　哲学浪子（1955—1970）

也就是我们这些现代观众们，被理性训练过后，能在二维平面中看到那个原本并不存在的三维空间的距离。距离在绘画中表现为景深。福柯以马奈画于一百年前的名画《马克西米利安的处决》（1870—1871）为例，分析了其中的墨西哥行刑队与死刑犯马克西米利安皇帝及其将军之间的距离问题。行刑队员与死刑犯原本处于同一平面上，所以他们的大小应该是一致的，但是马奈通过缩小死刑犯一方的比例，人为制造出一种现实中不存在的距离。距离感是不能被感知的，距离也是看不见的，但是人物之间大小比例的变化所指示的距离感这一传统理性判断又使观看者自己构造出不存在的距离。所以，福柯说距离能够被"阅读、欣赏和破译"。福柯敏锐地看到，油画幅面所带来的开放性和封闭性同时共存着。它们以可见性为基础，不断地把意识牵引至画幅之外，引向不可见的内容。比如《阿让德伊》画面中人物的眼睛盯着另外的方向，在《铁路》中画面上的人物背对着观看者，目光朝向画面的深处。

第二个话题是光线。绘画中光照与光线的布置是文艺复兴以来卡拉瓦乔为代表的西方绘画技法中的重要传统。然而福柯对马奈绘画的分析，却处处提醒观众们，务必注意马奈画中光线的来源对古典绘画的革命性改变。比如传统技法中的光线往往来自画中人物的上方，以此表示光线的神性，光线的高贵与伟大。但是马奈的《吹笛少年》《奥林匹亚》《露台》都直接把光线的来源设定在了观看者的位置。尤其是《奥林匹亚》，直接暗示出是观看者的目光成为画中的光线的来源。在奥林匹亚的裸体上，光影的明暗暗示出光线的来源恰恰来自画面之外的正前方，也就是每一个观看者所处的位置，观众的目光使得奥林匹亚成为裸体。而《露台》更是用光线无法穿越的露台的黑暗与露台之外的明亮构成了强烈的对比和紧张。福柯说，三个人物恰恰处于光明与黑暗的交界处，两白一黑，如同音符，它讲述的无疑是生死之间的复活故事。这里就需要提到，比利时超现实主义画家热内·马格利特在1950年创作的另一幅画，他为了向马奈表达敬意，直接把三位画中人物画成了三口棺材。福柯无疑也受到了马格利特的影响。

第三个话题是观看者所处的位置。福柯对观看者所处的位置的分析，在对《宫娥图》的阐释中已经淋漓尽致地得到展现。此处，却不能被视为是其他案例下的补充说明。福柯在这里分析的案例是马奈的《女神游乐厅的吧台》。德菲尔说，对《女神游乐厅的吧台》的分析，在某种程度上是对《宫娥图》分析的颠覆。

1968年3月—6月，突尼斯的学生与政府之间的对抗处于胶着状态。1968年5月，法国的学生也开始了反抗政府的示威活动。在这个动荡的时期，福柯并没有因为参与政治活动而中断自己的学术研究，在《词与物》思路的基础上，他继续坚持完成了《知识考古学》的写作，该书于1969年3月出版问世。只是让人惊奇的是，全书完全找不到写作背景中有任何政治动荡不安的影子，而完全是一本毫无时代感的书。这个后来被福柯放弃了的研究方向，正是福柯学术思想中结构主义尝试的最后表现。该书的写作，受到了同在突尼斯大学的同胞吉拉·德拉代尔的分析哲学和语言哲学的深刻影响。这是一本比《词与物》更为理论化的著作，抑或可以视为福柯以语言哲学为工具，以结构主义为框架探讨话语陈述问题（énoncé）的一次集中尝试和表达。

福柯的目的，是考察一种与传统历史叙述相对立的考古学。传统历史叙述无非是人为建构的时间性连续体，这种表面上连续的叙述表象，掩盖或弥合了实际历史中存在的断裂。因此，福柯从强调历史的不连续性和断层性出发，以空间为意向来考察历史。我们的文明就像考古学一样，在我们的挖掘下呈现为支离破碎的、层次分明的真实断层。对于话语，也是一样。福柯试图说明，我们通常追求的知识中所仰仗的话语，或者表述，并不是具有精确性的，不是从说者到听者的意义的准确挪移，语言到实存之物并不一致；而毋宁说，语言的陈述中充满了不确定性和歧义性，不得不依靠语境来对其进行相对的准确化。语言的陈述中，充满了暴力（权力）。所以，我们对语言所记录之物需要有审慎的态度。我们必须依赖语言的陈述来记录，但是我们又必须意识到话语陈述的局限性。

所以，福柯总结说，话语是一个事件。就是说，它不是具有绝对含义、封闭自足的独立之物，而是与其他要素有着前后左右的、各种各样的、千丝万缕的牵扯，如同蛛网上的一个关节，牵一发而动全身。他提出陈述具有可逆性、不连续性、特殊性和广延性。知识并非绝对真理，并非一成不变，不可逆转；历史并非连续不断，千年一系，并且因为人的介入而具有特定和具体的成因。必须有确定的物质载体来表达陈述，于是，我们就不能拘泥于真理、历史、作者、语言，而务必意识到真理的游戏本性、历史的人为构造、作者的话语功能、语言符号的局限性。如此，所有话语和文字组成之物，就是一种档案。档案是中性的，它只是客观地记录了不同时期的素材，供后来者查阅，这就是所谓的"知识的考古学"，在档案中发现什么，就是什么；不自妄，不自诬。因此，德勒兹评价福柯是"一位新型的档案学者"。

那么，福柯这位新型档案学者如何通过档案的有限性来获取知识和真理的呢？陈述是无主体的，或者，它对主体虚位以待。陈述构造着自己的主体，而不是通常意义上我们所认为的主体借助陈述说出自身，构建出主体自身。德勒兹说，陈述有别于词汇、句子或命题，陈述自己就包含了作为其衍生品的主体结构、客体结构和概念结构。[1]因此，陈述在其规律和图式的基础上，通过重复来运转，但陈述重复的是陈述之外的东西，这使得陈述成为句子和命题的前提条件。福柯举了个例子，电脑键盘上第二行前五个键A、S、D、F、G，不能算是陈述，然而列于使用手册上的同样的一列字母A、S、D、F、G，却是对键盘排列的字母顺序的说明性"陈述"。[2]陈述总是按照规则重复着陈述之外的东西，德勒兹说正是这个思路启发了福柯后来对《雷蒙·鲁塞尔》的解读。

无疑，传统的陈述主体的思路就被彻底消解了，那么以说话者主体为核心建立起来的传统的主体性知识，也就需要被抛弃了。福柯说，这些无非是我们

---

[1] 德勒兹，《德勒兹论福柯》，南京：江苏教育出版社，2006年，第11页。
[2] 福柯，《知识的考掘》，王德威译，台北：麦田人文，1994年，第185页。

的"求知之志"和"真理意志"相互斗争的叠加效应，充满偶发性和游戏性。因而追本溯源的本质主义思路也就是一厢情愿的幻想，真实的情况是没有起源可溯，都是层累的考古学。由此思路，我们也可以通达福柯晚期提出的"我们当下的本体论"，即没有历史，只有当下。陈述总是能够在一定的时间和空间中起到实际效用。那它又由何处而来？福柯说它来自一种历史先验。[①]历史先验指的是陈述本身得以确立的各种历史条件和规则，它一方面确定陈述，另一方面又能与时俱进地修正历史条件和规则。因此，这不是一种类似康德的"形式上的先验"，而是一种经验的先验。但它又不是绝对不变的结构范式，因为它又实实在在地处于历史之中，因时而变化。正是历史先验保证了陈述有一个虽然变化不定，但确定无疑的历史。

3. "五月风暴"的余波

1968年法国"五月风暴"爆发之时，福柯一直在突尼斯。直到5月27日他才回到巴黎，参加了夏赫莱体育场的五万人集会，然后又返回突尼斯。此时，福柯在突尼斯的处境已经非常危险了。官方已经发出了要驱逐他的一系列明确信号。9月，福柯收到情报，突尼斯政府打算公开审判134名闹事的激进学生，于是他积极联系法国律师，为学生们辩护。然而政府没有给辩护律师任何讲话的机会，就结束了审判。其中一名学生艾哈迈德·本·欧特曼（Ahmed Ben Othman）被判处十四年监禁。福柯一无所获，于绝望中离开生活了两年半的突尼斯。两年半之后，他还有机会再回到突尼斯。

1968年10月，他回到法国。此时法国国内的"五月风暴"已经结束。他有三个去处：一是去刚成立的农泰尔大学教心理学；二是索邦大学或者高等研究实践学校都可以提供一个教授的岗位；三是很有可能入选法兰西学院。最后的结局出乎意料。他虽然与农泰尔大学签订了聘任协议，但是还没有上任，他就

[①] 福柯，《知识的考掘》，王德威译，台北：麦田人文，1994年，第245页。

第二章 哲学浪子（1955—1970）

又改变了主意，同意加入正在筹建之中的万森大学。1968年12月1日，福柯正式调入万森大学，也就是后来的巴黎第八大学。具体的过程是，因为加入索邦大学稍微有点不顺利，正在索邦任教的福柯的恩师康吉莱姆支持了同事雷蒙·阿隆。雷蒙·阿隆写信给福柯说，去索邦大学的机会不大，而去高等研究实践学校的机会则很大，但是阿隆自己不建议福柯去那里。不只是因为高等研究实践学校的哲学系不是太好，也因为这一步势必会影响福柯后面将要进入法兰西学院的安排。

但是，当时的福柯并未理解雷蒙·阿隆的用意和苦心。他接到雷蒙·阿隆的回信，非常生气，把它视为雷蒙·阿隆不想让自己加入索邦大学的托词，因为他并不知道维也曼和伊波利特在法兰西学院已经为他展开多年的疏通和铺路的工作，以为法兰西学院遥不可及。总之，福柯是在这样的沮丧心情中前往万森的。等待他的是全新的学校和全新的教育制度。不过，话说回来，作为当年高等教育改革方案的起草者，他去万森也算合适。

1968年5月，法国巴黎爆发了后来影响极其深远的"五月风暴"。事件的起因可以归结到复杂的社会问题上。在二战结束四分之一个世纪后，法国经济发展迅猛，基本上达到了英美等国的水平。战后时期出现的婴儿潮，在此时凸显为大学生人数激增。战后新一代对大学教育的陈旧模式表现出高度不满，对社会阶层的逐渐固化也表示出相当的反感。他们敏感而脆弱、自我而激进。他们对当下的学习感到困惑，对未来的出路也茫然无助，对物质消费的社会充满精神焦虑。而20世纪60年代席卷全球的民族解放浪潮和轰轰烈烈的个性解放运动，也促使青年人纷纷尝试去革命，勇于打破旧制度并建立新秩序。

作为前奏，1968年3月22日，在巴黎西北郊的农泰尔文学院（也就是后来的巴黎第十大学），150多名极左派学生占领了学校的行政大楼，学生们要求校方回应社会阶层分化和大学经费的来源等问题。此后，学生与校方之间的矛盾处于拉锯之中，非但没有化解，反而愈演愈烈。5月2日，校方关闭了农泰尔文学院。5月3日，激进学生在索邦大学举行示威活动，抗议政府的行为。当天下午,大批警察进入索邦大学的校园,与学生发生严重冲突,学生被催泪瓦斯和警棍驱散,300多名学生被捕,全国愕然。由此,"五月风暴"正式爆发。5月6日,全法学生联合会和大学教师工会号召发起大游行,抗议政府行为,结果导致了更大范围的示威人群和警察之间的冲突,局势已经不可遏制,拉丁区已经堆起了街垒。随后法国总工会、法国民主劳工同盟也加入进来。20日之后,整个国家陷入瘫痪。因为当时学生上街游行在其他国家是家常便饭,这使得法国总统戴高乐误判形势,进而导致了随后严重的政治危机和社会动荡。"五月风暴"使政府的威信严重受损,导致国家权力真空和社会瘫痪近一个月时间,其影响也波及全世界。

当"五月风暴"如火如荼之时,福柯并不在国内,但是经历了突尼斯的学生运动,及其随后的一系列冲突事件后的他,不无感慨地说:"从这里(指突尼斯)所发生的,我们就能想象到农泰尔的状况。"5月27日,福柯乘机返回巴黎,专程参加左派领袖在夏赫莱运动场的集会,参加集会的也包括原本打算接手政权的左派总理候选人皮埃尔·孟德斯·弗朗西斯。但是在福柯看来,巴黎学生的"五月风暴",多少有点小打小闹的味道。一言以蔽之,无风险,不革命。养尊处优的布尔乔亚学生的经历根本无法同第三世界国家青年学生争取个人自由和国家进步所遭受的血与火的生死考验相提并论。有在突尼斯的遭遇,接下来什么样的学生运动在福柯看来都不足挂齿了。

1968年10月,福柯离开突尼斯,返回巴黎。突尼斯的政治经历对他的影响是全方位的。从思想上,他通过《知识考古学》完成对中期思想的梳理。从身体上,他第一次理了光头,而且从此之后就一直剃光头,这成为他晚期的标志。此后,福柯开始全面参与政治活动,而不只是"解释世界"。1971年1月,回到巴黎的福柯乔迁新居,搬到了两公里以外十五区沃日拉尔街的一栋十层公寓的第八层。德菲尔说,十六区芬莱博士街的公寓临着塞纳河,让福柯不断想起突尼斯的昔日风貌,反倒引起无限伤感。于是在福柯去日本期间,德菲尔就看上了十五区沃日拉尔街地铁站旁的这个公寓。公寓的阳台有宽大的落地窗户,站在阳台上,路边的阿道夫·谢留广场公园尽收眼底,目光终止处远在十五区的市政厅,在巴黎市区能有如此的视野真是要感谢路边的公园。公园的名字是为了纪念在沃日拉尔街出生长大的前法国议会主席阿道夫·谢留。福柯后半生将一直住在这里。

4. 万森大学的实验田

万森大学是1968年"五月风暴"后,政府当局为了应对学生运动,由新任教育部部长埃德加·富尔[1]落实之前的高等教育改革方案,在巴黎北郊推出的实验大学,它模仿美国的加州大学体系,旨在用自治、使用者参与的原则进行管理。学校率先于1968年10月组建了指导委员会,即由指导委员会首先遴选出第一批核心教授,然后再由他们聘齐其他师资队伍。委员会的成员在当时都大名鼎鼎:比如希腊学家让-皮埃尔·韦尔南、哲学家乔治·康吉莱姆、历史学家伊曼努尔·勒华拉杜里、文学批评家罗兰·巴特、解构主义哲学家雅克·德里达等等。在接下来不到一个月的时间中,委员会即选出了第一批核心教授。其中,乔治·康吉莱姆提议哲学系可以让福柯负责,此事几经周折,最终也确定下来。

福柯于1968年底正式来校上任。他上任伊始,也试图延揽"当今法国哲学的精英"来万森共事。福柯的计划十分顺利,除了因病未允的德勒兹之外,他先后请到了一大批法国哲学界颇有影响的人物,以及学术新星。比如米歇尔·塞尔立即应邀前来,拉康的女儿朱迪特·米勒也欣然前往,当时还是学术新秀的阿兰·巴迪欧、雅克·朗西埃等也闻风而动,还有托派领袖人物亨利·韦伯、马克思主义者艾迪安·巴利巴尔等。此外,还有一位教学能力和学术组织能力都堪称出色的年轻人弗朗索瓦·夏特莱[2],此人将在福柯去职后接任福柯在万森的系主任岗位。

---

[1] Edgar Faure(1908—1988),法国律师、政治家、散文家、历史学家和传记作者。曾两次担任法兰西第四共和国总理。

[2] François Châtelet(1925—1985),法国哲学史家、政治哲学家。

接下来，在万森大学发生的事情，无疑对福柯后来的思想走向造成了重大的影响。福柯虽然没有亲身经历1968年巴黎"五月风暴"，但是时隔一年，他在万森亲历了一场迟来的学生运动。福柯以及他组建的哲学系迅速被推到了舆论的风口浪尖。福柯本人应该能够意识到自己的左倾，他精挑细选的哲学系教师，多为"五月风暴"中的活跃分子，于是万森迅速成了极左派教师的聚集地。拉康的女儿朱迪特·米勒公然在公交车上为乘客发放大学的学分选修证明，她声称要尽一切力量使大学的运转越来越糟，因为大学是国家机器的一部分，本质上是资本主义的一部分。福柯正是在这样的氛围中逐渐与"无产阶级左派"的活跃分子走近的。

作为"五月风暴"的后续效果，新万森的学生也无法置身事外。1969年1月23日的巴黎拉丁区，圣-路易中学的组织委员会决定召开集会，放映电影纪念上一年的"五月风暴"。校方禁止了该项活动，并切断电源。然而多名圣-路易中学的学生依然自带发电机冲进教学楼，播放并观看了电影。为了免责起见，他们看完后又集体游行至索邦，加入了另一场集会，他们的口号是"占领校长办公室"。警察也马上到场，并开始清场。拉丁区的冲突时有发生。为了响应和声援拉丁区的学生，数百名万森大学的学生和若干老师也发起行动，试图占领万森大学。学生们与前来的警察对峙起来。学校新买来的桌椅板凳、文件柜、电视机都被拿来修筑街垒。警方的催泪弹和学生的石块飞来飞去。午夜时分，警方驱散了外部阻挡人群，包围了教学楼，把学生们逼进大阶梯教室。剩下所有的人，大约220名学生都被传讯，被运往巴黎警察管理中心。凌晨，大部分师生都被释放，其中也包括福柯和德菲尔。舆论再次一片哗然。

不仅如此，后来的一年时间，万森大学还继续经历着集会、游行、与警方的冲突、法国共产党与左派的斗争等等无休止的事端。虽然教学和考试还在继续进行，但是校园氛围却变得狂热和诡异。这样的气氛让一些老师看不惯。米歇尔·塞尔因无法忍受这样的精神恐怖主义，而选择离职。福柯这个哲学系的系主任就是在这样的氛围下，撑了两年多的时间。最后，哲学系也似乎成了这场混乱的根源。

可以视福柯在万森的经历为他重新介入政治生活的表现。福柯的生活,也始终处在那个时代的风口浪尖。福柯再次投身政治,一方面是左派大行其道的社会背景所致,另一方面显然与其伴侣德菲尔有直接的关系。此时,德菲尔已经成为一个左翼学者,还应聘至万森大学的社会学系。1969年以后,福柯是直接参与街头政治的。

1970
—
1984

第三章
法兰西学院教授

一、"系统思想史"的新教席

1. 入驻法兰西学院

　　法兰西学院是在法国乃至世界都享有崇高声望的学术组织。它由法王弗朗索瓦一世建立，始建于1530年，也是法国历史上最悠久的学术机构，比法兰西学术院早了105年。而后者由法王路易十三的宰相、枢机主教黎塞留建立，现以遴选出的40位终身院士而闻名世界。法兰西学院和法兰西学术院往往被人混淆，但是两者功能差异明显。法兰西学院的主要职责是开放式办学，旨在让法国的专门人才为社会大众传授知识。因此，能够入选法兰西学院，就成为法国学者的无上荣耀，更是对其研究的充分认可。

　　福柯能够顺利进入法兰西学院，多亏了三位前辈在数年前就开始的经营与运作。第一位是比较文化学家杜梅泽尔。他是福柯1955年在瑞典乌普萨拉大学工作时结识的学界前辈。两人一见如故，迅速成为忘年之交。在以后的学术道路上，杜梅泽尔对后学福柯多有提携，给予他充分的照顾。杜梅泽尔从1946年到1968年一直担任法兰西学院专门为其量身打造的印欧文明讲席教授。而在福柯将要入选的时候，杜梅泽尔恰好刚刚从法兰西学院退休，已在美国普林斯顿大学和芝加哥大学任教。此时，杜梅泽尔仍旧不厌其烦地从大洋彼岸寄信给自己在巴黎的老朋友们，希望说服他们把票都投给福柯，以弥补关于福柯的各种争议对其晋级的不利影响。好在杜梅泽尔行动比较早，加之威望极高，这些因素对于福柯的候选人资格起到了极大的巩固作用。

另一位前辈是福柯的恩师，哲学史家以及德国哲学专家让·伊波利特。他于1963年入选法兰西学院，就任哲学思想史教席。从1966年开始，他就开始运作此事。这一年，福柯的《词与物》刚刚出版，获得了前所未有的声望。伊波利特开始与很多同事谈论福柯作为候选人的资格可能性问题，试探各种反应。不过，伊波利特于1968年10月27日去世，未能亲眼看到他的努力所获得的最终成果。不过，他的去世，正好为福柯提供了一个进入法兰西学院的机会。

还有一位是哲学家兼福柯在克莱蒙–费朗大学的领导和同事于勒·维也曼。1962年，维也曼接替梅洛·庞蒂入选法兰西学院，就任认知哲学教席。在伊波利特去世后，维也曼全力落实伊波利特的部署，正是他推荐福柯来接替伊波利特的空缺。不过，同时应聘的人有三位，其余两位是哲学家保罗·利科[1]和哲学家伊翁·贝拉瓦[2]，竞争异常激烈。福柯需要提交一个申请的个人说明材料——"学术经历和研究工作"，介绍自己的学术履历以及发表过的著作。这个小册子将发给每一位法兰西学院的教授。接下来的事情就交给于勒·维也曼来完成了。

于勒·维也曼给法兰西学院教授联席会的建议遵循了一个先例，即先设立一个新教席，即系统思想史教席，然后再确定能够胜任该岗位的候选人。所以他也需要撰写一份报告，并在教授联席会议上宣读，一方面陈述设置新教席的理由，另一方面陈述福柯来应聘的理由，为福柯正式拉票。

1969年11月30日星期日，下午2点30分，教授联席会正式召开。三个新教席分别为：系统思想史教席、行为哲学教席和理性思想史教席，三位候选人米歇尔·福柯、保罗·利科和伊翁·贝拉瓦均已就位。联席会同时提名三位候选人进行讨论和表决，三位介绍人分别介绍了三位候选人的情况。最后，经过两轮投票，于勒·维也曼推荐的系统思想史教席及其候选人米歇尔·福柯胜出。

---

[1] Paul Ricoeur（1913—2005），法国哲学家，以结合现象学和解释学而著称。
[2] Yvon Belaval（1908—1988），法国哲学家、文献学家，主要研究莱布尼兹哲学。

福柯顺利晋级法兰西知识殿堂中的殿堂,年仅四十三岁。一同竞争的对手保罗·利科对法国学术界心灰意冷,不久就离开法国,经比利时鲁汶大学而前往美国芝加哥大学发展,直到1985年才重返法国学术圈子。而另一位竞争对手伊翁·贝拉瓦随后去了德国汉诺威的莱布尼茨研究会。两人终其一生都未再入选法兰西学院。

2. 话语的秩序

1970年12月2日,福柯正式加入法兰西学院。在新院士就职仪式中,他以《话语的秩序》为题发表了就职演说。福柯名声在外,听众慕名而来,多达数百人。此时"五月风暴"的影响还在,拉丁区成为警方重点盯防的对象,因此派出警车维持秩序。警察代表的权力机制和规范机制,与福柯对权力和规范的抨击,形成鲜明的对照。院长首先致辞,然后福柯开讲。这是一篇极具结构主义特色的分析文章。首先出现的是作者的言说欲望与话语遵守的制度之间的矛盾张力,欲望不喜欢进入危险的开端,而充满权力和秩序感的制度则在背后确保了开端的万无一失。接下来福柯具体分析了话语背后的权力关系。在演讲的最后一部分,他表达了对杜梅泽尔和康吉莱姆,以及刚刚离世的伊波利特的感激。的确,如果没有这些学界前辈的提携,他不会如此顺利地在学术的道路上大步向前,进入法兰西学术的最高殿堂。福柯的学术成绩与崇高声望,此三人可谓厥功至伟。

演讲没有留下录音材料,只留下一篇文本材料,就是这篇同名论文。在《话语的秩序》的正文部分,福柯着重分析了话语和权力的交互关系。这标志着福柯考古学发展的新阶段。主体和权力开始进入他的视野。尼采的思想也从幕后走到了台前,顺势登台亮相。两个月后,伽利马出版社立即推出了一个80多页的小册子。该文以后结构主义的急先锋姿态,迅速成为引领一时潮流的名篇,被翻译为多种文字,影响广泛。

从《事物的秩序》到《话语的秩序》,福柯的运思轨迹和遣词用语的继承性是显而易见的。"事物的秩序"背后还潜藏着一个更为根本的"话语的秩序"。那什么是话语呢？理解这个词，还需要从索绪尔的语言符号学说起。

索绪尔区分了语言和言语。语言是特定的时间和地域下的，客观存在的语言系统。而言语则暗示了说话者是对语言的具体使用。所以，言语与说话主体的欲望和意愿关联在一起。而语言因为缺乏具体实践，就没有主体性。在这两种情况之外，还有一种类型没有纳入其中，就是话语，指的是言语使用者的双向互动行为及其过程，换句话说就是语言的社会实践。于是，话语就成了一列从说话者的嘴巴出发到达听讲者的耳朵，再从听讲者的嘴巴出发到达说话者的耳朵的往复不息的火车。话语的形成，由乘客（表达的含义）、车厢（语言材料）以及车次和车型（语境）等构成。它的背后充满的各种社会关系，就不是一个简单的符号可以打发的了。

话语受到外部环境控制、内部控制和对话语主体的控制。福柯首先考察了构成话语的外部环境，揭示了话语之生产、流通和分配的社会机制，这种社会对话语的外部控制，表现为三个方面：禁止原则、区分原则和求真原则。禁止原则指的是有些话语能说，有些话语不能说，我们任何时候都不是想说什么就说什么的。区分原则指的是对理性话语和非理性话语的区分。这个原则的思路来自福柯的疯狂史研究。最重要的是第三个原则，对真理和谬误的区分。这是我们追求真理的意志所导致的，也就是求知之志。福柯说，这种"追求真理的意志"，即"求知之志"逐渐成为禁止的言语和区分疯狂的基础，因而变得日益强大和顽固。此时，"求知之志"成为福柯思考的核心。它将继续出现在福柯在法兰西学院1970年的讲座之中，并随后持续到福柯思想的晚期。此处的分析，无疑成为一个导言，后面还会详细提到。

内部控制原则分为三个：评论原则、作者原则和学科原则。评论原则通过评论文本而生成新的话语。作者原则直接来自他早先的《什么是作者？》一文，这里的作者不是写作文本的那个人，而是指组织起文本的原则；学科原则划定了学科话语的边界，一个学科内部会默许一种公认的学科话语。

对话语主体的控制原则有四种：仪式原则、话语团体原则、信条原则和社会占有原则。讲话者主体会因为上述四种原则而被限定在特定的范围之中。社会的各种具体制度通过制约着讲话者而制约着话语本身。

此外，福柯总结了认识话语的方法论，即颠覆性原则、非连续性原则、特殊性原则和外在性原则。这四个概念又可以分析为如下指导原则：事件、系列、规律性和可能性。分别与传统的概念对应，即事件对应创造，系列对应统一性，规律性对应本源性，可能性条件对应意义。对应的后一类概念是传统西方思想史的主要支配力量。在福柯试图揭示的话语背后的权力作用中，权力的主动性和肯定性使用已经呼之欲出了。

3. 十三年的思想实验

法兰西学院建院的宗旨乃是知识开放和知识共享，提高全民的文化水平。因此学院规定每一位当选的院士或教授必须每年教授固定的课时，把自己的最新研究成果传授给法国公民。这种开放授课的模式，意味着讲授者每年都必须讲授全新的内容，不能重复；同时还要面对各个社会阶层的热心听众。前来听讲的民众不受限制，他们不用注册、不用交费、不用考试、不拿学分。这就吸引着很多民众慕名前来，因而人数不时会超出教室的容量，授课的效果也就不甚理想。由于听众人数的众多和身份的多元，使得教学过程成为一种学术明星的讲台表演，教师和学生之间无法展开充分的思想讨论和互动。

自从1970年福柯顺利进入法兰西学院开始，福柯便开始了长达十三年的开放授课生涯，除了1976年福柯请假没有授课之外，他一直坚持到1984年4月。福柯临终这一年的课程，因为身体抱恙，授课时间不得不进行压缩。每年的课程基本上从1月持续到5月。如今，福柯在法兰西学院的讲稿已经全部出版，因此，福柯给我们留下了一笔庞大的精神财富。有学者甚至指出，福柯在法兰西学院的讲稿完全构成了研究福柯思想的一个重要维度，它不同于福柯的专著和论文，也不同于福柯的访谈内容。讲稿介于两者之间，既正式又灵活，更具有

第三章　法兰西学院教授（1970—1984）

开放性和生成性。从讲稿内容与专著内容的诸多关联可以想见，福柯往往把法兰西学院的讲课当成了一个重要的思想实验室，各种思想关联正是在这里尝试建构出来的。

《求知的意志》讲稿（1970—1971）

福柯的著作中，有两个以"求知的意志"命名的作品。一个是1970年福柯在法兰西学院的讲稿，另一个是1976年出版的《性经验史》的第一卷《求知的意志》。福柯原本并没有打算出版在法兰西学院的历年讲稿，所以就先正式使用了《求知的意志》。而后来德菲尔在整理福柯在法兰西学院的讲稿时，就把1970年度的讲稿称作"《求知的意志》讲稿"。福柯在此前后，一直醉心于尼采，从万森大学到美国水牛城。表面上看，该书似乎受到尼采《权力的意志》的启发。不过德菲尔说，福柯还受到另外三种思想的影响：马塞尔·德蒂安的《希腊古风时期的真理大师》（1967），德勒兹的《差异与重复》（1968），福柯的好友昂热尔·克赫梅-马赫伊提[①]所翻译的尼采《论超道德感中的真理和谎言》（1969）。其中德勒兹的影响尤其显著。德勒兹试图消除哲学史上的柏拉图主义，把柏拉图的理念论斥为一种基于神话的游戏。正是借助于德勒兹的尼采阐释，福柯在《求知的意志》讲稿中表现出了超越在当时占据统治地位的海德格尔尼采阐释的格局。比如福柯把古希腊所讲的正义或正确，追溯到了荷马和索福克勒斯时期，而不是之前海德格尔驻足的赫拉克利特时期。

《求知的意志》讲稿是福柯作为入选法兰西学院的新科教授头一年所开授的内容。他基本上是按大纲开设讲授内容。他的教席被定为"系统思想史"，因此他的授课就是考察"思想系统"的诸问题，也就是对各种论述实践进行分析。福柯把历史上出现的思想体系，都称为"论述的实践"，而其核心是排除和选择。排除掉那些不能被放进论述中的，选择那些能够进行论述实践的内

---

① Angèle Kremer-Marietti（1927—2013），法国哲学家，编辑和翻译了大量孔德和尼采的著作。

容。在他看来,哲学史上有两种论述实践(思想体系)。一个是亚里士多德模式,一个是尼采模式。亚里士多德的《形而上学》《尼各马可伦理学》《论灵魂》都成为讲授的内容,而《形而上学》开篇的头一句话讲,"求知是人的本性",由此开创了西方两千年来的求真的历史。海德格尔的尼采观把尼采塑造成为亚里士多德模式中的完成者或最后一人。而在福柯看来,尼采的意义恰恰在于通过另一种求知的意志,重新开启了另一种真理模式,这种真理的本质绝不是自由,他要批判的恰恰是这种存在了两千年的"理论的人"。

本册讲稿的编者正是福柯的伴侣德菲尔。他在讲稿的末尾,附上了两篇非常重要的附录。一篇是福柯的《尼采讲稿》,另一篇是《俄狄浦斯的知识》。因为正文中关于尼采的部分和俄狄浦斯的部分残缺不全,从20世纪70年代开始,福柯一直对俄狄浦斯的故事情有独钟,其对俄狄浦斯的阐释前后有六七个不同的版本,公开讲授了六次之多。其论述罗列如下:

(1)1971年,福柯首次在法兰西学院讲座《求真的意志》讲稿中以《俄狄浦斯的知识》给出阐释,遗憾的是该文稿没有留下录音材料。讲稿正文中收录的是来自原始档案的讲稿大纲,以及福柯次年在纽约州立大学的录音整理稿。

(2)1972年3月,美国纽约州立大学(水牛城分校)。选讲该题目有向正在该校任教的法国同胞,后来的法兰西学术院院士热内·吉拉尔[1]讨教的成分。后者对俄狄浦斯多有研究,写过多篇文章,尤其是在《暴力与神圣》(*La Violence et le Sacré*,1972)中的第三章《俄狄浦斯和代理受害者》中有详细分析。

(3)1972年10月,在康奈尔大学讲授三场——索福克勒斯:俄狄浦斯的知识,犯罪与文学,惩罚的社会。

---

[1] René Girard(1923—2015),法国历史学家、文学批评家、人类学哲学家,长期在美国大学任教。2005年入选法兰西学术院(第37号座椅)。

（4）1973年5月，巴西里约热内卢讲稿《真理和司法形式》，第二讲是对俄狄浦斯故事所作的分析。

（5）1979—1980年，法兰西学院讲座《活人的治理》，从1980年1月16日到1月30日，连续讲授了三次。

（6）1980年4月2日，鲁汶大学讲稿《做错事，讲真话：司法中的告白功能》第二讲。

对俄狄浦斯进行不同角度的解读，堪称现代西方哲学史上的一道奇观，此事肇始于弗洛伊德。福柯从20世纪70年代开始重视俄狄浦斯的故事，当然不全是因为德勒兹的缘故。福柯给予俄狄浦斯故事一个全新的阐释系统。俄狄浦斯遭遇到的知识属于两种不同的类型。福柯给出两种不同的知识：一种是神谕（savoir），它充满神性和通灵，个人无法摆脱。另一种是世俗的知识（connaissance），是来自见证、回忆和忏悔的知识。俄狄浦斯只能知道他看到和做出的东西，除此之外一无所知。不过这两种知识所指向的是同一个真理。福柯说，俄狄浦斯的"求知的意志"推动着他去获得这两种知识。一方面，他用国王的权力强迫预言家忒瑞西阿斯说出其不愿意说出的真相。另一方面，他用同样的权力强迫科林斯的牧人说出其知道的真相。于是，俄狄浦斯强迫两种知识结合在了一起，形成了一种新的知识。

事实上，福柯正是以知识和权力的关系来重新阐释俄狄浦斯的故事。于是，对俄狄浦斯的阐释就从弗洛伊德式的无意识情节，过渡到福柯提出的真理与权力作用下的无知到知的求真意志。在福柯看来，俄狄浦斯不是一个无意识维度上的人物，而是一个拥有权力的国王，是拥有"求知之志"的求知者，同时也是过度求知的承受者。从一无所知到过度的知识，反而被知道的东西扼住了生命的咽喉。福柯将此称为"知识的僭越"。

1873年，尼采在他撰写的《论在一种超道德意义中的真理和谎言》一文中说，在宇宙的遥远角落的星球上，有一帮聪明的动物，他们发明了知识。这是宇宙历史"最为重大和最为虚伪的时刻"。这句话是福柯关于知识考察的起点。何以知识是一种创造发明？福柯在这里，直接拎出了尼采哲学的两种相对的观念：何以尼采不谈知识的起源的问题？有些东西没有办法回溯本源，比如宗教、诗歌、观念，还有知识。既然知识是一种发明，即意味着对知识的追问无法溯及源头。知识是人的本能冲动的结果，而不是本能冲动本身。尼采说，知识不是对人的本性的提纯，它只是本能的结果（效果、后果）。不止如此，知识非但与人性没有关系，知识还亵渎了求知者要去认识的物，而不是对认识之物的感知与认识。知识简化并错失了各种差异（异）、知识硬把事物归结在一起（同）。所以，福柯认为，知识总是一种误识。知识与其认识对象只有一种关系，即一种权力、暴力、支配的关系。

两人对俄狄浦斯的考察，与对权力意志的考察，结合在一起。尼采在《超善恶》开篇就提到了求真意志所导致的冒险历史，斯芬克斯的发问，使尼采对求真意志本身进行发问，为什么非要去追求真理呢？追求不确定性、追求无知不行吗？谁是俄狄浦斯，谁是斯芬克斯，尚未定论。尼采掉转了问题和问号的关系，这才是最大的冒险。而福柯正是沿着尼采指明的道路前进，在俄狄浦斯的故事中挖掘真理产生的原因。

俄狄浦斯的形象，正是西方文明两千年来求知意志主导下获得的知识与真理的象征符号。亚里士多德自从在《形而上学》开篇所说"求知是人的本性"开始，就开创了西方两千年来的求真的历史。似乎知识可以通达对真理普遍性的掌握，可以通达自由之境。依然是通过尼采，福柯的结论强调：真理的本质不是自由。知识能够达到自由是一种意识形态。基于知识与权力的关系，真理从一开始就是不自由的（the truth is not by nature free）。知识和真理的背后是不连续的，是斗争，是权力。俄狄浦斯在逐渐求得其最终知识的过程中也逐渐使自己走向了毁灭。因此，应放弃对具有普遍性的知识之追求的传统形而上学幻想，回到基于现实的具体当下"个性"。

由此可见，20世纪70年代之后出现的"俄狄浦斯阐释"，成为贯穿福柯晚期哲学的一个重要话题。它不再是弗洛伊德精神分析中所谓的俄狄浦斯情结，它不是欲望与无意识之间的关系，而毋宁说是在"求知之志"的驱动下，所展开的权力和知识、权力和真理之间的角力。

刑罚理论与制度（1971—1972）

为了考察19世纪的法国刑罚制度，福柯追踪了刑罚理论和刑罚制度这种特殊知识（savoir）的谱系。福柯认为权力和知识的角力关系，在不同的阶段表现为不同的形式。在古希腊表现为度量（measure），在中世纪表现为调查（inquiry），在工业社会表现为检查（examination）。"度量"是上一年度（1970—1971）讲稿中的一个关键词，它是古希腊城邦国家建立权力-知识的主要形式，是人对自然物主宰的方式，也是数学和物理学知识诞生时的基本特质。调查是当年的讲座中的核心词汇，它是确定和修复事实的方式，也是经验知识和自然科学诞生时的基本特质。福柯会在下一年的法兰西学院讲座讨论到检查。检查是设置和恢复标准、规则、分配的方式，这就是人文科学诞生时的基本特质。福柯说，事实上三种形式有时候会共时性地起作用，而非历时性演变。

在对刑罚理论和制度的考察中，福柯主要考察调查在中世纪的发展史，特别是调查在刑罚领域中的发展。如果考虑古代欧洲的神意裁决和宗教裁判，那么我们就不由得认可基于调查而获得的真理将是多么富有正义。13世纪，调查法开始普遍被采用。由调查而获得的一系列结果都成为调查知识的合法保障，调查的司法模式建立在权力基础上，伴随着王权的势力的蓬勃发展，这种调查知识与司法权力的关系亲密无间。通过调查审讯而获得的知识成为经验的起源。福柯引用了尼采《朝霞》中的话："多么低贱的起源啊！"[①]经验知识所

---

① 尼采书中多次提到了道德的"低贱起源"，《朝霞》1：42、2：102；《权力的意志》，2：254节；在《快乐的科学》345节和《人性，太人性的》249节都提到起源的低贱性。参见Ruth Abbey，*Nietzsche's Middle Period*. Oxford University Press，2000：3-4。

导引出的真理话语体系，显然已经忘记了自己赖以存在的基础是多么经不起推敲。从文艺复兴到17世纪的经验主义潮流中，包括医学、植物学和动物学，所有的现代人文科学的话语实践，都建立在调查的基础之上。

1970年，福柯和他的朋友们注意到一桩离奇的19世纪刑事案件——皮埃尔·里维耶（Pierre Rivière）案。皮埃尔·里维耶，这个生活在19世纪诺曼底乡下的被邻居视为疯子的人，亲手杀死了自己的母亲、妹妹和弟弟。被捕后，他写了一份回忆录交给法官和医生，医生则根据他的撰述展开了精神疾病的鉴定工作。相关内容都刊载在1836年的《法医学和公共医学年鉴》上。随后，福柯的朋友让-皮埃尔·彼得在卡昂找到了该案全部文件。于是，在法兰西学院讲座的同时，福柯与朋友和同事们组成了一个研讨班。在每周一的研讨班上，大家主要围绕皮埃尔·里维耶案的档案来系统考察19世纪的法医学思想。在福柯的带领下，研讨会的骨干于1973年9月把研究成果结集汇编，作为单行本出版，随即受到社会的热烈关注。一部承载了四条鲜活生命的文本，其分量远非几篇评论文字（原文称作——notes）能够承受。因此，福柯选择原样整理、原样呈现，这或许是他选择做一个编者的原因。于是，该书成为福柯一生中编著的两本书之一，另一本是主题、风格、体例类似的《双性人巴尔班》。这个案例恰好成为司法审判与精神医学最初发生结合之时的典型，在这个案例中，福柯所汲汲以求的权力和知识的交互关系得到很好的显现。

另外值得一提的是，1971年2月—1972年12月，正是福柯组组织和领导监狱信息小组展开频繁活动的阶段，这个背景能使我们对福柯这几年的研究和讲座有一个立体的理解。1971—1976年，福柯连续五年的法兰西学院讲座，都是围绕着惩罚社会而展开的，这些内容随后将成为《规训与惩罚》的素材。

惩罚的社会（1972—1973）

福柯在1972—1973年度的讲座是《惩罚的社会》，它深化了上一年度对中世纪建立在调查基础上的刑罚理论作的单方面的探讨，把视野拓展到一种建立在规训性秩序下的现代社会。该年度的课程一方面是福柯参与监狱信息小组这一政治实践活动的理论反思,另一方面又为随后出版的专著《规训与惩罚》提供了详尽的背景资料。该选题的出现,得益于法国学界同时期的研究风向。1972年,德勒兹和瓜塔里出版了《反俄狄浦斯》;1973年,罗贝尔·卡斯特[①]发表了《精神分析主义:精神分析秩序与权力》。

"不是霍布斯,也不是克劳塞维茨,也不是阶级斗争,而是内战(civil war)",这是本年度讲座的主题。什么是福柯所说的内战?就是社会对社会敌人的处理方式。谁是社会的敌人?罪犯。由此,现代社会成为一个惩罚的社会。

福柯认为,现代社会是建立在规训性权力的基础上的,这种思路一反前人对刑罚思考时的否定性评价,而是强调惩罚性权力的生产性功能,即"它可以生产现实"。随着历史的发展,惩罚经历了从驱逐流放,到偿还补偿,到肉体伤害的展示,最终统一为独一无二的模式——监禁;人类历史也经历了四个阶段的发展,即流放社会、偿债社会、肉刑社会和监禁社会。从18世纪末开始,西方就进入监禁社会。监禁的目的只有一个,就是纠正。而监狱,就成了最具代表性的监禁机构。在20世纪70年代的国际学界,得出此结论的并非只有福柯一人。美国芝加哥大学的社会学家埃文·戈夫曼[②]也提到了与福柯类似的看法,他在1961年出版的代表作《避难所》中,就提到了社会机构对个人的监控行为,以及通过时间控制对犯人实施的去教养化的方法,但是他把监狱、避难所、教养所、封闭学校等这些机构与其他社会机构区别开来,使它们成为社会机构的垃圾桶。另一位美国历史学家大卫·罗斯曼[③]也持同样的观点。1973年,福柯在巴西里约热内卢的演讲中,就提到了他"试图分析横扫西方社会的监狱和机构是怎样出现在美国的"。大卫·罗斯曼在《发现避难所》(1971)中提

---

① Robert Castel(1933—2013),法国社会学家,曾任职于法国社会科学高等研究院。
② Erving Goffman(1922—1982),美国社会学家、社会心理学家,宾夕法尼亚大学教授。
③ David Rothman,美国医学社会学者、哥伦比亚大学教授,著有《发现避难所》(The Discovery of the Asylum)。

到各种规训机构都应该是脱离社会机构的封闭机构。然而,福柯的观点与此完全相反,他认为这些规训机构,恰恰根本不能脱离其他社会机构,更甚于此的是,整个社会所表现出的正是一种惩罚性,"整个社会就包含有惩罚的因素,监狱是其中的一种表达"。在这里,福柯从两个角度来论述权力的产生,一个是政治经济学,另一个是道德谱系学。政治经济学的代表是工资形式,道德谱系学的代表是监狱形式。福柯最终发现,监狱形式与工资形式具有同样的形式,它们都具备规训个体生命的属性,成为规训性社会的基础,最终使得驯顺的个体服务于资本主义社会。

本年度的讲座的一个重要特征是有浓厚的马克思主义色彩。福柯在两个维度上进行工作,一方面潜在地批判了阿尔都塞在《意识形态与意识形态国家机器》中的马克思主义意识形态学说,另一方面批评了英国历史学家爱德华·汤普森《英国工人阶级的形成》中的镇压"暴动平民"的思想。在最后一讲中,福柯总结自己的权力观,同时隐蔽地涉及自己对上述两者批判的立场。首先权力能够制造意识形态,但是权力的作用点是知识的形成点,而不是意识形态的形成点。也就是说,权力和知识有同构关系,而不是和意识形态。针对阿尔都塞把意识形态设定为行动的国家权力,或者国家机器拥有权力的话,福柯反驳说,权力关系处在动态变化中,推翻国家机器并不意味着权力关系的消失。所以,权力不是用来占有的,而是用来行使的。汤普森笔下提到的"暴动平民"不是要破坏权力,而是要夺取权力并使用权力。此外,资本主义发展的一个重要的内容,不仅仅是马克思所说的剩余价值的产生,还有一个内容是规训个体生命,通过各种社会机构,把他们的生活时间改造成生产力,把生命转化成持续的生产力。这就需要对个体生命进行系统的和强制性的管治,把规训内容逐步变为生活习惯,这正是惩罚性社会的一个重要职能,规训与惩罚获得首次结合。

精神病学的权力(1973—1974)

福柯时时提醒我们对权力作全新的认知。结合上一年的讲座而言,权力绝对不是国家机器和国家制度所设置出来的,权力也不是法律设置出来的,权力

第三章　法兰西学院教授（1970—1984）　　*139*

也不能等同于所谓社会公意的统一表达，这些只不过是权力关系作用的结果和效应而已。两年后，福柯在《性经验史》第一卷《求知的意志》中，专门给权力做出了五点定义。第一，权力不能被获得和占有，它处在行使的流动之动态关系中。第二，权力关系生产出其他形式的关系，如经济关系、认知关系和性关系等等。第三，权力来自下层。第四，权力关系既是指向性的，又是非主观性的。第五，有权力就有抵抗，并且这种抵抗是包含于权力关系之中的。事实上，权力是一种动态关系，它无处无时不被生产出来。福柯对权力的细密分析，可以在本年度的讲座中，找到对应的思考。

福柯首先批判了自己在《古典时代疯癫史》里分析权力时的几个不足之处。其一，在《古典时代疯癫史》中，他对精神病院给予了过度关注，从而把疯癫置于考察的优先地位；而在《精神病学的权力》讲稿中，他提出了"装置"（dispositif）的概念，以权力装置为起点考察疯癫的问题，这就避免了之前的"表象"的概念和用法。在《古典时代疯癫史》中，疯癫表象着死亡，就像麻风病表象着死亡一样。20世纪70年代以后，福柯通过"装置"废除掉了"表象"。其二，福柯发现之前使用的很多概念没法再继续使用下去了，比如暴力。暴力只能体现出权力中的否定性要素，暴力体现出镇压、排除、禁止和拒斥；但是它无法体现出精神病学研究中权力的生产性要素，比如权力能够产生知识和真理，甚至能制造主体。其三，精神医学机构化不再成为他关注的焦点，代之以对权力装置的实践。

这里隐含了更深的危机，即精神医学的危机导致的反精神病学运动。福柯自己也承认，在撰写《古典时代疯癫史》的时候，他并没有过多关注反精神病学的运动。但是到了20世纪70年代，反精神病学运动已经开展得轰轰烈烈，特别是在英、美和意大利。在福柯倡导成立的监狱信息小组的启发之下，也就是在1968年"五月风暴"的政治大背景下，1972年，法国成立了精神病院信息小组（GIA, Groupe Information Asiles）。1971年底，当精神病院信息小组准备成立之时，福柯和他的朋友罗贝尔·卡斯特曾一同前往参加筹备大会以示支持，并准备深入合作。不过，这个团体混乱不堪，福柯和卡斯特后来也就不再关注。但是，福柯却并未就此中断他对欧洲反精神病学运动的关注。该组织也迎合了当时欧洲的反精神病学运动和潮流，建立之后又与"监狱信息小组"的继承者——"犯人运动委员会"和其他精神健康组织保持合作。

精神病院信息小组的活动对福柯《精神病学的权力》的课程还是有足够影响的。福柯在摘要中曾提到要讲授反精神病学的相关内容，但是最终在讲课中却并未出现，这部分内容只存在于备课的手稿中，第137页的一个脚注说，"于是，我们可以把反精神病学运动视为这样一种运动，它把对真理的追求放回到疯子和精神病医生两者关系的游戏之中。"福柯在讲稿的摘要中，提到了意大利的反精神病学运动的代表人物法兰克·巴萨格利亚，他试图建立一种去机构化、去专家化的精神疾病治疗方案，最终在1974年建立了一种民主的精神病学（Psichiatria Democratica）。英国的反精神病学运动在二战以后就蓬勃发展，其代表人物是大卫·库珀。1964年，他和同事阿隆·埃思特森①、罗纳德·莱宁建立费城协会（Philadelphia Association），旨在取消传统精神病院对病人的暴力和冷暴力。美国社会学家埃文·戈夫曼的思想持续受到福柯关注，他主张取消专门的精神病院，把精神医学机构的职能分散到学校和监狱等社会机构，进而建立一种整体性的社会机构。福柯虽然密切关注反精神医学的发展，但是却和其刻意保持距离，他的思路不止步于反精神医学的维度，而是进一步考察"反精神病学的历史"。他更为认同的是德勒兹和瓜塔里在《反俄狄浦斯》中的思路，由资本主义所导致的精神分裂，当然无法通过资本主义社会内部的机构去解决，严格说，精神病学的解决根本不是一个精神病学的问题。于是，福柯再一次抛弃了这里的主题，而是转向了对规训权力和规训社会的研究。

不正常的人（1974—1975）

不正常的人有哪些？他们因为什么原因，基于什么样的标准被归入"不正

---

① Aaron Esterson（1923—1999），英国精神病学家、费城协会的创始人之一。

常的人"的类别?那么,与之相对应的那些正常的人(les normaux)又是哪些人?什么时候这些人结成一个团体进入公众的视野?这是福柯本年讲座要考察的内容。本年度的内容需要结合两年后出版的《性经验史》第一卷《求知的意志》的内容一起看。而《不正常的人》也就是后来被福柯废弃的《性经验史》原计划的第五卷的内容。

所谓不正常的人,主要有三类。第一类是畸形人(monstre),第二类是需要改造的个体(individu à corriger),第三类是手淫的儿童(enfant masturbateur)。

第一类畸形人。他们早在古罗马时就已经受到关注,主要是因为这涉及法律的缘故,同时他们在生物学上的确也是不正常的(a-normal)。比如古代的半人半兽、连体人、双性人等等,他们不但是生物学上的异类,而且也是世俗法律法条归类中的例外。当涉及畸形人的财产关系继承问题、连体人的洗礼问题、双性人的结婚问题等具体案例时,法律会无法准确定位当事人。这种异常现象本身就是使正常群体不安的理由。比如福柯不厌其烦地提到了16—17世纪以后,欧洲社会如同中世纪猎巫行动一般地迫害双性人的案例。双性人也是畸形的,因为他们违背了自然的秩序和规则。此外,还有道德畸形和政治畸形的情况,从中已经可以嗅出福柯在一年后出版的《规训与惩罚》开篇达米安酷刑的味道,不过他举的是其他更残酷的例子(此外麻风病模式和鼠疫模式也得到修正的保留)。而涉及政治畸形的部分,则以畸形国王和畸形的民众为例,畸形的国王指的是路易十六和玛丽王后(乱伦的国王),畸形的民众指的是法国大革命中暴力运动的公民(吃人的民众)。可见,对畸形人的判定经历了从畸形形体到畸形行为,再到危险的个体的转变历程,最终,社会需要确定的是:这个人是危险的吗?

第二类是需要改造的个体。在17—18世纪之后,为了配合资本主义把个体生命改造成为生产力和合格生产工具的需要,近代社会对个体的规训化全面展开。从而就出现了对所有个体进行行为矫正和改造的需要,正是在这样的背景下,出现了无法被改造的人。而所有的规训机构,诸如学校、军队、工厂、医院甚至家庭等正是为了对这些"无法改造的人"从肉体上、行为上和能力上重新加以规范性训练而设定出来的。而对这些人的改造的重要方式就是把他们禁闭起来。

第三类是儿童手淫者。18世纪随着反手淫运动在英国出现并席卷欧洲，手淫的儿童作为不正常人的形象得到确定。福柯对这个类别尤为重视，因为所关注的要点不在于儿童的性心理和性行为，而在于社会机构如何建立起一个对儿童的性进行干预的权力系统：通过继承中世纪教会文化中对性欲望和变态性行为的严格区分，建立起通过控制"肉体"而控制欲望的理论与实践。在面对身体的生产性与身体的快感性的矛盾中，为了配合工业发展对健康劳动者的新要求，现代社会首先制造了儿童放纵欲望的生理和道德的过错，进而把家庭和医学编织进规训机制之中。所以，反手淫运动导致的是家庭的医学化，即家庭和社区中父母与子女之间的布局关系也表现为权力—知识架构中的一部分。

至此，"不正常的人"的群体图像就建立起来了，严重的生理畸形者、抗拒规训的离经叛道者和儿童手淫者，作为"不正常的人"而务必接受改造。与对这些不被驯服者的归类一同建立的，是逐渐规训化的权力—知识体系。这些"不正常的人"必将是社会的危险分子，他们的存在必将会危害社会的稳定，而社会必须受到保护。福柯对这个问题的研究，贯穿了他20世纪70年代前半期的讲学与思考，从1970—1971年度的《求知的意志》讲稿到1975—1976年度的讲座《必须保卫社会》为止，包括巴西圣保罗大学的《真理与司法形式》（1973）、《规训与惩罚》（1975）以及《性经验史》第一卷的《求知的意志》（1976）。

最后，需要提到的是，福柯在1975年2月19日和2月26日的讲座的内容值得关注，它涉及"肉体和忏悔"的内容，这部分素材的去向也值得玩味，部分成为2018年出版的《性经验史》第四卷《肉体的告白》的素材。

"必须保卫社会"（1975—1976）

1894年，在俄国圣彼得堡举行的一次刑罚学大会上，当时籍籍无名的法国

第三章 法兰西学院教授（1970—1984）

犯罪学家朱利·雷维耶给俄国的同行支着说，俄国有广袤而纵深的西伯利亚，可以在那里兴建劳改营。这既能驱逐罪犯，又能开发当地经济。在随后不到二十年的时间里，西伯利亚就布满集中营，甚至远东的科雷马也不例外；而随后的半个世纪，集中营在地球上处处可见。福柯说，这个主意还是来自法国的"驱逐法案"。法国虽然没有古拉格，但是法国却是这个想法的始作俑者。

在1975年3月课程《不正常的人》最后一讲中，福柯提到对于那些畸形者、需要改造者和手淫儿童等不正常的人，社会对他们加以矫正，这表现为一种不同于生物学意义上的"新的种族主义"。现代的种族主义是福柯该年度讲座《必须保卫社会》一个重要主题。

1976年对于福柯来讲是高产的年份。1975年2月，《规训与惩罚》刚刚出版；1976年1—3月是例行法兰西学院的讲座；10月，福柯出版了《性经验史》的第一卷《求知的意志》。1977年，福柯因为休学术假，不用再上课。福柯的1976年也是一个转折年份，两种思想在这里交汇。前一个就是惩罚权力和惩罚社会的思路，它包括1975年之前的所有讲座；后一个是生命权力的思路，从《必须保卫社会》发端，包括《求知的意志》，一直到1980年的诸年度讲座如《安全、领土和人口》《生命政治的诞生》《活人的治理》。而1980年又是一个新的转折，从此之后的福柯又踏上了建构伦理主体的道路。

在《必须保卫社会》中，一共有三个主题。第一个是种族战争，第二个是生命权力，第三个是现代种族主义。这三个主题都涉及对政治和权力的理解。中世纪晚期出现的不同民族之间的战争成为理解政治概念的一个重要方面。当时的高卢人、法兰克人、诺曼人、凯尔特人、哥特人和撒克逊人之间，爆发了漫长而激烈的民族战争，欧洲最终形成了现代各个国家的基本形态，同时形成了对君主统治权的传统观念。在对传统统治权的分析中，福柯提出了一种新的权力形式，即生命权力（biopower）。这两者是截然相反的两种权力形式。福柯总结说，君主的统治权是"使人死或让人活"，而现代生命权力则是"使人活和让人死"的权力。在传统的君主统治中，权力的实施是要么把罪犯判处死刑，要么给他大赦。而生命权力则一方面以延长个体生命为目的，同时又以个体的死亡为目的。从福柯自身的思路看，前者还处在惩罚社会的阶段，其目的是通过规训和惩罚来达到实施权力的目的，它的关键词是"惩罚"；后者就是福柯所说的"生命政治学"，比如国家对出生率、死亡率、再生产率、发病率、人口繁殖的关注和调控，即在人口控制中表现权力机制，它的关键词是"人口"。君主专制下的死亡是君主绝对权力的彰显，而生命权力中的死亡却恰是权力的终结。权力无法实施在死人身上，权力无法控制死亡，只能控制死亡率。于是，就出现了两种模式：肉体系列——人体（个体）——惩罚——机构；人口系列——生物学过程（种群）——调节机制——国家。

19世纪以来，现代权力技术的根本特质就是把生命当作对象和目标。然而福柯在这里抓住问题的核心：为什么这种以延长生命、提高生命质量和规避生活中各种危险为目标的权力，还要以杀人为目标？在什么情况下，它判处死刑、要求死亡、发布杀人的命令？它既使人活，同时又让人死？在生命权力的机制中，让人死亡的权力如何运转？这就要引出第三个主题，现代的种族主义。

福柯认为，正是生命权力的出现，现代种族主义才进入国家机制中。并且福柯断言，没有哪个现代国家没有实施过种族主义。种族主义有两个功能。第一个是在生物学连续体内通过生命权力制造区分，形成种族。第二个是在自己生命和他人死亡之间建立联系。这里的他人，自然指的是没有包括在"人口"之内的人，"低等民族"、"劣等民族"、"低等生命"、不正常的人、畸形者、退化者等等。"他"的死亡，意味着"我"的个体生命更安全，整体生命更健康、更纯粹。在这种种族主义话语下，发布死亡要求才是可以接受的。

1973年，揭露苏联整个劳改营内幕的三卷本巨著《古拉格群岛》在巴黎出版（法译本1974年出版），世界一片哗然。翌年，作者索尔仁尼琴被驱逐出境。此时，距二战结束也就不到30年，奥斯威辛和达豪的惨象依然历历在目。

显然，福柯在这里反思的对象是纳粹和古拉格。①福柯说，纳粹并没有发明什么新手段，只不过是把这种现代种族主义和排斥"不正常人"以保卫社会的手段，与19世纪生物学意义上的种族主义联系起来了而已。因此，纳粹是这种新的生命权力机制发展的顶点。其惩罚权力和生命权力的登峰造极，使一个国家成为现代最规训的国家，人口调节做得最好的国家，同时也是死亡权力最为普遍化的国家，它是"杀人的统治权力和生命权力机制之间"政治游戏的巅峰。然而，这种极端的情况并没有随着纳粹的灭亡而终结，反倒成为所有国家职能的一部分。

此外值得一提的是，几年下来，福柯的讲座非常受欢迎，三百个座位的阶梯教室挤进五百人。整个教室被围得水泄不通，走廊、过道、讲台下面全是人，以至于听众往往要提前一个多小时来到教室占座位。更有甚者，因为听众人数太多，不得不分成两个教室，另一个教室的听众只能通过麦克风听课。福柯把每周三晚上的例行上课，称作马戏团的表演，每次上课他都像演员一样，穿过熙攘的人群，走到围满听众的讲台。为了减少听众，福柯不得已修改了授课时间，把课程从下午5：45调到了早上9：00。然而，他的目的并未达成。听众依然没有减少的迹象。福柯的授课每周一次，一般持续一个小时或者一个半小时。事实上，由于家用录音机录音质量的提升，学生们人数上的变化并不影响其授课内容的传播。

安全、领土和人口（1977—1978）

1978年对于福柯来说，可谓多事之秋。这一年，他结束了上一年的学术假期，重新回到工作中，各种事务应接不暇。首先，他的研究思路已经转变。学界纷纷以1976—1977年的学术假期为福柯研究思路断裂的标志。此时，关于规训的思路已然中断，直接的后果就是原本既定下来的六卷本《性经验史》的写

---

① Jan Plamper, "Foucault's Gulag", *Kritika: Explorations in Russian and Eurasian History*, 3（2）：255-280, Spring 2002.

作计划只能搁置,他只能处在"身体与人口的十字路口上",生命政治学和生命权力的权重的不断凸显,也只能视为他朝向晚期伦理主体建构的必要过渡。其次,福柯频繁出入现实政治的花花世界。以左翼自居的福柯,把对自由主义治理术的反思带进了自己的笔端。为了保持独立身份,他拒绝参加1978年3月的立法选举。虽然不认同意大利恐怖组织"红色旅"的政治立场,但是他依然帮助为其被捕成员辩护的律师在法国寻求政治庇护,导致与立场不同的德勒兹闹翻进而绝交。4月讲座结束后,福柯赴日本旅游,其间整理了自己与德里达的论战,回国后开始反思康德启蒙问题。11月,他又开始投身于伊朗革命。复杂的内外情势,也间接导致福柯在1978—1979年度讲座中开始对自由主义进行分析。

在本年度的讲座中,"治理术"(gouvernement)成为核心词汇,以至于福柯自己也承认,如果能够给讲座换个题目的话,那么他会选择《"治理术"的历史》。而在2月1日第四讲的内容中,他专门谈论治理术。9月,该内容即发表在意大利的哲学杂志《非此即彼》(Aut aut)上,随后收入其论文集《言与文》的第239篇,题目就叫《治理术》(La gouvernementalité),所以该章节内容也可以算是全部讲座内容的文眼。治理术是福柯政治哲学的重要术语,而安全、领土与人口,只是治理术导致的结果。

从1976年开始,福柯就开始逐渐转向对生命权力问题的谱系学考察。结合上一年度《必须保卫社会》中的内容,在对两种不同的治理模式的对比中,我们逐渐发现以"使人活且让人死"的生命权力的出现,伴随着这种生命政治学的,是一种新的治理方式,福柯称之为治理术。它代表的是一种根本的转型,也许是人类社会史上最重要的转型之一。比如从"领土的国家",转向了"人口的国家"。因此,在进行了前三次的讲座之后,福柯逐渐放弃了对安全和领土的考察,全力以赴朝向了自己发现的目标——人口——进军。对人口的治理,成为全书最具有启发意义的内容。治理成为一个政治哲学的话题,要从16世纪末和17世纪初开始算起。随着君主国家的勃兴、教会统治的式微,国家理性就主要表现为对世俗国家的有效治理,而它的指标就是国富民强。富强成为每一个世俗国家追求的目标,比如1776年亚当·斯密出版的《国富论》。因此,治理术作为达到目标的手段就被提上日程,人口—财富的组合成为治理术第一要务。随后出现的是重商主义和重农主义的分歧,导致了两种不同的治理理念。前者注重国家权力对经济行为的管理,而后者倾向于国家权力以减少治理的方式实施权力。前者注重对个体的人加以规训,而后者注重对群体化的人进行宏观治理。而正是在后者的治理方式下,具体的人才能成为"人口"。

在福柯看来,这种对"整体的人"的管理,使用的是一种全新的权力及其实施方式,它体现了一种全新的治理术,即国家不再试图通过规训方式来粗暴地实施治理,不再通过干预个人的行为而达到国家治理的目的。而这种重农主义的发展,为自由主义市场经济的发展开辟了道路。重农主义治理术的出现,导致了欧洲历史上权力谱系的重要改变,即从规训的权力转向调节的权力。福柯看到了这个特殊的契机,他把这个转变导引到自己关注的治理术的研究中。在此,福柯延伸了重农主义的思路,认为重农主义导致了自由主义政治经济学的出现,进而出现政府的意识形态和技艺的自由主义。这种转变无非是技术的更替和转变所致,自由主义无非是更好地配合了人口安全配置的正常运转而已。也就是说,"不是赋予某个团体以一种特权和优惠,而是人和东西的行动、迁徙、流通的自由。"(1月18日,结尾)对活人的治理所需要的是权力必须减少治理,从而保证提升效率,进而达到国富民强的目的。

在2月1日的讲座中,福柯提到治理术的三重含义。第一,一套制度和策略总成,是针对人口的政治经济学。第二,关于治理的一套装置和一套知识。第三,是中世纪的司法国家向行政国家的转变,是一个逐渐治理化的过程。接下来他逐步考察了国家治理化的问题。从基督教的牧领到对人的道德治理,再到国家理性的治理诸相,最后则回到人口问题。启蒙运动以来,基于对人口的公共管理逐渐健全,国家的治理术也越来越完善,成为世俗国家权力支配的终极表现形式。而在这个过程中,人也就真正被制造出来。"人说到底,不是别的什么东西,而是从19世纪所说的人文科学出发加以思考和定义的东西,是在19世纪的人文主义中加以反思的东西。最终,人不是别的什么东西,它是人口的形象。"(1月25日,结尾)福柯浓缩引用了自己在《词与物》中的论述,从财富分析到政治经济学,从自然史到生物学,从一般语法学到历史文献学,人口作为权力技术的相关物得到建构,一系列的关于人的新知识开始形成。现代人的形象,正是得益于这种治理术对人口治理的构造而产生的。

生命政治的诞生(1978—1989)

"生命政治"(la Biopolitique)无疑是当今学界最热门和影响最大的学术名词。作为它的创造者的福柯,到后来的意大利政治哲学家阿甘本和埃斯波西托的承袭,也被美国的新马克思主义者哈特和奈格里继承,福柯也被奉为生命政治学的开山祖师。伴随着生命政治学的兴盛,建基其上的新自由主义探讨在欧美诸国也汹涌如潮。这一礼遇,显然出乎福柯的意料。

而福柯对当年课程的评价是,那顶多算是生命政治的"导论"。考虑到上一年度《安全、领土和人口》所讨论的四种治理模式:古典时期的执政官、基督教牧领、君主制国家的治安管理和自由主义治理。那么可以说"生命政治"肇始于18世纪,是一种把活人变为人口的治理行为,它把健康、公共卫生、出生率、生命延续和种族等问题都予以规范化处理。该年度的课程,主要讨论的是第四个阶段,可以视为上一年度《安全、领土和人口》所讨论的治理术主题的延续。所以,课程开始部分就概述了上一年度所讨论的内容,即第三阶段16—17世纪君主制国家所建立起来的作为国家理性的治理术,这种管理模式持续走强,成为以18世纪普鲁士的"治安科学"为代表的大而全的服从管理模式,它总希望无限制地介入经济社会和日常生活的方方面面。与之相呼应的是一种基于自我限制的"管得少"的治理模式,即18世纪末19世纪初的英国政治思想模式。随后"过度治理"的国家理性和"俭省治理"的自由主义发生决裂,从而把问题导向第四个阶段,即对自由主义治理术的谱系学反思。接下来,福柯先后探讨了四种自由主义:第一种是从亚当·斯密到边沁的18世纪英国自由主义；第二种是二战后1948—1962年间的联邦德国自由主义；第三种是法国20世纪70年代德斯坦时期的自由主义；第四种是当代美国芝加哥学派的新自由主义。福柯对自由主义的反思，既不从政治理论上展开，也不从经济角度加以分析，而从治理术的角度进行批判和反思。福柯所说的自由主义，特指的是进行较少治理，并考虑如何获得最大有效性的方式；它指的是在一种持续的自我限制的努力下去探究背后的真理，也就是福柯所提出的生命政治学。

真理与经济活动的关系如何？福柯说，（二战后）国家的合法性来自市场所显现出来的真理中，这就是（联邦）德国奇迹。（1月31日手稿结尾部分）福柯要考察的正是经济活动与真理之间的关系。在福柯看来，考察有限治理的经济行为，也就是政治经济学，能够通达这种经济行为背后的真理。对政治经济学的谱系学考察成为福柯生命政治的真正诞生地。政治经济学成为说出真理的一种方式。福柯把这叫作真理的言说（Veridiction），Veridiction是福柯生造的词汇，它由veridical（真理的）+ diction（说出）组合而成，意思是说出来的真相/真理。政治经济学的出现，最早是对18世纪德式治理科学名义下的普遍治理所展开的自由主义式反抗。然而，政治经济学不必然与自由主义发生关系，因为政治经济学也能够服务于过度治理的计划经济模式。

显然，福柯从来就不是一个自由主义者，并不像某些英美学者认为的那样，在为新自由主义背书；事实恰恰相反，福柯正是暧昧地表达了对美国新自由主义的不满，以及对德式秩序自由主义的好感和关注。通过对自由主义的谱系学考察，福柯发现，早期重农主义的兴起，代表了经济学最优运转与治理过程最大化之间的不可调和的本质矛盾。而大英帝国的鼎盛恰恰证明了较少治理干预的市场调节方式的有效性空间是多么庞大。国家理性的治理和政府干预需要加以必要限制，避免"过度治理"。借用福柯上一年度讲座中的话，自由主义恰恰符合了"人口安全配置的正常运转"。自由主义的治理方式在当代政治治理模式中大行其道，其实只是权力游戏的结果，也就是说，它符合了权力分配的某些特质。自由主义者如边沁，也提出了全景敞视主义的治理模式，这种不受限制的治理模式被边沁视为自由主义,因为它可以提高个人的效率和生产能力。然而谁都清楚,这种极端的规训主义和自由主义结合在一起,会导致什么样的利维坦怪胎。

福柯把德国模式和美国模式做了并置的处理。早在二战前的魏玛共和国时期(1918—1933),德国就开始探索德国模式的自由主义。1929年的经济危机,导致共和政体崩溃,极端过度治理模式的纳粹政权通过民选上台。1948年以后,弗莱堡学派以《经济与社会秩序年鉴》①为阵地,初步拟定了战后联邦德国自由主义的基本蓝图。福柯将其称为秩序自由主义(Ordo-liberalism)。同样是面对1929年的经济危机,美国出现了政权全面介入国家治理的罗斯福新政,此后美国出现了战时的治理以及战后的马歇尔计划。而芝加哥学派从其开山祖师亨利·西蒙斯②开始到当代学者盖里·贝克尔③,反对之声不绝于耳,对这种美国式的过度治理持续给予激烈批判。在福柯看来,无论是哪种自由主义,都以奥地利学派为基础,都以对凯恩斯的国家干预主义作为批判的对象。福柯认为,自由主义的治理术最终会导致治理术的危机。因为被用来产生自由的治理术往往会产生相反的结果,即产生某种不自由的治理方式。因此,即便是联邦德国和美国这种明显为了避免法西斯主义和纳粹主义而减少自由、增加干预的思路,都将引发一种自由主义危机,当时的美国和联邦德国的政策,可以视为对过度治理模式的批判与修正。前者通过继续扩大自由市场获得,后者通过继续加大国家干预获得。在讲座的最后部分,福柯提到,古典的"经济人"(Homo oeconomicus)假设。经济人的产生过程,凸显了经济主体经由市民社会挺立的过程,从而导致了新的"权力/知识"结构。福柯又重新回到了真理的话

---

① 简称为《秩序》。
② Henry Calvert Simons(1899—1946),美国芝加哥大学经济学教授,他的反垄断和货币主义主张对于芝加哥经济学派影响巨大。
③ Gary Becker(1930—2014),美国芝加哥大学经济学教授,把经济学和社会学结合研究,1992年获诺贝尔经济学奖。

题，确切说，是真理的经济史这一新话题。古典的政治经济学认为"经济人"是交易行为和过程中的人，但是新自由主义思路修正了传统的看法，经济人不再是交易中的人，而是生产者和企业家的自己。

福柯的助手，讲座稿的整理者弗朗索瓦·埃瓦尔说，福柯的论述不是énoncé，而是énonciation。即不是论述的话语，而是何以他要如此这般论述。20世纪70年代末期的欧洲局势，无疑成为促成福柯如此这般思考，如此这般论述的背景和原因。伊朗国内局势波云诡谲，福柯自己也是当局者迷。伊朗革命的结局对他的触动不可谓不大。他所推崇的日常生活的革命总是南辕北辙，他一直试图通过积极参与政治活动，以及日常生活的政治化，积极参加立法委员的工作来间接改变社会，但是在德斯坦总统在任期间并不见起色，总统也并未采纳他关于监狱改革的若干建议。但是他对现实的批判意识并没有消失。我们也正是在这个批判的维度下一再地审视他对自由主义谱系的梳理。

《生命政治的诞生》是福柯思想中最贴近现实政治的内容。他在讲座的结尾处预报下一年度要讨论集权国家的治理方式和政党化的治理术。但是下一年度他一头扎进了中世纪哲学，再也没有回头。唯一的例外是1979年10月和1980年10月，福柯先后两次在美国的大学重新讲了"生命政治学"的内容。[①]

活人的治理（1979—1980）

在1979—1980年度的讲座中，福柯没有按照既定计划继续讨论生命政治的"治理术"的问题，而是再次转向，从一种非常具有现实意义的考察，转向了一种完全不合时宜的思考。从1980年起直到1984年去世，福柯开启了对古希腊罗马以及中世纪神学思想的研究，也同时回归到对主体性问题的探讨中。主体性（subjectivity）是福柯之前曾断断续续地考察过的内容，从在法兰西学院第

---

① 该年度课稿的编撰者米歇尔·塞内拉尔（Michel Senellart）称福柯对自由主义的分析，似乎是在与当时另一位政治经济学家皮埃尔·罗桑瓦隆（Pierre Rosanvallon）的著作《乌托邦资本主义：经济意识形态批判》进行对话。

一年的讲座《求知的意志》讲稿开始，到《规训与惩罚》，再到《性经验史》第一卷《求知的意志》都有所涉及。福柯1980年之后的晚期思想，则充分深化和发展了先前的主体化思路。从而使福柯完成了其思想中知识–权力–主体的三足鼎立。第一个是知识维度，属于早期思想，包括知识型、知识的考古学。第二个是权力维度，属于中期思想，包括对规训权力和治理术的分析。第三个维度是主体化，属于晚期思想。从某种程度上讲，对活人的治理，一方面拓展了"治理"行为的外延，它把所有的治理和管理（gouvernement）行为都包括在内，比如对良心的管理、对灵魂的照看等，因此，这里治理的对象是具体的、活生生的个人，治理也不是对抽象的人口进行调控的技术。另一方面，它也拓展了生命政治的内涵，把它推广到讲出真相的治理术上。而从该年度的讲座开始，福柯将开始讨论这种讲出真相的治理术，从而考察权力的运作和真理的显现之间的关系。

关于福柯回到古典的动因，学者普遍认为还是研究的深化使然。福柯在此前的关于治理术的研究，就已经开始考察中世纪牧师治理模式和早期基督教的治理模式。而为了考察讲出真理行为的来龙去脉，也必然牵引着福柯回到西方文明的源头。正是在这样的回归中，福柯发现了古典时期用真理体制来管理活生生的人的治理术，从而使揭示这种真理体制的奥秘成为他的更大兴趣所在，而作为权力与知识的部分以及作为治理术的部分，反倒让位于这种真理体制所构造出的主体性问题了。前四讲都是探讨索福克勒斯的《俄狄浦斯王》，福柯把它解读成一个主体寻找关于自己真相，进而经由这种寻找而成为自己（主体化）的故事。为了表示区别，福柯借助于古希腊语法学家赫拉克利特的提示，在这里生造了一个希腊语词汇alethurgy，意思是说出来的真理，讲出来的真相，它既可以是语言的，也可以是非语言的。福柯通过分析《俄狄浦斯王》的知识，考察alethurgy和"我"之间的关系，也就是真理和主体之间的关系。

第三章 法兰西学院教授(1970—1984)

中世纪晚期、文艺复兴早期的神学家托马斯·卡耶坦①曾说,对罪孽的忏悔就是一种真理的行为。福柯晚期所提到的所有求真行为,都必须在这个意义上理解,比如忏悔、告白、讲真话、讲出真相、自我的技艺和关心自我等等。福柯所追问的是,为什么西方的基督教文明需要以追求并说出真理作为治理活人的终极标准?而且这里的追求和说出真理不仅包括外在的真理,更把揭示本人内心的真相(真理)囊括在内。福柯认为,这种讲出自己的真相的行为,说出自己真相的过程恰恰是主体在其中被构建起来的过程。因而,真理与其主体化形式有密切关系,以至于下一年的讲座,福柯就径直起名叫《主体性与真理》。至于那种讲出真理的方式,无疑是与德勒兹相似的、内在性的、向内心挖掘真相的路子。回到福柯的语境,真理在西方本来就有三种起源。希伯来《旧约》的神学维度、古希腊的哲学维度和拉丁语的科学维度。福柯所说的真理,基本上都不是在现代科学的意义上使用,而更多是在神学和哲学的维度上。福柯在《活人的治理》中,提到的这个真理,特指的是他所研究的古典时期的"真理体制",他在2月6日的课程中给予详细说明。与政治体制、惩罚体制类似,福柯认为历史上也存在一种"真理体制",以追求和说出真相为治理目标的政治体制,即基督教早期对每个人所要求的对灵魂的检查和忏悔告白的宗教仪式和社会制度。每一个人都有宗教义务讲出真相、坦白自我的内心。它包括一系列的对象:诸如主体自身、讲出真理的方式以及某种体制的治理。

在福柯看来,基督教所有的制度和仪式本质上都是在为"真理体制"服务的。于是,福柯从"真理与其司法形式""真理与其历史形式""真理与其经济形式"的考察,发展到对"真理与其主体形式"的考察。真理体制,作为该年度讲座的关键词,需要稍微着墨。福柯最早提到"真理体制"是在《规训与惩罚》第一章中。英译者阿兰·谢尔丹将其翻译为"真理的体系"(system

---

① Thomas Cajetan(1469—1534),文艺复兴时期欧洲神学家。托马斯·阿奎拉著作的研究者之一,曾担任多明我会总会会长和教皇使节。

of truth）。按照福柯当时的思路，真理体制还指的是需要把知识、技术和科学话语整合起来，作为整体知识而服务于惩罚权力，仍然处于知识-权力的二元架构中。但是到了《活人的治理》中，真理体制已经完全摆脱了知识-权力的架构，福柯明确说要在主体化的维度上考察真理问题，进而构建起说出的真理（alethurgy）与建构的主体之间的关联。

福柯说，个人真理的宣示有三个层次、三种方式。它们依次是洗礼、忏悔告解和精神指导。其中，第三种最为重要，境界最高，而洗礼和忏悔告解只能算是入门。福柯后面的讲座内容也是按照这个次序排列的。第五到七讲涉及洗礼；第八讲到第十讲的前半部分涉及忏悔告解，而剩下的内容就是关于第三种方式精神指导的。在福柯看来，洗礼和忏悔告解中没有自我剖析的内容，基本没有，所以是靠外因来获得真理，如此一来就会导致旧人变新人式的主体的断裂。而在精神指导老师指导下逐渐讲出真理的过程，则不会出现主体中断的问题，甚至于恰恰是主体建立的完成。精神指导的主要内容就是对灵魂的治理（government of souls），检查自己的良心。在接下来几年的讲座中，福柯会频繁提到中世纪的苦行主义，主体不断通过苦行与磨砺，既是肉体的又是精神的，渐进地把自己与讲出真理的行为绑定在一起。这个思路他沿用至后来的讲座《主体解释学》，同时延用的还有古罗马时期检查良心的例子——守夜人和换银两的例子，以及来自古希腊语的术语"坦诚"。

主体性与真理（1980—1981）

上一年度的讲座《活人的治理》中涉及讲出真理的三个层次、三种方式：洗礼、忏悔告解和精神指导。而其中最重要且境界最高的当属最后一个，精神指导。本年度的内容，延续了上一年最后没有充分展开的关于讲出真理的精神指导的内容。而且在接下来的几年里，福柯将继续深入展开这个向度上的考察，发掘讲出的真理和建构的主体性之间的关系，并且逐渐把对之前的"治理的技艺"的考察，推进到对"生命的技艺"的考察上去。该年度的讲座内容主要是针对晚期斯多葛派思想加以分析，当然也包括其他内容，比如柏拉图的

《阿尔克西比亚德斯篇》，亚里士多德的《尼各马可伦理学》，西塞罗的《论善恶的终结》，普鲁塔克以及古希腊占卜家阿特米多鲁斯的《解梦》①和《博物学》等等。该年度的讲座内容本来拟为六卷本《性经验史》的原定第二卷《肉体与身体》的内容，后来则成为新定《性经验史》第三卷《关心自我》的资料来源，成书中的相关内容基本上都能在这里找到。在最后的"课程摘要"中，福柯说这是一本即将出版的书，所以他就不必多写摘要了。然而，这部即将出版的著作（按：《肉体与身体》）并没有如其所愿地出版，而是延后了三年。

在福柯1月14日的讲座中，"生命的技艺"（tekhnai peri bion, biotechniques）概念首次被提了出来。福柯开始以此为切入点，考察主体性与真理的关系问题。生命的技艺（the arts of living）与治理的技艺（the arts of government）的区别，正在于主体性的介入。福柯之前所讨论的涉及"治理术"的疯狂史、临床医学史和监狱史的议题，都是别人在说当事人如何如何，精神病医生判定你有没有疯、外科医生判定你有没有病、法官和典狱长判处你的罪行，并不是当事人自己判断自己，自己认识自己，自己揭示自己。正因为如此，福柯意识到转向"生命技艺"的重要性。正是在活人的生命历程中，凡是涉及性快感（aphrodesia）的时候，主体就开始认识自己的真相，揭示自己的真相并且说出自己的真相。这种欲望是完全属于自己的，无法假借他人获得认知，而只能自己揭示自己，自己向着自己说出关于自身的真实，这是一种自我欲望的告白。在本年度的讲座中，福柯主要考察的就是希腊化时期斯多葛派对性的论说，诸如婚姻中的两性关系、身体的性快感以及男童之恋。福柯原本想把本年度的讲座集中在"性欲的谱系学"上，事实上，性欲的谱系学更能显白地说明课程的内容。

---

① 公元2世纪由古希腊占卜家阿特米多鲁斯（Artemidorus）撰写的解释梦境的论著，是希腊语该类著作中的第一部。

福柯首先考察的是阿特米多鲁斯的《解梦》。有一个原因值得一提，1975年多明我会修士安德烈·费斯替叶[①]翻译出版了最新的法译本《解梦》（*La clef des songes：Oneirocritica*）。巧合的是，罗伯特·怀特的英译本也在同年问世。而福柯对费斯替叶译本的参照后来在《性经验史》第三卷《关心自我》的第一章《梦见他的快感》中还会集中出现。该书所预设的读者是古罗马时期家族的家主，理解各种梦境是为了未雨绸缪，当好家族的首领。不过，其中也有很多是针对春梦的解释。因为阿特米多鲁斯认为春梦也是对当时政治、经济和社会真理的反映。比如春梦也可以分为三类：符合法律的（夫妻生活）、不符合法律的（通奸、乱伦）以及不合乎自然的（女女、自慰）。福柯借这些材料间接考察了基督教性伦理构成之前夜的古罗马性伦理观，重现古罗马人对性的认识，比如家主与妻子发生性关系是为了繁衍，与奴隶（不分男女）发生性关系是为了享乐，进而提出了古希腊和古罗马时期的合法的性快感，这是一个在性行为中主动得到的整体性的快感，与后来基督教的肉欲和现代人所说的性经验并不相同。福柯认为，性快感揭示了一种主体与真理的古老且全新的关联。在这种关系中，主体管理自身，也管理他人。然而，后来基督教的"自我的技术"破坏了古希腊人的性快感。古希腊人的性快感原本是包括身体和灵魂、快乐与欲望的，然而自我技术把性快感简化为欲望，打破了古希腊人"身体—欲望—快感"之间的和谐关系。因而，它导致了欲望的产生，导致了肉体的出现，进而导致了主体的出现。

福柯认为，古希腊人并没有主体的观念，而能够与主体等同的就是古希腊人的生命。它不同于基督教对生命的理解，也不同于现代人对生命的理解。在古希腊人看来，技艺的对象就是生命，即生命是技艺所不断追求和完善的目标。福柯分析了三种能够作为生命技艺的那些技艺：学习、沉思和苦修。在下

[①] André-Jean Festugière（1898—1982），法国哲学家、语言学家和新柏拉图主义专家、多明我会修士。

一年度《主体解释学》的讲座中，这些内容，尤其是第三个内容，将成为福柯讲授的核心。

主体解释学（1981—1982）

从该年度的《主体解释学》讲座开始，福柯改变了授课时间，他放弃了研讨班的课程课时量，把以前的每周一节课（一般1到1.5小时）增加至每周两节课（累计2小时）。因此就产生了这本在前后13年的法兰西学院讲座中最长的讲稿，全书共二十四讲，累计有500多页。与上一年度选择"性快感"作为议题加以考察不同，本年度考察的核心是生命技艺的三个内容：学习、沉思和苦修之中的第三个。而且在讲稿编者弗里德里希·格霍看来，这种议题的转变，使得福柯对后来《性经验史》的阐释角度也同样发生改变，即从权力机制的政治解读导向了修身功夫的伦理解读。

首先需要强调的是《主体解释学》的名字。福柯在法兰西学院的历年讲座中的很多题目都具有反讽的意味，比如"精神病学的权力"（恰恰指的是精神病学的权力应该加以限制和收回），"必须保卫社会"（指的是那个被保卫的社会恰恰是不应该被保卫的），"生命政治的诞生"（指的是通过对新自由主义分析而反思当代生命政治的问题）。再到该年度的题目《主体解释学》。主体解释学非但不是福柯要褒奖的对象，反而是其批判的对象。在他看来，"解释学"是中世纪基督教面对主体时的态度。在忏悔告白的解释学中诞生了被这种告白知识所建构（解释）出来的主体，而这种主体后来恰恰是现代主体出现的前身。因而在这里，福柯对忏悔告白的态度是模棱两可的。当忏悔构成了上一年度讲座的主要议题的时候，在本年度讲座中，忏悔告白就成为构造主体的罪魁祸首而需要加以额外考察。

如果说福柯历年的讲稿的概要部分在某种程度上还多少有文不对题的情况，那么当年度的概要可谓名副其实：从苏格拉底的认识自我开始，到斯多葛派哲学家皇帝马可·奥勒留的沉思死亡结束。福柯详细叙述了希腊化和罗马时期的各种修身功夫的具体情况，诸如沉思、转向（皈依）、净化、聆听、阅读、写作和直言等等，福柯娓娓道来，读来如饮甘露，此处不再详述，有意者可以找来原书翻阅。如果用一个关键词来概括本年度的讲座，无疑是"关心自己"（epimeleia）。这是一种基于"关心自己"而展开的"真理行为史"的考察，主体在这些关心自己的活动中把自己和真理联系在一起。

学界对本年度的讲座《主体解释学》非常重视，一方面是因为其为后人研究古希腊-罗马哲学向基督教早期哲学的转变，提供了一个有丰富材料支撑的独到新视角；另一方面，更为重要的是，该文本材料呈现了福柯晚期对自我伦理风格建构的阅读、研究和写作的全过程，是非常难得的像建筑脚手架式的全部呈现。因此，该文本材料没有能够给读者指出这种关心自我的自我技术到底要导向何方，获得什么样的结论，但是却因此反而更加有价值。1970年后期，福柯进入相对沉寂的空当期之时，他的研究日渐转向了对古典思想领域的挖掘。此时的他，每天宗教修行般地生活，规律地前往法国国家图书馆阅读和写作，随着研究深入到希腊化和基督教早期思想，他又转战到巴黎十四区多明我会修道院的索尔施瓦图书馆（Bibliothèque du Saulchoir），继续日复一日的，如康德般准时的研究工作。这种对古典自我技术的修身功夫的阅读研究和体认实践同时体现在福柯身上，为我们提供了一个生活与学术融洽合一的难得案例。正如美国哥伦比亚大学伯纳德·哈考特教授所说，福柯的研究是实实在在的为己之学。他笔下的研究主题——主体，毋宁说其实就是他自己。他所梳理出来的欲望的主体的谱系学，毋宁说是"作为欲望主体的他自己"的谱系学。这就意味着，《主体解释学》可以被视为福柯的某种意义上的学术自传。这一立场，对我们理解福柯晚期思想尤为重要。哈考特说，福柯的成长经历和受教育经历都是浸淫在耶稣会传统的大背景中的，他的中学老师大部分都有耶稣会的背景。因此，福柯对希腊化和基督教早期自我技术的考察，事实上可以视为对自己成长过程的各种影响力量做考古学和谱系学的考察。他以旁观者的视角，把自己作为研究对象，来研究自己这个主体的形成过程，这种学问无疑是最吸引人的。他提出的问题正是，我为什么会成为我现在这个样子的？是什么东西使得我成为我现在这个样子，形成了我对万事万物的看法？简言之，什么是我？何以是我？我们正是以这样的发问为起点，去回溯整个历史的。在这一点上，福柯的发问，已经超越了对哲学维度的主体问题的研究，而达到了一个"极高明"的境界。

该年度讲稿的编者格霍教授说，福柯在此时陷入一种焦虑。一方面是1976年即付梓的《性经验史》系列，另一方面是以《主体解释学》内容为代表的古典生活技艺的研究，两个方面是互不相容的两个系列。1983年4月，福柯在接受采访时提到，他计划撰写两部书，一部是关于性经验史的，另一部是关于古代的修身技艺的。这是一次比较详细的撰写计划的阐述。然而，福柯无法在两条战线上同时战斗。因此在1984年，最终确定的《性经验史》中，我们看到了作为原写作计划的第一卷关于古代性快感的讨论，包括肉体的快感、通奸和男童自恋，它成为《性经验史》第二卷《快感的使用》第二、三、四章的内容和第三卷《关心自我》第四、五、六章的内容，它们具有结构上的平行关系。而第三卷《关心自我》的第一章来自《活人的治理》，第二章则来自一个缩简本的《主体解释学》。此外，1983年，福柯再次提到那本并行的著作，它涉及的正是希腊化时期的修身技艺。原本的名字是"关心自我"，但是后来这个名字被《性经验史》的第三卷化用，而正文部分被束之高阁，其内容恰恰以《主体解释学》为主体。德菲尔说，福柯并未完全放弃这部书稿，它被清晰地归类在五个卷宗里。第一个卷宗正是《主体解释学》的授课内容，其他四卷内容分别是：阿尔西比亚德斯和爱比克泰德、对自我和他人的治理、自我的教化（草稿）、他人。其中"自我的教化"和"他人"正对应《性经验史》第三卷《关心自我》的第二章《自我的教化》和第三章《自我与他人》。"阿尔西比亚德斯和爱比克泰德"是经过重写的《主体解释学》中的各种修身技艺。而对自我和他人的治理则是在继续《主体解释学》中没有论述完的内容，并且构成了下一年度福柯在法兰西学院讲稿的内容。只不过，这部无名书稿最终也未能撰写完毕并正式出版。

对自我和他人的治理（1982—1983）

本年度的讲座，福柯继续推进上年度《主体解释学》的研究思路，专门探讨了一个非常重要的生活技艺——直言（παρρησία, parrhēsía）。parrhēsía这个词基本上没有对应的汉语意义，该词是由前缀par（all，所有事物），加上词根rhema（δήμα，说出的东西）组成的。大意是"自由地说话"（franc-parler），英译为free speech，德语是Freimüthigkeit，汉译为直言。考虑到这个词在本年度的讲座中非常重要，在此需要提前适当给予介绍。

按照该书编者弗里德里希·格霍的说法，该题目是福柯计划中的一本专著的题目，但是最后该著作并未出版。

福柯在当年讲座的开篇，重新回到了康德的启蒙问题。这个朝向康德哲学的举动，可以和他博士论文的补充论文中对康德《实用人类学》的研究形成一个鲜明的对照。康德的文章《什么是启蒙？》成为他的切入点。晚期福柯对康德思想的回归，起始于1978年。1978年1月，康吉莱姆的成名作《正常与病态》的英文版在荷兰多德雷赫特问世，福柯撰写了序言。在序言中，福柯提到对康德的文章《什么是启蒙？》的现实性分析。那是对作为哲学家本身的这种生活方式的思考。福柯提到了自康德《什么是启蒙？》于1784年发表以来，形成的哲学朝向历史-批判维度的两个目标，其一是追寻到理性占据自治权和获得最高统治权的时刻，其二是分析"当下现实"（present, actualité）。而后者，正是一种关于当下现实的存在论，正是现代性的存在论，正是一种关于我们自身的存在论。我们何以是如此这般的我们？我们这些现代哲学家何以是如此这般的存在？这个问题的回答，必须回到现代性的源头处，追溯从黑格尔开始，经由尼采、韦伯到法兰克福学派的现代思想史谱系。这是一个重要的方法论上的改变，后来学者都以此作为福柯晚期转向关于我们自身的当下现实的伦理学的重要标志。受到费希特、康德和黑格尔对法国大革命的反思的影响，福柯把启蒙运动与法国大革命关联在一起。正是经由法国大革命的现实性维度，使得福柯把启蒙与对当下现实的反思结合了起来，启蒙正是对当下现实的批判。福柯对

第三章　法兰西学院教授（1970—1984）

1978年9月伊朗革命的反思，也应当如此解读。

此外，当年5月27日，福柯在法国哲学学会上的演讲《什么是批判》也加入了年初法兰西学院讲座导言的内容。该文的原标题就叫《批判和启蒙》。福柯分析了从中世纪经文艺复兴到现代的思想发展历程，区分出三种批判：《圣经》的批判、法律的批判和真理的批判。在真理的批判一节中，他分析了康德的《什么是启蒙？》，认为真理的批判就是启蒙的批判。启蒙旨在消除人在宗教、法律和知识中的不成熟状态，借助求真的勇气（Sapere Aude），摆脱学步车，长大成人。这种批判也导向他对现实性的考察，诸如哲学家借助期刊发表见解、德国和法国的现代国情、对理性化在现代占据统治地位的反思。正是在这种极具现实性的背景之下，福柯转入对古典思想中直言问题的考察。这里可以同时参考1983年10月10日—11月30日福柯在加州大学伯克利分校讲学时的内容，这些内容全部涉及该年度的直言主题。

福柯在加州大学伯克利分校的讲稿《话语与真理》便是取材于该年度的讲座内容，以探讨直言为主线而探讨权力、真理和主体之间的关系。在方法论的范式发生转变之后，福柯也调整了自己的研究：用现实行动（ergon）代替话语逻辑（logos），即用作为真理检验（épreuve de vérité）的哲学，代替作为真理话语（discours de vérité）的哲学。如此以来，福柯顺理成章地导入了对一种哲学式生活实践活动的梳理，这种"哲学式生活"正是通过生命本身来见证真理，彰显真理。而直言正是这种哲学式生活的核心。福柯细致地考察了古希腊和古罗马时期的直言。进入他视野的有盖伦的《论灵魂的激情与谬误》，塞涅卡写给吕西安的书信，欧里庇得斯的戏剧《伊翁》，修昔底德的《论伯利克里》，普鲁塔克的《名人传》，波利比乌斯等。福柯首先分析了欧里庇得斯的悲剧《伊翁》和修昔底德笔下的伯利克里对雅典公民纵论与斯巴达战事的直言，直言者往往冒着生命危险而讲出真相（真话、真理）。此时的直言与雅典的民主体制关系密切，城邦的言论平等制度（isēgoría）是直言的制度保障，直言乃是属于城邦中文化精英分子的政治行为，直言者往往是领袖人物，直言导致听众们嫉妒和不安。而在随后的篇幅中，福柯分析柏拉图的《第七书信》《阿尔克西比亚德斯篇》《理想国》，以及色诺芬、伊索克拉底和犬儒学派的思想，梳理出从公元前5世纪到公元前4世纪的直言演变过程。直言不再与雅典的民主体制相关联，它从城邦政治领域转向哲学道德领域，它不再局限于公民所参与的城邦政治生活，而是拓展到对个体的管理。即它不再关注治理城邦，而是关注如何治理好自己，以便更好地治理他人。直言者的身份也从城邦领袖变为修辞家和哲学家。修辞家把直言视为一种修辞技艺。如果讲话者恰好是个正义的人（直言者），那么修辞技艺和直言就不存在紧张关系。如果讲话者不是一个正义的人，那么修辞术就沦为谬误的帮凶。哲学与哲学家则不然，哲学首先强调对正确和谬误的区分，甚至对直言的独占，也就是说，只有哲学才是通向直言的唯一坦途。因此，对哲学式直言的考察成为研究的核心，哲学家就是直言家。

福柯本年度的讲座内容，与上一年度的《主体解释学》一样，都是考察主体在一种自我技术中如何建构起自身。在《对自我和他人的治理》中，主体如何通过直言建立起对自身的治理以及对他人的治理，成为全书要重点挖掘的地方。福柯正是在此基础上回应讲座开篇提到的康德启蒙问题，在解读柏拉图的《第七书信》中，他说哲学的现实性问题有二，第一个是哲学在面对政治权力时的作为；第二个是灵魂（心灵）的实践活动。这种自我实践已经不再是德里达所批判的"逻各斯中心主义"，而毋宁说转向了一种对哲学和政治关系之源头的考察，这是一种政治哲学和伦理学。因此，他给予柏拉图的"哲学家—王"（philosopher-king）以全新的解读，即哲学家不是因为知识掌握方面（即掌握绝对真理）和沉思能力方面（即有闲暇实践沉思）的优越性而高人一等，而是因为哲学家能够把通过哲学方式所建构起的主体自身投入到诡谲的政治实践之中。即一方面在现实中坚持着哲学式的生活，另一方面把哲学的话语推广到政治的实践中，就如同马可·奥勒留。如此一来，福柯晚期的生活和他的思想，非但不是割裂地呈现为所谓的"有两个福柯"（勒·鲁瓦·拉杜里语，一

第三章 法兰西学院教授（1970—1984） 163

个是参加游行示威的福柯，一个是参加学院会议的福柯），反而是融洽地把两者结合在了一起。福柯晚期思想成为他本人在哲学和政治两个维度上勇猛精进的理论支撑。

福柯本年度的直言考察，主要集中在政治和哲学的方面。而下一年度，福柯则会推进到伦理学方面。

真理的勇气（1983—1984）

本年度的讲座比往年推迟了三周的时间，因为年初时福柯得了重感冒。3月末，福柯在最后一次法兰西学院的讲座上说了最后一句话："太晚了。那么，谢谢。"此时的他，已经猜到了自己的病情，日渐恶化的健康状况，完全打乱了他的学术计划，他开始与时间赛跑。1984年上半年，他在法兰西学院承担教学任务外，同时还校订《性经验史》第二、三卷的书稿，此外还筹划着自己下一年的授课内容，同时还见了第三世界的工人代表，帮助他们发声。然而6月，他就突然辞世了。以至于，后来的人有意无意地都会把当年的讲稿视为福柯的哲学遗嘱。事实上，它确实也有相关的影射内容。

福柯本年度的讲座，取名为《对自我和他人的治理（2）》，是对上一年度话题的延续，直言仍然是考察的重点，但是考察的侧重还是有显著的变化。第一个明显的改变是，政治的直言转变为伦理的直言。在1983年的讲座中，福柯的研究重点是在城邦政治中作为公民民主的直言，公民需要讲出真话以便更好地运行政治机器，进而治理他人。但是到了1984年的讲座中，福柯的直言就从公民政治转到了伦理和道德的维度，在个体的修身和风格上讲出真话，说出真理。它不再是面对公民或者君主讲话，而是面对所有个人。加入的文本则是关于苏格拉底和犬儒学派的，比如：讨论死亡的《申辩篇》和《斐多篇》，拉凯斯和尼西阿斯对勇气的讨论，以及犬儒学派的思想。在本年度的讲座中，福柯对犬儒学派的分析成为另一个重点，由此也激发并开启了当代法国哲学界对犬儒学派哲学和斯多葛派的研究热潮。在1984年之前，法国和西方学界往往忽视了对希腊化思想的研究，从1984年之后，希腊化研究就蔚为大观。

福柯首先区分了四种直言：预言的真理、智慧的真理、教诲的真理和直言的真理。四种真理涉及四种不同的人物：古典时期的先知——赫拉克利特，智者学派以及苏格拉底和第欧根尼；涉及四种不同的话语形式和领域——命运、存在、技艺和伦理。在这四种不同类型的直言的发展过程中，苏格拉底和第欧根尼是四种直言的集大成者。而伦理领域的直言则是直言形式的最高形态，其他形态的直言，比如预言、智慧和教诲，都不涉及讲出真理的勇气问题，因为讲话者的身家性命并没有受到影响。唯有像苏格拉底和第欧根尼一样的直言者，必须面对和别人导致"哲学的交战"（philosophical militancy）的危险。

苏格拉底临终的直言，成为福柯首先分析的对象。"克力同，我们还欠阿斯克勒庇俄斯一只公鸡，帮我还债，别忘了。"为什么苏格拉底临终之前要向医神阿斯克勒庇俄斯献祭？是感谢他治好了自己的病吗？传统的解释都来自尼采的说法，他在《快乐的科学》中说，苏格拉底临终直言的意思是说活着是一种需要医治的疾病，慷慨赴死是把活着这种病治好了，由此导引出一种虚无主义传统的解释来。然而，福柯在此引述并发展了杜梅泽尔的解释，即包括苏格拉底和克力同在内的所有人都被"直言"给治好了，避免了因不直言而导致的灵魂的衰败。苏格拉底因为直言而获罪，在临终之时与众弟子讨论逃走的问题，苏格拉底坚持求真的勇气，再次避免了做不正义的事，避免了对灵魂的腐蚀，而灵魂腐烂就如同生病。在生命的最后一刻，苏格拉底终于能够宣布自己的遗言，感谢医神阿斯克勒庇俄斯的关照，避免了灵魂的腐败。福柯从而把话题从"不要忘记"（amelēsēte）引到"关心自己"上去。苏格拉底临终的最后两个词是"μη αμελήσετε"（mē amelēsēte），即"不要忘了我的要求"，这是对"关心自己"（epimeleia）的反向表达。我们应该把关心自己放在生命的首位，我们应该时刻惦记着德性（epimeleisthai aretēs）。作为说真话形式的哲学，直到死亡来临，都要充满勇气。

福柯讨论的另一个重点是犬儒主义。他列举了二战之后四位德国学者对犬儒学派的研究，包括保罗·蒂利希①《存在的勇气》、克劳斯·海恩里希②《巴门尼德与约拿》、阿尔诺德·盖伦③《道德与超道德》和彼德·斯洛特戴克④《犬儒理性批判》。福柯问道，犬儒哲学成为当代德国哲学家关注对象的原因和根据是什么？这无疑也是在向他自己发问。然后他批评了上述德国学者把犬儒主义等同于"精致个人主义"的阐释，认为应从生存方式与真理表达之间的关系入手进行解读。这一立场延续了福柯的真理、权力和主体的三位一体结构，即讲真话的模式、治理的技艺和自我实践的结合。

以犬儒主义为代表的真正的生活（alēthēs bios），有四种含义：第一，无所隐藏，面向一切光亮，不隐藏动机和目的的生活。第二，没有善恶和苦乐的混杂，是纯粹的生活，不是分裂的生活。第三，是正直的生活，符合规范（nomos）的生活。最后，摆脱了堕落的生活，是自我治理、自我满足的生活。福柯特别强调最后一点。真正的生活是自我治理的生活。在倒数第二次课上，福柯把自我治理的生活，指向了哲学家—王的主题，尤其以犬儒学派第欧根尼为代表。这段解读堪称精彩。第欧根尼与亚历山大大帝的对话，被他解读为两个王之间的较量，一个是世俗权力之王，一个是反抗帝王之王。第欧根尼式的生活是"脱心志于俗谛之桎梏，真理因得以发扬"。他不需要外在的事物来确定和标定自己的国王身份，反而抛弃一切、放弃所有来隐藏自己的统治权力。然而，他却是过着真正生活的哲学家王。他的统治权表现在对自身的明确治

---

① Paul Tillich（1886—1965），德裔美籍基督教存在主义神学家。早年在德国接受教育并工作。1933年赴美，后成为美国存在主义的代表人物。

② Klaus Heinrich（1927—   ），德国当代宗教哲学家。柏林自由大学荣休教授，他曾于2002年荣获弗洛伊德奖。

③ Arnold Gehlen（1904—1976），德国当代哲学家和社会学家，哲学人类学的代表人物。二战期间，他曾加入纳粹党和国防军。正是他于1933年接替了保罗·蒂利希在法兰克福大学的教席。

④ Peter Sloterdijk（1947—   ），德国当代哲学家和文化理论家。卡尔斯鲁厄艺术设计大学哲学与传媒理论教授，同时他还是电视节目《哲学四重奏》（2002—2012）的主持人。

理；他的直言挑战传统和权威，说出别人不愿听的真话；他的真正的生活映照出别人生活的伪善与堕落。他把自己活成了一件艺术品。

在此基础上，福柯把单独强调直言者的主体建构，作为伦理主体的自我建构与直言的真理相关联，它不再是教诲真理的发生过程，即不是老师教、学徒学的那种真理，不是获取对自身和生活有实际功用的真理，而是关注自身的真理，它关注一个人能够做什么、一个人所能获得的独立的程度，以及一个人所能获得和已经获得的进步。这种真理的规则不是来自学习（mathemata）过程，它们是不能被教授和习得的，而是来自自我实践：即修身功夫。苏格拉底和第欧根尼分别代表了自我实践的两个维度：一个是关心自我，另一个是求真的勇气。真正的生活与流俗的生活之间的张力或者断裂，成为福柯重新思考伦理主体建立的起点。直言者在真的生活中建立起的自我技艺，吹起了日常生活革命的号角。福柯晚期思想中所倡导的生存美学，正是要在日常生活革命的意义上，直指作为生活方式的哲学所暗含的对抗性和战斗性。苏格拉底和犬儒学派讲出的真话，使得生活成为一个向谬误开战的修身战场。福柯寄希望于这种日常生活的革命，他希望这种批判的哲学战斗，能够改变我们的世界，使大家赢得幸福的生活。

如果没有疾病的困扰，福柯接下来要研究和讲授的内容，正如他所预告的，是完成他的古希腊—罗马之旅，回到现代问题；抑或会追随本年度的考察内容，去探究生活的技艺、作为生活方式的哲学，或者基督教时期的真理与修身功夫之关系等。然而，1984年3月28日上午，他讲完了在法兰西学院的最后一课。三个月后，6月25日，他在他曾经用作研究对象研究过的硝石库医院溘然长逝。

4. 历年法兰西学院讲稿一览

序号	年份	题目	法/英文题目	编者	研讨课内容	备注
1	1970—1971	《求知的意志》讲稿	Leçons sur la volonté de savoir / Lectures On The Will To Know	达尼埃尔·德菲尔		附录收入《尼采讲座》和《俄狄浦斯的知识》
2	1971—1972	惩罚理论和惩罚制度	Théories et institutions pénales / Penal Theories and Institutions	伯纳德·哈考特		
3	1972—1973	惩罚的社会	La société punitive / The Punitive Society	伯纳德·哈考特		
4	1973—1974	精神病学的权力	Le pouvoir psychiatrique / Psychiatric Power	雅克·拉格朗日	1.18世纪的医学建筑史和医学制度史；2.1820年以来在精神病学问题中的医学——法律的专门知识	
5	1974—1975	不正常的人	Les anormaux / Abnormal	瓦莱里·马其第、安东奈拉·萨洛莫尼	分析刑事司法鉴定，从科尼耶案到不正常的罪犯	
6	1975—1976	必须保卫社会	Il faut défendre la société / Society must be defended	马罗·贝塔尼、亚历山大·丰塔纳		
	1976—1977					学术休假

(续表)

序号	年份	题目	法/英文题目	编者	研讨课内容	备注
7	1977—1978	安全、领土和人口	Sécurité, territoire, population / Security, Territory, Population	米歇尔·塞内拉尔	18世纪的德国政治科学。公共管理（police）和人口问题；帕斯基洛："政治科学"的概念；穆兰：18世纪的接种运动；德拉波尔：1832年的巴黎霍乱；埃瓦尔：19世纪的生产事故和保险的发展	
8	1978—1979	生命政治学的诞生	Naissance de la biopolitique / The Birth of Biopolitics	米歇尔·塞内拉尔	19世纪末司法思想的危机；埃瓦尔：民法；梅韦尔：公法和行政法；阿洛：儿童立法中的生命法；娜塔莉和帕斯基诺：刑法；丰塔纳：安全措施；德拉波特和穆兰：治安和健康政策	
9	1979—1980	活人的治理	Du gouvernement des vivants/ The Government of the Living and Oedipal knowledge	米歇尔·塞内拉尔	19世纪的自由主义思潮：19世纪末的经济发展，苏格兰历史学派，论基佐，圣西门和圣西门学派，门格尔在自由主义发展中的位置，门格尔的认识论，论普遍意志和普遍利益	

（续表）

序号	年份	题目	法/英文题目	编者	研讨课内容	备注
10	1981年1月7日—4月1日	主体性与真理	Subjectivité et verité / Subjectivity and Truth	弗里德里希·格霍		废除研讨课，把课时匀到正课之中
11	1981—1982	主体解释学	L'hermé neutique du sujet / The Hermeneutics of the Subject	弗里德里希·格霍		讲授内容最多的一年
12	1982—1983	真理的勇气：对自我和他人的治理	Le gouvernement de soi et des autres/ The Government of Self and Others	弗里德里希·格霍		
13	1983—1984	真理的勇气：对自我和他人的治理（2）	Le gouvernement de soi et des autres/ The Government of Self and Others II	弗里德里希·格霍		因病推迟三周开始，并提前结束

二、对监狱的批判性考察

1757年3月2日,罗伯特–弗朗索瓦·达米安因行刺法国国王路易十五而被捕。他被判处在巴黎教堂大门前公开认罪,公开受刑。刽子手用烧红的铁钳子撕开他胸膛和四肢上的肉,把熔化的铅汁,沸腾的松香、蜡和硫黄胡乱浇在他的伤口上;然后砍下达米安的右手,用硫黄烧烤,这是他当时持凶器的手。接下来他被六匹马拉着分尸,由于役马不习惯生拉硬拽,无法扯断他四肢的关节,所以刽子手必须先用短刀在四肢根部切割,然后鞭打马匹发力,扯断关节、皮肉和四肢。剩下的躯体被扔到火刑台上,四个小时之后,一切化为灰烬,行刑处烧热的地面上卧着一条取暖的狗。

这是福柯的名作《规训与惩罚》开篇的第一幕。福柯自称这本书是他写的真正意义上的第一本书。无疑,他的意思是说之前的书都属于习作之列。而从《规训与惩罚》起,无论在思想上,还是在写作技艺上,福柯都开始摆脱"学步车",开始以全新面貌走上了自己开创的道路。福柯并不喜欢《词与物》,他曾说最喜欢的还是《规训与惩罚》。福柯的传记作家迪迪埃·埃尔蓬也说这是福柯最优秀的作品。此外,福柯在第一章结尾还提及了对学弟皮埃尔·诺哈的谢意。此人是伽利马出版社的编辑,亲自主持"社会科学"丛书和"历史"丛书的选编与出版。福柯先后有三本专著入选"历史"丛书。《古典时代疯癫史》1971年再版时入选,《规训与惩罚》也在其中,后来他的《性经验史》第一卷也被收录其中。

《规训与惩罚》法文版的名字叫 *Surveiller et Punir*，直译过来就是《监视与惩罚》。sur-veiller（upon-care）意为"在上面-照看"，即监视，名词 surveillance，即"监视、监督"；punir 是"处罚、惩罚"。英文译本的名字按照福柯本人的建议改为 *discipline and punish*。因为英语 discipline 的含义比法语多，有训练、训诫、校正、纪律、教育等含义。可见，福柯更加强调 surveiller 中包含的训练的含义。①

《规训与惩罚》的副标题是"监狱的诞生"，起源于福柯对现代监狱制度的思想史考察、起源的反思。可是为什么要去研究监狱？刚入选法兰西学院的福柯，第一次发起的运动，就是对监狱这个现代社会制度中的遗忘角落进行调查与研究。1971年2月8日福柯与友人发起成立了监狱信息小组。福柯当时一边参与监狱信息小组的社会运动，一边撰写理论专著《规训与惩罚》，其精力之旺盛让法兰西学院的同事大为叹服。从1968年到1970年，在"五月风暴"的后续效应的影响之下，法国政府持续镇压"无产阶级左派"，大量知识分子被关进监狱。1970年，有29名左派囚犯在狱中发起绝食运动，争取政治犯应该享有的不同于普通罪犯的特殊待遇，进而导致了社会对监狱监禁状况的普遍关注。福柯正是在这样一个大背景下介入监狱问题的。

福柯参观美国的阿提卡监狱是另一个值得一提的原因。1972年福柯应邀在美国纽约州布法罗大学讲学。该校法语系主任约翰·西蒙教授得知福柯正在研究监狱问题，于是组织他参观了纽约州最大的，也是安保等级最高的阿提卡监狱。阿提卡监狱始建于1930年，直接翻译应该为阿提卡惩教所，一直关押的都是重刑犯。20世纪60年代到20世纪70年代，在美国黑人犯罪率居高不下之时，全美国最臭名昭著的重刑犯都被集中关押到了这里。原本设计容量1200人的监狱最终关押了2200多名罪犯。1971年9月，在押的犯人发动了一场激烈的监

---

① 该书中文版的译者将其翻译为"规训"，即进行"规范性训练"。他的思路是，福柯把"规范化"（normalize）视为现代社会权力技术的核心。参见福柯，《规训与惩罚》，生活·读书·新知三联书店，2012年，后记。

狱骚乱，他们占领了监狱，以狱警为人质与警察谈判。四天后警察全副武装攻入监狱，骚乱被镇压，最终39名罪犯和10名人质死亡。此事震惊全美，影响深远。当福柯造访之时，此事余烟未尽。坚固的监狱外墙，如同堡垒一样的中世纪城堡，深深触动了他。福柯此时正着迷于监狱系统的研究，他说这是他第一次正式参观监狱。他看到的是花园城堡一样的建筑、干净整洁的走廊、高效的监管系统、秩序井然的管理、遵章守纪的囚犯。福柯说，"阿提卡就是一个巨大的机器。一个为了消除某些东西而设计的机器。就像一个巨大的胃、一个肾脏，它消耗着、破坏着、分解着并且拒斥着，以便使那些已经消除了的东西彻底消失殆尽。"①传统社会对监狱的态度是否定性的。而福柯认为不能局限在其消极功能上，而忽视其积极功能。不用说，这次参观已经印刻在了福柯的脑海中，其影响还会显现在将要出版的《规训与惩罚》中。所以，迪迪埃说，18世纪我们创造了自由，但是却为自由构筑起了一个阴森恐怖的地下室，我们永远隶属于规训的社会。对于文明的演进和发展来说，权力既表现为一种通过社会机制的主动的生产；同时，又表现为一种通过被动的抑制所达成的生产。

1. 作为景观的凌迟

一次公开处决的白描式记录，一份问题儿童的作息时间表，构成了身体政治学的故事性导语。公开处决和作息时间表这两个案例，记录的是——前现代的作为痛苦的惩罚与对身体的规训。这里需要提到福柯的好友——巴塔耶。在福柯对酷刑的描述中，我们能够明显看到巴塔耶的影子，巴塔耶的"极苦"思想若隐若现，巴塔耶在其《内在体验》②一书中提到了他看到人被凌迟的照片之时的深刻反应。酷刑（le supplice）就是极苦，极苦的刑罚。在福柯看来，它是

---

① Michel Foucault and John K. Simon, "Michel Foucault on Attica: An Interview", in *Social Justice*, Vol. 18, No. 3（45），1991: 26-34.

② Georges Bataille, *Les larmes d'Eros*, en Œuvres complètes, tome 10, Gallimard, 1987:626-627. 另外，可参看：巴塔耶，《内在体验》，程小牧译，北京：生活·读书·新知三联书店，2017年。卜正民，《杀千刀——中西视野下的凌迟处死》，北京：商务印书馆，2013年。

想象力所创造的一种令人费解的极其野蛮和残酷的现象,是人所制造出来的一整套制造痛苦的量化艺术。[1]它不是不文明的表现,恰恰是过度文明的表现。因为动物绝不会有这样的酷刑行为。所以说,它表现出的是过于人性的东西,从而走向了反人性。过分的酷刑,体现的恰恰不是非人性,而是十足的人性的张扬,它包含着一整套的权力的经济学。

随着文明进入现代,作为公共景观的酷刑逐渐消失,惩罚的仪式因素也逐渐式微。对肉体施加酷刑、对惩罚进行公开展示,变得越来越少。因为在民众看来,这种惩罚的方式,其野蛮程度不亚于甚至超过犯罪本身,它使观众习惯于本来想让他们厌恶的暴行。它经常地向他们展示犯罪,使刽子手变得像罪犯,使法官变得像谋杀犯,从而在最后一刻调换了各自的角色,使受刑的罪犯变成被怜悯或赞颂的对象。这反而使得犯人和刽子手之间调换了角色,本末倒置了。在中世纪,公开展示极刑的行刑过程所具有的警示效应被民众对罪犯的同情所抵消。"法律被颠覆,权威被嘲弄,罪犯变成英雄,荣辱颠倒。"[2]所以,旧制度中的残酷肉刑和公开处决就让位于以标榜人道为尺度的宽厚仁慈。这种新的惩罚机制,开始表现出对犯人人性的尊重。然而,在福柯看来,这一切只是表面现象。

刑罚的严酷性逐渐减弱,人道主义越来越占主导。更少的残忍、更少的痛苦、更多的仁爱、更多的尊重、更多的人道,犯人似乎也享有基本人权,惩罚的对象从肉体转向了精神。惩罚的对象开始指向犯人的灵魂。惩罚的目的也不再是以儆效尤,而是规训。惩罚制度最终指向人的身体,指向身体的可利用性和可驯服性,指向对它的安排和征服。福柯说,身体直接卷入政治中,权力关系控制它、干预它,给它打上标记,规训它、折磨它,强迫它完成某些任务,

---

[1] 乔治·巴塔耶,《内在体验》,程小牧译,生活·读书·新知三联书店,2017年,第二章。

[2] 福柯,《规训与惩罚》,刘北成、杨远婴译,生活·读书·新知三联书店,2012年,第66页。

表现某些仪式，发出某些信号。身体是一种生产力。在征服体制中驯服的身体能够成为劳动力。这就使得对身体的惩罚从酷刑走向驯服。

2. 当惩罚代替了酷刑

当惩罚成为一种普遍的权力机制之时，公开处决首先因为人道的原因被废止。公开处决导致了民众对罪犯的同情、对刽子手的反感，这与权力机关公开处决犯人的初衷背道而驰，某种程度上加剧了国王的权力和民众的权力之间的紧张关系，从而在事实上削弱了权力本身。不过，旧制度中的残酷肉刑和公开处决，以宽厚仁慈的名义让位于新的惩罚机制后，它表面上看是对犯人人性的尊重，而实质上是追求更精细的司法、对社会实体做出更周密的刑法测定的趋势。这一点，将引导福柯展开监狱起源的考察。

从中，我们可以看出权力的运行机制。惩罚的普遍性与王权的至上权力意志发生了尖锐矛盾。特权导致惩罚无法普遍化，而法律如果不能普遍化就没有意义。因此，对于权力来说，既不能过于集中于若干有特权的点上，也不能过于分散成相互对立的机构。它在从无政府（权力的绝对分散）到君主制（权力的绝对集中）的线段之间游移。18世纪，大革命期间的改革，就集中在如何使惩罚达到更具普遍化的程度。"不是要惩罚得更少，而是要惩罚得更有效。"这是惩罚权力普遍化的首要目标。所谓的公正，就是惩罚权力分布得恰到好处。所以，福柯说，改革运动的主要目标，即建立一种新的惩罚权力的"秩序"。权力的分布应该是，也只能是普遍化的。这是福柯的核心思想。改革的目的是既增加效应，又降低经济代价和政治代价，从而构成一种新的惩罚权力的政治经济学。

接着福柯引入了符号学的策略，构造了一套惩罚的符号学。在旧制度时期，惩戒与犯罪相呼应，既展示罪行，又展示驯服罪行的统治权力。而大革命时期，惩戒不再是一种展示的仪式，而是一种起着障碍（限制）作用的符号。福柯说，这种符号技术普遍地作用于整个社会，能够把一切行为编成符号，控制一切非法活动的领域。这种建构法条作为普遍符号的符号技术成为惩罚普遍化的前提和基础。基于这种普遍的惩罚符号，一种精细化计算的惩罚的权力经济学和权力的技术学才成为可能。

所以，福柯把18世纪的惩罚改革称为一整套"再现（表象）的技术"。它在所有人的头脑中"再现的"内容正是被普遍化的法条。惩戒开始起作用，它不再以公开处决所制造的恐怖气氛为基础，而是以普遍化的符号的激活为前提。启蒙运动以来的公开惩罚，逐渐起到一种公开教育的目的，它使参与者不断进入现代社会。这是一种文明化、市民化的过程。

而在现代社会建立以后，惩罚不再公开展示，不再是五花八门的内容，而是被独一无二的形式——监禁所代替。因为监禁把不同程度的罪行量化为同一种惩罚模式下的不同时间的分配，基于一种经济人（homo oeconomicus）假设，作为惩罚方式的监禁，可以使劳动原则和隔离原则同时生效。它直接作用于被监禁者，使得惩罚的重心倒向了规训，从而使人类社会进入规训的社会。

3. 规训"造就"个体

对规训社会的考察，逐渐成为福柯《规训与惩罚》一书的核心内容。从古典时代起，身体就成为权力的对象和目标。身体不仅是可解剖的肉体，也是可操纵的肉体。历史上的各种形而上学无一例外把身体和灵魂加以区分。现代性的哲学则发现了作为权力对象的身体，它是政治活动的目标，历代君主都对它青睐有加。规训所加诸的对象正是身体。

规训最早在修道院、军队、工厂出现，随后它就演变为支配的普遍模式。规训是一种关于支配身体的技术。其目的不是增加身体的技能（比如古典时期），也不是强化对身体的控制（比如前现代时期），而是试图建立一种关系，使身体变得更有用，同时更顺从；或者因为更顺从，所以更有用。

人的存在方式无非是时间和空间。所以，对人的身体的规训也可以从空间控制和时间控制来展开。对人的规训首先是由空间分配的技艺所展示出来的。

通过学校、兵营、修道院、医院、工厂等不同的建筑布局，空间政治学被构造起来，居于其中的人也如其建筑的规制一般初步被加以定型。其次是由时间分布所展现出来的规训格局，比如我们日常使用的时间表。对时间的精细化管理意味着对身体规训的精细化，身体必须适应时间。规训的目的是追求效率，实现经济人的设定。正是基于经济人的假设，才出现所谓"浪费时间"之说。稍稍反思一下，时间总要度过，无所谓浪费与否。但是在规训思路下，浪费时间既是道德犯罪，又是经济犯罪。

正是在规训权力的运作下，现代意义上的"个体"被制造了出来。这就是福柯所谓的规训"造就"个人。个人不是天然的，而是被这种规训文化造就的。每个人在逐渐接受规训的过程中，逐渐成为规训完成的个体。因而，个人的形成是规训的结果，个人是规训的对象。不仅如此，现代国家也是建立在规训的基础上的。现代国家的建立，有两种方式，公民和军团成员。一种是法学家和哲学家汲汲以求的在法典中占首要规则的社会身体之建构，一种是军事和规训家一道构建起来的身体强制原则。

《规训与惩罚》的原书名中的surveiller的本意是监视，而福柯终于在这里切入这一话题。监视是一种看的艺术，也就是光线的艺术。一种既能看又不被看的技术。监视的技术诱发出权力的效应，这便是后来成为专有名词的全景敞视主义。全景敞视主义的出现和普及，使得规训社会最终形成。在古代社会中，站在舞台中央的是权力的发出者，以国王为代表的权力核心，民众是看者，权力核心是被看者，"多数人"看"少数人"。而在规训社会中，站在全景敞视建筑中央的依然是权力的核心，但是看的方向发生了改变，权力核心是看者，民众是被看者，"少数人"看"多数人"。所以说，全景敞视主义就是现代社会的基础。而在福柯看来，这种全景敞视主义的社会，就其本质而言是监狱化的。

4. 梅特莱教养所

监狱本质上通过施加精神压力来规训，是以平等的量化的剥夺自由的方式规训和改造人的空间。在此，多种多样的惩罚和规训的方式获得了空前的统一。于是，监狱逐渐演化为一种规训机构，它能对犯人进行全面的规训，而且规训过程很少中断，充分施展出绝对权力。在福柯看来，这是一种最具现代气质的社会机构。而这种机构是如何诞生的呢？这才是福柯整本书要考问的核心话题，也是福柯20世纪70年代早期所持续关注的议题。

必须承认，监狱这种社会机构，作为人类文明的一部分，当然是自古就有的。但是，具有规训职能的监狱，出现时间并不久远。监狱性（carceral）暴力来自从一开始就试图用规训技术来改造人的乌托邦设想。基于这种美好的愿望，现代人逐渐发展出各种模式的监狱性机构来，比如具有政治-道德模式的单人囚室，具有经济模式的工厂，具有技术-医学模式的医院。在这些监狱性机构的形成过程中，它们都成为规训权力施展其作为的场所。在这些机构中，通过全景敞视主义的"看"，混在众人中的人被个体化，接着被规训而改造成为一个维持社会的人。社会得到了保卫。

不过，福柯有一个振聋发聩的观点：正是监狱制造了潜在的罪犯（即过失犯）。从古典时期到现代时期，刑罚从公开展示转向了监狱服刑，表明一种惩罚技术转向了另一种惩罚技术。监狱取代了公开行刑，使得现代的监狱制度得以出现。然而，监狱并没有达到设置监狱的本来目的。作为司法制度的一部分，监狱本来是为司法定罪之后的惩罚阶段所设置的。但是它没能降低犯罪率，反而促成了犯人的聚集。富歇说，监狱成了罪犯的兵营。罪犯们切磋经验，终究发展为累犯，危害社会。从表面上看，监狱制度是失败的。监狱的失败，源自监狱无意之中建立了一种封闭的过失性犯罪的环境。与其说它扼制非法活动，毋宁说它区分非法活动，进而利用它们，由此成为统治机制的一部分。然而监狱表面失败，实质上却是成功的。它实际没有偏离自己的目标。它把非法活动中的一种特定形式分离出来，即过失犯罪。它是监狱体制及其网络设定的结果。监狱通过制造过失犯罪，利用这种危害最小的非法活动，来代替犯罪活动。最终，形成了警察-监狱-潜在罪犯（过失犯）的三位一体形式。这标志着监狱的失败和监狱性的胜利。

福柯提出了一个监狱性体制的问题。所谓的现代性,其实就是监狱性体制的普及和完成。监狱的失败正是监狱性体制的必然组成部分和必然结果。或者换句话说,监狱性所追求的目标从来就不是监狱制度本身的成功(即降低犯罪率,减少过失犯环境的形成),而是其他东西。

1840年1月22日,梅特莱教养所成立,它是监狱体制最终确立的标志。① 梅特莱教养所是最为极端的规训机构,它是各种强制技术的集大成者,已然包括五种模式:家庭模式、军队模式、工厂模式、学校模式、司法模式。而管理者则扮演法官、教师、工头和准家长等。以梅特莱教养所的建立为标志,一张监狱化的大网逐渐遍及整个社会。显然,以监狱为代表的规范化机制和通过新的规训而带来的权力,都被过度使用了,从而出现了"监狱之城"。福柯在全书的末尾不无感慨地说,"形成现代社会的规范化权力和规范化知识的各种研究都应该在这一历史背景下进行。"②

1844年的梅特莱教养所

---

① John Ramsland Mettray: "A Corrective Institution for Delinquent Youth in France, 1840-1937", *Journal of Educational Administration and History*, (2006), 22: 1, 30–46. 也可参见 https://blog.oup.com/2017/10/mettray-reformaroty-french-history/.

② 福柯,《规训与惩罚》,刘北成、杨远婴译,生活·读书·新知三联书店,2012年,第354页。

三、政治活动的积极参与者

1. 左派思潮下的批判运动

毫无疑问，法国是全世界左派的总源头。正是法国大革命构造出了这个影响了整个现代社会的政治名词。而二战之后的法国左派，更成为全世界左派运动与发展的风向标。在20世纪50年代的法国，对美国的貌合神离和对苏联的莫名好感共同催生了一边倒的亲共产主义的土壤，使得左派成为一种时尚标签，几乎所有的知识分子、教授学者和青年学生都是左派。①正如学界领袖梅洛·庞蒂在《人道主义与恐怖》所说，共产主义的合法性不能因为它违背了纯粹的道德原则而遭到否定，如果革命的暴力能够通向人道主义的未来，那它就是正义的。②正在这样一种思想意识和社会舆论的氛围中，福柯生命中的另一个面向，即他的政治立场，以及其政治活动在整个左翼思想变迁中的位置才能够得到确定；同时，他的哲学思想与现实行动之间的内在关联也能够顺理成章地建立起来。值得一提的是，多数人的左派立场，恰恰使得少数人成了孤立群体，比如

---

① 倪玉珍，《法国当代左翼思想变迁述略》，《政治思想史》，2012年第3期，第85—99页。

② Merleau Ponty, *Humanisme et Terreur: Essai sur le Probleme Communiste*, Paris: Gallimard, 1947，转引自 Michel Scott Christofferson, *French Intellectuals Against the Left*, New York/Oxford: Berghahn Books, 2004: 30.

坚持自由主义的知识分子雷蒙·阿隆。

自从1968年"五月风暴"结束后，法国知识分子的左倾热情非但没有减弱，反而增强。福柯本人的政治热情，也随着其学术声望的提升而逐渐高涨，自突尼斯归来，受命筹建万森大学哲学系开始，中间经历各种政治活动，最终到1978年深度关注伊朗革命为止，达到顶峰。从此之后，福柯的政治热情就逐渐和缓下来。与之对应的，20世纪70年代法国知识分子的左倾热情也迅速降温，法国知识分子一时之间纷纷转向了"反极权主义"立场，"无产阶级左派"的成员逐渐演变成后来的"新哲学家"团体。① 虽然福柯并不支持"新哲学家"，但是却和"新哲学家"中的核心成员安德烈·格鲁克斯曼②关系要好。安德烈·格鲁克斯曼借助福柯的监狱理论批判极权国家形态，称现代国家就是"敌视监狱"，极权国家正是通过控制知识来控制思想，因此，理性就成为奴役的代名词。这个时候，这些极左派就又走到了另一个极端。因此，福柯后来选择与他们保持距离。德菲尔说，福柯深知"新哲学家"的这些肤浅见识"迟早会消失"。

经受了理想幻灭起伏、政治历练和时间考验的法国知识分子逐渐冷静下来。果然，1979年6月，代表左派的萨特和代表自由派的雷蒙·阿隆象征性地和解。领导社会风气的知识分子逐渐去政治化，退回到书斋，开始逐渐远离政治。从20世纪70年代后期开始，福柯也逐渐转向古希腊和古罗马哲学，以及对古典文献的梳理。

从突尼斯归来的福柯，经历了万森大学的骚乱之后，开始从书斋走向现实政治，从专业知识分子转向公共知识分子。当然，这其中还有一个重要的影响

---

① 参见汪民安访福柯同性伴侣德菲尔，参见澎湃新闻https://www.thepaper.cn/newsDetail_forward_1477490。

② André Glucksmann（1937—2015），法国哲学家、社会活动家和作家、新哲学家的骨干成员之一。

第三章 法兰西学院教授（1970—1984）

者，就是他的伴侣德菲尔。和当时的法国青年崇尚共产主义一样，德菲尔也是一个激进的左派青年，是"无产阶级左派"（La Gauche prolétarienne，GP）成员，他对现实政治的热情无不感染着福柯的情绪，影响着福柯的判断。结识德菲尔之后，福柯所参与的政治活动，也都不乏德菲尔坚定的身影。1970年5月，"无产阶级左派"被法国政府遣散，"哪里有权力，哪里就有反抗"，德菲尔把这种压迫和反抗的张力，也传导给福柯。

对于知识分子群体来说，"五月风暴"及其余波的社会动荡带来的效应，不仅使书斋里的学者深入现实政治生活，作为社会各个群体的先锋队表达诉求，更使学者群体对社会制度进行整体反思。当大批的左派学生和左派学者被以政治犯的名义关进了监狱，他们开始在监狱中维护自己的权益，进而带动了知识分子群体对监狱中犯人现状和监狱制度的反思。正是在这样的契机下，1971年2月8日，福柯发起成立了监狱情报小组，学者的眼光开始投向了原本处于黑暗中的角落。而监狱情报小组，则是福柯20世纪70年代参与政治活动的重要成果。由此活动直接催生的就是1975年出版的《规训与惩罚》一书，它成为福柯思想成熟的标志。他说"这是他的第一本书"，迪迪埃·埃尔蓬说这是福柯最优秀的作品，这部著作可以视为其20世纪70年代前五年参与政治活动的一个理论总结。

监狱情报小组的成立，旨在让囚犯自己发出声音，促进了社会各界，尤其是新闻媒体对监狱现状的持续关注，对监狱的报道也越来越多，犯人的人权得到重视，然而监狱中犯人的骚乱也越来越多。这导致了司法部和警察的极大不满，开始逐渐限制监狱情报小组的活动，致使小组成员遭驱散和殴打。监狱情报小组反倒因此声名大噪，它从一个左派团体，逐渐发展为社会团体，大批医生、律师和教士都加入其中，人数发展至三千多人，在法国各地都成立了类似机构。正是在这样的形势下，法国第一个囚犯组织——犯人行动委员会（Le Comité d'action des prisonniers，CAP）由犯人们自行组建起来。由此，犯人意识到话语权的重要性，并拥有了这种权力，不再需要别人代言。1972年12月，监狱情报小组就名存实亡了。

行动促进思考。福柯给德菲尔说，他要通过内战，去分析权力关系，而不是霍布斯、克劳塞维茨或者马克思主义的阶级斗争。这一思考，可以溯源至1967—1968年间福柯在突尼斯的经历，当时他阅读了托洛茨基等人的大量左派著作，促使他后来对战争与统治权力关系进行反思。为什么是社会内部的战争？这需要到福柯在法兰西学院1972—1973年度的讲座《惩罚的社会》中去找寻答案。

2. 五次巴西之行的得与失

巴西，是除了美国之外，福柯最频繁光顾的国家。1965年8—9月，应自己的学生吉哈德·勒布伦的邀请，他第一次到访巴西讲学。当时只是为了排遣离开克莱蒙-费朗大学的无聊与孤独心情。之后，1973—1976年，他每年都来巴西讲学或者旅游。

1973年5月21日—25日，福柯第二次来到巴西。在巴西法盟的安排下，福柯在里约热内卢的圣保罗大学展开了一场系列讲学，题目叫《真理与司法形式》，这就是"里约讲座"。"里约讲座"成为福柯中期治理术考察中研究司法和法律权力的突出案例和阶段性总结。它在思想和内容上可以上溯到当年和前两年的法兰西学院讲座《惩罚的社会》《刑罚理论与制度》和《求知的意志》讲稿中的内容，向下则开启《规训与惩罚》和鲁汶讲座《做错事，讲真话：司法中的告白功能》的内容。它既是一个过渡性的研究，又是一个对犯罪学和刑法权力之新领域的开拓。该讲稿当年就在巴西NAU Editora出版社以葡萄牙语正式出版。

里约讲座为期五天，按讲座日程分为五部分，其关键词分述如下：导论和尼采、俄狄浦斯的知识、中世纪的调查研究、规训社会的形成、现代全景敞视主义。福柯按照时间顺序勾勒了西方司法和法律形式中的真理知识的谱系学。其中第一和第二讲的内容取材于《求知的意志》讲稿的内容，其中的俄狄浦斯的内容就是直接取材于附录部分《俄狄浦斯的知识》。第三讲讨论中古以降的调查，则源自《刑罚理论与制度》。第四、五讲取材于《惩罚的社会》，这正是福柯一个月前在巴黎法兰西学院讲座的拓展和延续。

之后，他前往巴西北部城市贝洛·奥里藏特逗留了三日，顺便在当地的联邦大学哲学系做了两场讲座：精神疾病和精神病机构、精神病机构和反精神病运动。此外，福柯还拜访了当地的精神病医院，与医生和工作人员座谈。不过，他此次来巴西的一个重要的目的是旅游。在当地法盟的安排下，他从巴西利亚沿亚马孙河直下至贝伦（Belém）。由于时间紧迫，福柯在贝伦无暇逗留，遂与当地帕拉州联邦大学（UFPA）哲学系系主任努内斯[①]约好，下次造访时一定举行几次讲座。福柯对巴西的印象极佳，对亚马孙河沿岸的风光赞不绝口。于是自此以后，他每年都会造访一次巴西。

1974年10—11月，福柯第三次来到巴西。他的行程安排依然是讲学和旅游。此次，他在里约热内卢州立大学（UERJ）参加了三场学术研讨会。分别是：城市化与公共健康，19世纪精神病学实践中的精神分析的谱系，社会医学的诞生。然后，他又前往海滨城市累西腓（Recife）旅游。不过，随着了解的深入和往来的频繁，巴西样貌也逐渐地、全面地呈现在福柯的面前。与突尼斯的情况类似，福柯曾经目睹并亲自参与了巴西的政治民主化运动。

1975年，巴西的军人独裁政府给第四次来巴西的老朋友福柯上了生动的一课。当时，军政府的独裁统治已然无法继续维持，社会矛盾尖锐，他们控制舆论媒体，镇压一切反抗，尤其是共产党的活动。因为报道巴西军政府年初大规模刑讯逼供的缘故，犹太裔的记者兼教授弗拉基米尔·赫尔佐格被逮捕了。赫尔佐格是巴西共产党的党员，同时也是反军政府独裁统治的社会活动者，巴西一家电视台的编导。赫尔佐格被施以酷刑，10月29日，惨死在秘密警察的监狱

---

① Benedito Nunes（1929—2011），巴西哲学家、文学评论家，是当代巴西最负盛名的批评家、思想家。

之中。军政府为了掩盖罪行，制造赫尔佐格自杀的假象，企图瞒天过海。然而，消息传出之后，社会各界一片哗然。福柯当时正在圣保罗大学访学，他在校园里通过学生发的传单得知赫尔佐格案，立即中断了自己的学术活动，参与到巴西普通民众的示威游行活动中。这一事件再次点燃了巴西民众心中的怒火，大家群情激愤，纷纷走上街头示威抗议。在圣保罗总教区总主教保罗·埃瓦里斯托·阿恩斯①的主持下，10月31日，8000民众聚集在圣保罗最大的教堂圣保罗主教座堂（Catedral da Sé），参加了阿恩斯主教为赫尔佐格举行的追悼仪式。参与者有普通市民、大学学生、工会成员，还包括犹太教拉比和其他主教在内的宗教领袖。福柯也亲身参与了全过程。主教阿恩斯在这一事件中扮演了重要角色，他成为普通民众对抗军政府独裁统治的最重要的象征和代表。阿恩斯主教是方济会会士，一直以来都坚定地反对军事独裁和监狱酷刑，也因此成为军政府的眼中钉，但是他在巴西民众中却享有崇高威望。在追悼仪式上，他以与官方不同的方式描述了赫尔佐格的死亡，并说道，"那些双手沾满鲜血的人是该死的。"他继续说，"汝等不可杀人！"这是十诫中的话。在接下来的一周，大教区所有的教会都转发了这条信息："在审讯嫌犯时，使用身体、心理或道德折磨的方法都是非法的，然而，在被残害到甚至死亡降临之时，这些都一直在发生。"随后，圣保罗的3万名大学生参与了示威游行，其中70多人被捕。政治的严冬立即到来，福柯在巴西的友人罗伯特·马查多回忆说，事件之后，福柯就上了名单，成为秘密警察紧密关注的对象，突尼斯的遭遇重现，军政府甚至已经准备逮捕他。法国大使馆为了保护福柯，建议他立即离开圣保罗。于是11月初，作为"局外人"的福柯来到纽约。

福柯深度参与了巴西人的政治生活以及巴西天主教运动。巴西天主教运动中，以宗教领袖为人民公意的代表，成为与军人政府独裁权力对抗的反制力

---

① Paulo Evaristo Arns（1921—2016），巴西籍方济会会士，曾任圣保罗总教区总主教。

量。巴西的民主化进程是和天主教的启蒙运动结合在一起的。尤其值得一提的是主教阿恩斯的个人学术修为，他的解放神学思想更是成为其对抗暴政的理论源泉，这应该就是福柯后来所说的政治的精神性的精义所在。此外，马克思主义和巴西共产党的左翼影响也不容忽视。这段经历将影响三年后福柯对伊朗革命的判断。

1976年11月，在不甚明朗的政治气氛中，福柯第五次也是最后一次来到巴西，依然是访学加旅游。11月1日，他先是在巴伊亚（Bahia）联邦大学哲学系讲学，大受学生欢迎。11月6日—8日，他依照三年前与努内斯的约定来到贝伦，在努内斯的主持下在帕拉州联邦大学的艺术与语言中心举办了三场讲座，努内斯为福柯的人身安全和讲座的顺利进行费尽了心血。他列出名单，小范围地选择听众，以便把便衣警察排除在外，另外讲座均以法语进行，只是到了提问环节，努内斯才充当翻译，把学生的葡萄牙语问题翻成法语，让福柯作答。讲座的第三天也就是最后一天晚上，主办方一行与福柯外出就餐，工作人员不慎将讲座的录音机连同磁带落在车上，等吃饭回来才发现汽车被窃贼光顾，录音机和磁带都不见踪影。所以，贝伦讲座的所有音频资料就此丢失。第二天，福柯继续与马查多从贝伦一路游玩到累西腓。但事还没完，福柯离开后不久，巴西的情报部门就找到努内斯，多次要求其交出福柯讲座的听众名单。如此情势之下，为了保护学生，努内斯只能销毁名单，然后告知名单已经遗失。不过，贝伦之行背后的故事，福柯就完全不知道了。①

---

① Carceral Notebooks, *Foucault and the Politics of Resistance in Brazil*, Volume 13, 2017.

1976年福柯在巴西贝伦玛拉海滩
（左起：卡洛斯、福柯、努内斯）

福柯对巴西这个国家非常着迷。第一次来巴西的时候，他还是一个名不见经传的学界新秀，但是到1976年最后一次离开巴西的时候，福柯已经成为一名积极参与政治斗争的激进知识分子，声名在外。身份发生重大改变的"局外人"福柯见证了巴西政局的板荡：从若昂·古拉特①的最后一任左翼政府，到贯穿整个20世纪70年代的军事独裁政府，福柯见到的是权力与反抗之间的激烈碰撞，是大权独揽的军人独裁政府对国内共产党和进步势力的残酷压迫，以及巴西人民的顽强抗争。他对权力机制的批判和分析，恰好与巴西人民反抗军政府的独裁统治契合。也正因为此，巴西的秘密警察几乎全程监视了福柯的最后一次巴西之行，此后，福柯就被禁止入境。1985年，也就是福柯去世后的第二年，巴西的军人独裁统治才宣告终结。时至今天，对福柯政治哲学思想的研究依然在巴西学术界和思想家中占有举足轻重的地位。

---

① João Goulart（1919—1976），巴西左翼政治家，1961年担任巴西总统，1964年被军政府推翻下台。

福柯20世纪70年代参加街头政治活动一览表

时间		参加运动	备注
1971年	2月8日	成立监狱信息小组	
	5月	组织"若贝尔委员会"	声援被警察殴打的《新观察家》记者阿兰·若贝尔
	11月	阿尔及利亚移民杰拉里·本·阿里被人枪杀,福柯组织"杰拉里委员会"	拜访巴黎十八区"绿色之家",与萨特见面交谈
1972年	11月	组建"犯人行动委员会"	
	12月	参加"保卫移民权利委员会"	起因是又有一名阿尔及利亚劳工死在警察局
1973年	3月	参加抗议限制移民居留政策的游行示威	
1975年	9月	参加抗议西班牙弗朗哥政权判处11人死刑的活动	
	10—11月	在巴西圣保罗参加记者赫尔佐格之死的抗议示威活动	
1976年	12月	在电台公开讨论苏联医生斯特恩案件	
1977年	6月	勃列日涅夫访问法国期间,组织巴黎知识分子声援苏联持不同政见者	
	9月	声援联邦德国律师克罗伊桑	克罗伊桑为"红色旅"成员辩护,被联邦德国政府起诉
1978年	1月	赴柏林参加TUNIX大会	
	9月16日	赴伊朗德黑兰采访	
	10月9日	第二次赴伊朗采访	
1979年	6月	参加营救越南难民行动记者招待会	

四、世界性的学术影响

1. 福柯在日本

第一次东京之行

1970年，日本东京大学的法国文学教授和戏剧家渡边守章①和《朝日周刊》共同邀请福柯访问日本，福柯欣然同意。9月，福柯终于来到了日本东京，圆了他七年前的一个梦想。福柯对日本所代表的东方文化抱有非常大的好奇心。正是因为这个原因，他在1963年8月就打算接受日本的法国文化中心的聘书前往就职，最后在克莱蒙–费朗大学的强烈挽留下作罢。此外另一个原因是他与德菲尔的关系正在蜜月期，德菲尔正在准备大中学哲学教师资格考试，如果前往日本对于德菲尔来说牺牲太大，于是福柯为了德菲尔的备考而放弃了。而此次日本之行，福柯春风得意、心情愉快，他加入法兰西学院的前期准备已经全部就绪，正是在这样轻松的状态中，他踏上了日本的土地。

在日期间，福柯去了东京、名古屋、大阪和京都。在京都参观了天皇的京都御所。明治维新以前的一千多年间，京都御所一直是历代天皇的住所，保留了大量的古典建筑和园林建筑，福柯深深着迷于这种古典和幽静的东方美学。

---

① 渡边守章（1933—），日本导演，法国文学学者，东京大学教授，曾翻译多本福柯专著。

第三章 法兰西学院教授（1970—1984）

在此基础上，他也一并发现了日本当代作家谷崎润一郎的作品，讨论那种完全不同于西方的阴柔之美；还有禅宗，他开始留意这种独特的佛教流派所塑造的生活方式和生活态度。这颗种子，后面还会持续生长。

日本学界依然停留在对福柯早期作品的《临床医学的诞生》和《精神疾病与心理学》的关注之中，因为两本书的日译版于1969年和1970年才刚刚问世。而《古典时代疯癫史》也只是在知识分子圈子中流传，其日文版尚未翻译，迟至1975年才问世。福柯在日本的演讲主要集中于其早期思想，诸如《马奈》《疯癫与社会》《回到历史》等等。他告诉渡边守章教授，自己正在研究欧洲的规训社会和犯罪史，但是对方显然不是很感兴趣。日本人更关心的是他和德里达的论战。日本的哲学杂志《拜德雅》季刊的编辑中野幹隆约请福柯谈谈他和德里达的论战，他打算出一个专栏，由日本批评家宫川淳的评论文章、德里达的诘难和福柯的回应构成。于是，福柯终于有机会来回应德里达早在1963年对《古典时代疯癫史》的诘难了，这就是那篇迟到的回应文章——《我的身体，这纸，这火》。

借助日本学者的发问，福柯终于开口，回应德里达的批判。

福柯比德里达年长四岁。1949年福柯从巴黎高师毕业，而1952年德里达才考入巴黎高师学习，此时的福柯已在阿尔都塞的帮助下，留校开始讲授实验心理学课程，刚入学的德里达对福柯的评价非常之高，"他雄辩、威严、卓绝，令人印象深刻"。让德里达印象更深的是，福柯带领他们去圣-安娜医院的临床教学。医院的医生叫来一位精神病人，开始问询检查，接着撰写观察报告，然后给主任医师汇报。目睹全过程的德里达深感震惊。这是他第一次直面疯癫。

德里达当年在巴黎高师的毕业论文是关于胡塞尔哲学中的生成问题研究，长达300余页，是他1953年3月去鲁汶胡塞尔档案馆访学发现《胡塞尔的几何学起源》之后的思考结果。文章唯一的正式读者，他的导师冈狄拉克只读了一遍。冈狄拉克后来解释说他不是胡塞尔专家。德里达把文章拿给阿尔都塞看，希望申请教师资格，但是阿尔都塞表示看不懂，于是建议他拿给福柯看。福柯对德里达的文章也不置可否。学界没有任何反响和回应，年轻的哲学家非常失望。只有伊波利特在一年后鼓励德里达将其发表。①20世纪50年代初的法国学界，胡塞尔的现象学由于太过于超前而不能被接受，当时流行的依然是萨特和梅洛·庞蒂的法国式现象学。德里达反其道而行之，1962年正式出版的《几何学的起源》中，他回避掉了如日中天的萨特和刚刚去世的梅洛·庞蒂，只提到了保罗·利科和陈德草。虽然普通民众反响平平，但是哲学圈子还是给予了足够的重视。乔治·康吉莱姆第一个表示祝贺。福柯也写信表达了同样的敬佩之情。保罗·利科则推荐德里达去索邦大学开现象学的研讨班。德里达迅速成为索邦最优秀的哲学学生眼中现象学的权威。

与此同时，1961年5月，福柯发表了他的《古典时代疯癫史》，一时间洛阳纸贵，好评如潮。但是年轻的德里达却在其中发现了可能会动摇他与自己老师关系的不同立场。德里达写信给福柯，表示批判应该算是对理性的赞美。（德里达致福柯的信，1962年2月2日）1962年，让·瓦尔邀请德里达来他成立的哲学学院（Collège philosophique）做讲座，德里达就趁机梳理了自己对福柯《古典时代疯癫史》的阅读。之后，德里达在圣诞节期间再次通读全书，他写信给福柯坦言，两人对笛卡儿思想的解读并不完全一致。（德里达致福柯的信，1962年2月3日）

一年之后。1963年3月4日，德里达在哲学学院的研讨会上宣读了自己的论文《我思与疯狂史》，坐在下面的福柯，静静地听着昔日学生对自己的意料之中的批评，一言不发。这场仪式化的论战，因为福柯"审慎"的沉默，在当时并没有出现。事后，福柯给德里达写信，变相接受了德里达的批评。"你的演讲直接深入了我想要说的东西，甚至更远。我在论文中可能过于鲁莽地处理了我思和疯癫的关系，我经过巴塔耶和尼采，经过无数转折才缓慢来到这里。而你，光明正大地指出了一条笔直的道路。"（福柯致德里达的信，1963年3月11

---

① 皮特斯，《德里达传》，第四章，中国人民大学出版社，2014年。

日)不久,德里达的演讲文字发表在了让·瓦尔主办的《形而上学和伦理学杂志》上,福柯再次致信德里达,说"你的文章要发表了,我最终认为这很好,只有盲目者才会认为你的批判很严厉"。(福柯致德里达的信,1963年10月25日)"它直达问题深处,让我完全处于疑惑之中,又开启了我没有想过的崭新思路。"(福柯致德里达的信,1964年2月11日)直到此时,两人的友谊还是非常牢固的。然而随着时间的推移,福柯心中潜藏的不满,随着德里达的名声增加也逐渐增多,直到在访日期间由一个特殊的机缘而一股脑地爆发出来,他首先在日本哲学杂志《拜德雅》上发表《回应德里达》,接着又撰写了《我的身体,这纸,这火》,把它增加在《古典时代疯癫史》的第二版的附录中,并把新出版的书寄给了德里达,并在题词中请他"原谅这过于迟来的且太不全面的答复"。(德里达的个人藏书)自此以后,两人彻底决裂,形同路人。1973年,德里达退出了《批评》杂志的编委会。

德里达和福柯的交锋表面上看是针对笛卡儿《第一哲学沉思录》中第一沉思最后部分的不同阐释,但是实际上却是德里达针对结构主义的诘难。德里达首先承认这是学生和老师之间的一场无尽头的默默交谈。学生是痛苦的,因为这首先意味着学生还不会说话,他正在学习老师的话语。其次则是被在先的老师的声音所遮蔽和否定。而作为老师就会受到自己学生的置疑。所以德里达选择了向自己的老师发言讲话。这开场白颇有福柯晚期讲真话的味道。公允地说,德里达的批评切中要害,非常到位。疯癫本身无法如福柯所期望的那样成为说话者,疯癫本身只能依赖于理性才能说话。那么如何回到疯癫自身就成了问题。我们也就无法摆脱理性话语的束缚而认识疯癫了。这样一来,疯癫的历史也就是理性逻辑的历史的另外一种表达而已。所以,德里达的结论是,疯癫的历史书写是不可能的。这是一种釜底抽薪式的批判。

福柯迟到的回应并没有明确涉及这种历史理性话语的另类表达,而是直接从整体上批判了德里达的立场。但是福柯接受了德里达关于疯癫本身无法表达自身的观点,它表现在《古典时代疯癫史》第二版中,福柯用新的前言,替换了第一版时的前言内容。而在第一版的前言中，福柯就宣称自己要让疯狂开口说话，要进行一种沉默的考古。德里达认为，这只能导致理性对疯狂的另一次压制。所以，福柯就放弃了自己最初的设想，转而在新序中强调话语（discours），否定文本（texte），其暗中针对的正是德里达的文本主义。福柯说，以文本出现的思想是教学法，以论述样态出现的，包括话语的生产过程的周围环境，才能获得真正的内容。专注于文本只能把作者的特权地位做不断重复的强调。

1981年12月29日，德里达在捷克斯洛伐克布拉格机场被构陷贩毒遭抓捕。"德里达事件"震惊全法，福柯在第一时间发表广播讲话声援昔日的学生和论敌。至此，两个人才重新恢复了联系。事件过后不久，福柯还邀请德里达夫妇去他家中做客。德里达对此非常感激，但是两人的关系因为福柯的过早离世而没有完全的修复。1991年，德里达发表了一篇文章《要对弗洛伊德公正：精神分析时代的疯狂史》，以此纪念福柯《古典时代疯癫史》出版30周年。他在文中首先回顾了两人早年的友谊以及近十年的龃龉，坦承所有的内容都构成了值得纪念的生活；然后回应了福柯对他的回应：他认为福柯并没有进入弗洛伊德开创的精神分析层面，而是只关注于其历史维度。

第二次东京之行

1978年，福柯第二次访问日本。第二次日本之行则稍稍显得具有官方色彩。它是由法国文化部安排，驻日本使馆的文化参赞兼作家提埃尔·德·波色（Thierry de Beaucé）和翻译官克里斯蒂安·波拉克（Christian Polac）具体负责的一次正式出访。另外，此次访日，德菲尔也一同前往，完成两人当年的夙愿，日本方面则是东京大学的老朋友渡边守章全程接待和陪同。他们在日本逗留三周时间。此前，福柯对于日本文化的了解都来自那位作家文化参赞提埃尔的一本关于日本文化的散文集《绝对的岛》（*L'ile absolue*）。访日的具体行程由波拉克安排确定。此次日本之行，首先要提到的是福柯对禅宗自我规训式修行的考察。

第三章　法兰西学院教授（1970—1984）

　　福柯与禅宗的结缘发生在福柯晚期。福柯说，他曾读过法国著名汉学家戴密微所翻译的唐代禅师临济义玄（？—约866年）的话语录《临济录》，该书于1972年在法国出版①。他还读过德国学者赫瑞格尔②、英国禅宗学者阿兰·瓦特③以及铃木大拙④的书，想来对禅宗还是有一些了解的。4月23日，福柯有机会在东京近郊深度接触禅宗。他对禅修素来的好奇心终于得以满足。山梨县上野原市的青苔寺住持大森曹玄禅师，邀请他在自己担任住持的禅寺中住了一段时间。大森曹玄是日本临济宗的禅师，同时是日本一流的剑客和书法家，师从丹山铁舟。他的禅修别具一格，融禅、剑、书于一体。陪同福柯一同前来的还有随行的翻译克里斯蒂安·波拉克和《文艺春秋》杂志的一位记者。他们记录并发表了福柯和禅宗和尚的对谈。另外，青苔寺的僧人金丸宗哲也回忆说，福柯当年希望亲自体验一下参禅的体验，所以就来到青苔寺，但是当时青苔寺并不是一个禅宗寺庙，只是一个信徒修行的场所。福柯和其他僧人一同居住了一段时间。⑤

　　福柯说，他对佛教哲学非常感兴趣，但是此次来青苔寺却不是为了这个目的。因为他更感兴趣的是禅寺中的生活，坐禅、禅修和戒律。福柯坦承，他并不是对日本感兴趣，他持续的关注点是理性的历史及其局限，尤其是在西方的话语中。所以，在这个意义上，日本算是他山之石。在福柯看来，现代性就是一种理性话语，理性所建构起来的聚落无处不在，但是显然日本是个例外，它

---

①　Paul Demiéville，*Entretiens de Lin-tsi*，Paris，Fayard，1972.《临济录》全名为《镇州临济慧照禅师语录》，见《大正藏》，47卷，No.，1958。

②　Eugen Herrigel（1884—1955），德国哲学家，1924—1929年间曾在日本生活，后把禅宗思想传播到欧洲。

③　Alan Watts（1915—1973），英国哲学家，把东方哲学介绍到西方，尤其是佛教和禅宗。

④　铃木大拙（1870—1966），号称"世界禅者"，把大乘佛教与禅学思想介绍到西方。

⑤　笔者查到法文的寺庙名称或有笔误。专门给山梨县上野原市的青苔寺去信，询问了福柯当年访问的情况。回信人金丸宗哲称，当年的确有一位法国哲学家来访，他到大森曹玄主持的道场小住了几日。回信人又称，他代替不会外文的父亲撰信，因而其他情况也语焉不详。

是由它自己的文化系统所建构起来的聚落。

　　福柯谈到了基督教神秘主义和禅宗神秘主义的区别。基督教一直强调的是一种个人主义的修行立场。比如祈祷和忏悔时不断地向内发问"告诉我你是谁"等等，强化了一种主体性，基督教的精神性就是一种在宗教活动中主体性的挺立。即便是讲到上帝与个人的结合，也是要区分一个爱的人和一个被爱的人才能达到，所以上帝与个人之间有一个爱的关系。但是禅宗就不是这样，它的所有修行技艺都是为了弱化那个个体，消解那个试图不断张扬出自己的个体。所以，禅宗和基督教神秘主义完全不是一回事，而它们所使用的修习技术则是可以比较的。

　　基于有限的坐禅体验，福柯明显感觉到了一种前所未有的东西，感受到了一种新的身心之间的关系，一种新的身体与外在环境的关系。福柯询问，是否可以把禅修从一般意义上的佛教信仰和修行中剥离出来。大森曹玄给出明确的答复，他说，禅是从佛教中诞生出来的，禅和佛教有密切的关系。但是禅并不是必然需要一个禅的形式的，我们甚至可以抛弃掉"禅"的这个名号。

　　福柯的第二个询问是关于自然与人的关系。在欧洲，自然与人之间是对立的。自然与人之间的紧张关系表现为，人是征服自然的主体，自然是被人所征服的对象。而在禅修的体验中，自然与人需要达到同一。大森曹玄认为这个欧洲哲学家的见识可以视作欧洲思想将要发生质变的信号。①福柯接下来的思考与此有关。

　　面对西方思想的危机，东方思想能否有助于西方思想的转变或者重生，也是一个极为有趣的话题。福柯并不讳言，西方思想已经走到了一个转折点。西方思想的危机也就是帝国主义的终结。西方思想的危机还表现在，它自己无法产生一个伟大的哲学家来解决它自身的危机。因为西方思想是靠陈述

---

① Hosokawa Dogen, *Omori Sogen*: The Art of a Zen Master, Routledge, 1997: 89–90.

（discours）来表达它自身的危机的。西方思想不能培养出一个能够明确表达出这种危机的哲学家了。这是一个以西方哲学为代表的时代的终结。如果未来有哲学，那它一定诞生在欧洲之外，或者诞生于欧洲与非欧洲思想相互交锋的结果之中。

福柯的思路也是对的。按照他的系统思想史的观点，欧洲是在一个特定的地区、在一个特定时间而成为欧洲的。所以它具有一种独特性，不过这种独特性最后随着全球化和现代化的推进而成为一种普遍性。欧洲就是现代世界的这种均质普遍性的诞生地。[1]在这个意义上，欧洲思想所遭遇的危机会波及整个世界。欧洲思想的危机也就顺势影响了世界上其他国家的不同的思想。这种情况下，实在是无法指望欧洲思想自己产生一个解决方案来。

从对话中，可以看出福柯对日本文化作为代表之一的东方文化具有一种模棱两可的态度。一方面，是西方人所有的一种天然的优越感，即便是面对不可解决的危机，仿佛对危机的敏感也能成为一种傲人之处；另一方面他又本能地寄希望于一种非欧洲思想，尤其是欧洲的他者，一种来自东方的哲学。

从其他人的叙述和回忆中，我们试图还原福柯与禅宗的亲密接触，勾勒出一些蛛丝马迹。渡边守章说福柯对禅宗充满好奇心，但是这更多是像参与一场游戏一样，不是非常严肃的态度。他甚至认为，福柯的参禅打坐也只是为了舆论宣传需要。波拉克和德菲尔也说，福柯对禅宗兴趣不大。事实上，福柯对禅宗的兴趣确实是有的，但是绝不如迪迪埃传记中所说的那样夸张。而唯一的文字材料也只是那篇《福柯与禅宗》的访谈。

对话丸山真男

有一件事也值得一提。4月25日，福柯在东京下榻的酒店与日本战后影响力

---

[1] Foucault, "Foucault and zen", in *Religion and Culture*, Manchester University Press: 110–114; "Michel Foucault et le Zen", in *Dits et ecrits*, Paris: Gallimard, 2001, 2: 618–624. 另可参见Marnia Lazreg, *Foucault's Orient: The Conundrum of Cultural Difference, from Tunisia to Japan*, New York/Oxford: berghahn, 2017: 192–215。

最大的思想家丸山真男会面。法国驻日本大使馆保存了福柯访日的所有卷宗，其中包括一份丸山真男的论文《日本知识分子诸问题》的复印件。知识分子在现代性过程中的作用，无疑成为两人讨论的重点。由于双方都是各自国家的一流学者，此次会面堪称20世纪70年代日本学界的里程碑式事件。会面中两人用英语交流，在交流出现障碍的地方，波拉克则从旁帮助疏通，不过由于双方都不是使用母语，所以讨论的内容不是太深刻。事后，福柯邀请丸山真男去法兰西学院做讲座，但是丸山真男由于身体抱恙，而最终未能成行。

丸山真男在会见结束后评论福柯说："所有他在做的事都是反笛卡儿主义。换句话说，就是对现代理性主义的控诉。但是，来自欧洲笛卡儿主义传统的巨大重量与力量却横亘于与他的对话之中。即使在激烈地对抗笛卡儿主义的同时，他仍然深深地被它所束缚。所以，他对笛卡儿主义进行反叛的同时，也赋予了它新生。"[1]而丸山真男的学生辈，东京大学的学者苅部直教授则如此总结两个人会面的意义："一个远东的政治理论研究者在现代性的旗帜下迈步前行，以及一个西方的哲学家宣扬现代主体性的消亡。但是，一方面他们两人都在与他们自己的传统斗争、挣扎，另一方面他们都经由再次诠释他们自己的传统来寻找、促进一种立基于历史论述之中的政治介入形式。"

事实上，丸山真男和福柯的思想在某种程度上，的确具有相似性，他们都把各自的思想归宿定位在批判当下意义上的继续革命中。福柯通过对社会制度中权力对个人形成过程的考察，导入主体通过自身技艺的修行而建构起如此这般的个人，从而在晚期思想中得出把生命活成一件艺术品的日常生活革命；而丸山真男则反思日本法西斯得以形成的制度原因和个人原因，得出原子式的个人无法成为具备思考能力而只能是任由权力支配的乌合之众，从而强调要建构出自主且个体的人的联合体，只能在"继续革命"中完成对社会主义的追求。

---

[1] Karube Tadashi, *Maruyama Masao and the Fate of Liberalism in Twentieth-Century Japan*, translated by David Noble, Tokyo: I–House Press, 2008: 162–163.

只可惜波拉克不慎遗失了两人对话的录音磁带。

福柯还与当时日本社会党（1996年改组后即现在的社会民主党）的总裁飞鸟田一雄举行对谈，他们谈话的主题是关于马克思主义。但是让福柯沮丧的是，两人对马克思主义的理解差异太大，完全无法沟通。因此福柯担心，由于缺乏一种公用语言，各国的知识分子交流起来应该会非常困难。之前还有以马克思主义作为公用语言来进行的国际交流，但是随着全球化和多元化的出现，由于各自的利益的限制，知识分子只能陷于自说自话的境地。因此，他提议应该加强法国社会党和日本社会党之间党员的互动与学习。飞鸟田一雄表示此事可行，但最终因为经费和语言等问题，也并没有真正实现。

另外，福柯还与日本左翼思想家吉本隆明进行了对话；参观了监狱和精神病院；与反对成田机场建设的抗议者座谈；去大学讲座；接受新闻媒体的采访；甚至去夜店体验夜生活。需要考察的是，第二次日本之行，对福柯在思想层面上具有多大的影响。从福柯出发前希望波拉克给他拟定一个轻松一点的旅程来看，他是希望和德菲尔来一趟简单的旅游。然而最终的安排，使得访问充满了工作性质。波拉克的记录，似乎想凸显出日本之行对福柯重要的影响力，人们对此有质疑也有支持。不过无论如何，福柯对日本文化持开放态度并充满好奇心则是不争的事实。一方面，他把日本视为东西方差异的一个具体的体现，另一方面，他又试图从日本发现西方有限经验的他者。

"性与政治"的反思

4月27日，在离开日本的前一天，福柯先在《朝日杂志》会议厅做了题为《西方世界的哲学与权力》的演讲，然后接受了东京大学渡边守章教授的专访，作为此次旅程的总结。渡边教授先后两次接待来访的福柯，此时刚刚译完福柯两年前的新著《性经验史》第一卷，《求知的意志》的导论部分（《知への意志》全书1986年由新潮社出版），彼此相熟，老朋友之间的聊天轻松而愉悦。渡边先生、根本先生，还有福柯三人组成了一个"三人谈"。话题从1976年大岛渚的电影《感官世界》聊起（该片名最初叫《爱的决斗》（《愛のコリーダ》），法文名为 L' Empire des sens，直译为《感官帝国》，本来是向罗兰·巴特的《符号帝国》致敬）。在影片中女主角因为极端的情欲和占有欲而最终阉割了男主角的性器官，使福柯印象深刻。福柯说此事虽符合剧情逻辑但是在法国文化中是绝对不会发生的。男主角的性器官成为男方和女方共用的物件，成为双方达到性快感的物件，当男主角无法通过其性器官给予女主角以性快感时，只好任由女主角拿去而独占。福柯的解读颇为渡边所赞赏，这也不奇怪，因为福柯此时的思路正处在《性经验史》的写作阶段，正在进行对性压抑的发掘与性话语的考察。

另一个话题，是当下社会中知识分子的作用，某种程度上是与丸山真男对话的延续。福柯持续了他对法国20世纪60年代末和70年代初的极左派知识分子的批判，他认为极左派陷入一种革命运动不可妥协的死胡同：一旦资产阶级做出妥协，强硬的极左派就会认为这是革命运动被资本主义制度收编的表现；反过来说明资产阶级在采用多种策略灵活地对待无产阶级，这种虚与委蛇说明资产阶级生命力的顽强，这恰恰是极左派无法认同的。福柯所批判的这种"被收编"的思路，恰恰是他后来离开左派的重要原因。因为，他提倡的是日常权力的斗争，这种斗争是以阶段性的成功为目的的，知识分子在这种权力机制中的作用，是明确意识到参与权力机制的各种知识，意识到在医学、司法等学科中的为权力背书的专门知识，并对它们保持批判和反思。这就是福柯所说的专家型知识分子在反对日常权力斗争中的作用。

2. 比利时的客串

1981年4月2日，福柯来到比利时的鲁汶。而就在前一天，他刚刚完成当年度在法兰西学院的例行授课，讲授的题目是《主体性与真理》。此时的福柯，踌躇满志，他即将展开一个包括就职演说在内的为数七次的系列讲座《做错事，讲真话：司法中的告白功能》。鲁汶讲座成为福柯研究司法和法律问题的最终形式，然而他并非法学家和法理学家，他的立场依然是：通过探讨无论是民法还是刑法中的以坦白行为和忏悔行为为代表的说出真理的活动，考察主体和真理之间的关系，主体如何通过讲出真话而参与并构建起自己的主体性，并且对自身加以自我治理，以及由此拓展到对他人的治理。

讲座的邀请者是弗朗索瓦·杜尔肯男爵夫人[①]，她是刑罚废除运动的活动家，当时正在参与比利时议会刑法典的修订工作，后来她还担任过欧洲人权法庭（斯特拉斯堡）的副主席。此外，还有一位刑罚废除主义者值得一提，他就是福柯的朋友富勒克·雷格海姆[②]，他先后两次对福柯进行过专访。第一次是在1973年，当时福柯正在思考与撰写《规训与惩罚》，第二次是1983年12月，讨论的主题是"我们所谓的惩罚（punir）"。在20世纪70年代战后西方刑法改革的大背景下，福柯与他的比利时同道们有着相同的立场。而在福柯自己的思想历程中，鲁汶讲座又处在从1973年法兰西学院讲座《惩罚的社会》以及里约热内卢讲座《真理与司法形式》到1983年法兰西学院讲座《真理的勇气》的中期治理术到晚期伦理学的脉络中。按照该讲座整理者的说法，讲座的大部分内容原本是福柯计划写作中的一本书《（讲出）真理的权力》的书稿，该书名在《性经验史》的第一卷的脚注中出现过，当时福柯打算深入考察中世纪拷问和告白的关系。后来，书稿由于种种原因，并未完成，而其主体则成为福柯在巴西、比利时等地访学时的讲座内容。

主标题中的讲真话（dire-vrai），是晚期福柯思想的重要考察对象，它时而体现在古希腊的直言中，时而体现在他自造的拉丁语真理言说（veridiction）中。讲真话是主体因为讲出真理而建构自身主体性的行为。副标题里的告白也是同样的意思。在法语中，它既有司法中的坦白的意思，也就是司法审判中的"坦白从宽，抗拒从严"的意思，也有宗教中忏悔仪式中的坦白（confession）

[①] Françoise, Baronne Tulkens（1942—），比利时女律师，时任比利时鲁汶天主教大学法学院犯罪学系的教授。

[②] Foulek Ringelheim（1938—），比利时法学家、散文家和小说家。

的意思，比如卢梭的《忏悔录》就是一种坦白和告解。当某人做了错误的事情，公开地说出关于自己的某种真相，无论是出于对肉体拷打还是心灵折磨的恐惧，都算是一种告白。而告白就是一种讲出真话的行为。福柯在就职演说中提到尼采的用法。这个讲出真理的单词，在尼采的《查拉图斯特拉如是说》中的第三部分《旧牌与新牌之九》称为wahrsagen。讲出者（wahrsager）的德语翻译为"预言者"。尼采在该书第二部还有专门一章，就叫《预言者》。显然，预言只是讲出真话中的一种而已。

按照福柯的讲法，该讲座毋宁叫"坦白史"，考察"在从古至今的刑罚实践中的讲出真相（veridiction）和司法裁决（jurisdiction）之间的关联"。讲座的结构倒是清楚明晰：前两讲考察了古希腊的准法律阶段，第三、四讲考察了古希腊和基督教阶段的忏悔告白，第五、六讲考察的是现代和当代的告白问题，附之以具体的刑事案件。在对告白的谱系学梳理中，福柯涉及了荷马史诗《伊利亚特》，赫西俄德的《工作与时日》，索福克勒斯的《俄狄浦斯王》，早期基督教的苦修和中世纪的修道院制度和对自我的解释，以及近代史中包括皮埃尔·里维埃在内的五六个犯罪个体的考察（该内容部分涉及了1977年他在加拿大多伦多克拉克精神病学会的讲座《19世纪法律精神病学中的'危险个体'概念的演化》）。

在这里，知识和权力的关系显然占据了主要位置，不过从讲座的时间和主题来看，它可以视为从福柯中期刑罚理论向晚期主体理论的过渡。在告白行为作为告白真相、司法审判和告白者的目光交集中，主体的思想呼之欲出。福柯的思路十分明显，以惩罚技术为基础的现代治理术，在保卫社会的功能中不仅仅是压制与恐吓，而是通过构建一种伦理风尚，促使个人在他们的日常行为中，就把他们自己建构成一种道德主体。如此一来，惩罚机制就完全改变了原先的呈现方式。

作为1984年法兰西学院讲座《真理的勇气》的预备版本，鲁汶讲座中的讲出真话者分为四种主体。第一种是预言家。福柯提到的例子是古希腊神话中著名的先知特瑞西阿斯（Tiresias）。第二种是贤人，比如塞涅卡对友人塞内努斯（Serenus）的教导，讲出的是自己的真话。第三种是技艺之人。他们必须向其他人讲出他所掌握的相关知识和真理。而第四种直言者（parrhesiast）与上述这三种则是完全不同的。告白的行为和告白的主体是隶属于直言行为和直言者范畴的。关于直言问题的深入考察，则是福柯在《真理的勇气》中的任务。在鲁汶讲座中，福柯对直言问题展开不多，只是提到这种讲出真理的行为，是主体通过讲出关于自身的真理而建构起主体自身的过程。讲出真话的权力，正是鲁汶讲座所要涉及的内容。为什么讲出真话（讲出真相）与司法领域中的讲出正义的话能够相互关联。告白行为无疑拓展了五年前的《规训与惩罚》中的坦白思路。福柯把告白从司法领域，拓展到斯多葛派良心检查的领域，即从政治治理拓展到伦理修身。至此，告白行为才能够作为主体化的重要内容而提出。

此外，伴随着福柯1981年的法兰西学院讲座和鲁汶讲座在时间上的先后关系，其思想和研究上也存在明显的关联和继承。在《真理性与主体》中尚不是非常显著的告白行为，经由对性的告白话语中所建构之生命的技艺和哲学式生活（即主体化与真理的关系）的理解，在随后的鲁汶讲座中得到了深化。古希腊和古罗马人在性话语中的告白模式，随即被拓展到生命政治的全过程中，也在三年后出版的《性经验史》第二、三卷中得到重组和再现，并且于未竟稿《性经验史》第四卷《肉体的告白》的标题中强调点出。

3. 美东，美西

福柯与美国的关系的紧密程度是不言而喻的。如果不是在法兰西学院有教学的任务，福柯说他宁愿一直待在美国。从1970年他入选法兰西学院以后，一直到1984年他去世为止，假如把加拿大包括在内的话，基本上他每年都会去一趟，而且越往后越频繁，有时候一年不止一趟。美国西海岸的学术环境得天独厚，使福柯如鱼得水。20世纪80年代，福柯在美国思想界产生了巨大的影响，由此获得了世界级的声望。只不过，研究福柯思想的美国学者主要研究的并不集中在哲学领域，而是集中在社会批判理论方向。还有一件小事值得注意，就是自从20世纪60年代与英国反精神病学派有过短暂接触之外，福柯就再也没去过英国。

20世纪70年代初，福柯去北美多为东海岸的地方，比如加拿大的蒙特利尔、美国纽约州水牛城等地。接待者也多是法语系的学者，如陪同福柯去参观阿提卡监狱的约翰·西蒙教授，就是法语系的系主任。20世纪70年代中后期，福柯去美国多为西海岸的加州旧金山，比如加州大学伯克利分校。接待者也变成哲学家，比如德雷弗斯和拉比诺。德雷弗斯早年研究现象学和存在主义，拉比诺研究人类学，两人都是加州大学伯克利分校的教授，他们为福柯思想在北美的传播，可谓立下了汗马功劳。1979年，两人曾专门采访福柯，并整理福柯的思想，辑为《福柯：超越结构主义与诠释学》，在英语世界影响很大。而且，拉比诺的学生詹姆斯·法比恩也迅速成长起来，后来担任了福柯文集英文版第三册《权力》（*Power*）的常务主编。

1986年，福柯去世两周年之际，美国学术界的福柯友人们出版了一本批判文集，主编大卫·霍利（David Hoy）收集了数篇学界重要人物讨论福柯思想的文章，其中包括理查德·罗蒂、查尔斯·泰勒、马丁·杰伊（Martin Jay）、阿诺德·戴维森（Arnold Davidson）和爱德华·萨义德。此处，稍微提及一下芝加哥大学的阿诺德·戴维森。此人又参与整理了数卷福柯法兰西学院讲稿的英译本。他深受福柯《性经验史》思路的影响，后来写了一本《性态的出现》（*The Emergence of Sexuality*，2004）以示敬意。2014年，哥伦比亚大学专门召开了福柯哲学的专题研讨会，持续十三场之久，足见福柯影响的深远。

第三章　法兰西学院教授（1970—1984）

福柯访学/游学一览表

时间		地点	活动
1969年	3月	英国：伦敦法国文化中心	与英国学生自由讨论
1970年	3月	美国：纽约州立大学布法罗分校 美国：法国研究中心	讲座：《布瓦尔和佩库歇》中的绝对，论萨德
		美国：耶鲁大学	座谈
	4月	美国：福克纳郡，密西比河谷，纳奇兹的豪宅榆树镇	旅游
	9—10月	日本：东京、名古屋、大阪、京都	讲座：马奈，疯癫与社会，回到历史
	11月	意大利：佛罗伦萨	讲座：马奈的《女神游乐厅的吧台》
1971年	4月	加拿大：蒙特利尔和麦吉尔大学	讲座：尼采讲座 采访：在监狱中拜访"魁北克解放阵线"的领导人、《美国的白"黑鬼"》的作者皮埃尔·瓦雷耶
	5月20日	突尼斯：塔哈尔·哈达德俱乐部	讲座：马奈的目光
	11月	荷兰：埃因霍温	电视辩论：与乔姆斯基谈人性
1972年	3月	美国：纽约州立大学	演讲：俄狄浦斯的知识
	4月7日	美国：明尼阿波利斯	演讲：在17世纪文学第四届年会演讲《17世纪的礼仪、剧场和政治》
	4月21日	美国：纽约州阿提卡监狱	后发表文章：《在阿提卡》
	10月	美国：康奈尔大学	讲座：索福克勒斯：俄狄浦斯的知识，犯罪与文学，惩罚的社会
1973年	5月	加拿大：蒙特利尔	系列讲座
	5月	美国：纽约公共图书馆	讲座：论科洪和边沁
	5月21—25日	巴西：里约热内卢的圣保罗天主教大学	讲座：真理和司法形式
	5月底	巴西：贝洛·奥里藏特	演讲：精神疾病和精神病机构，精神病机构和反精神病运动
		巴西：米纳斯吉拉斯州，亚马孙河沿线（从马瑙斯到贝伦）	旅游，在贝伦联邦大学做讲座

(续表)

时间		地点	活动
1974年	3—4月	加拿大：蒙特利尔大学	系列演讲
	10—11月	巴西：里约热内卢州立大学（UERJ）	研讨会：城市化与公共健康，19世纪精神病学实践中的精神分析的谱系 参加学术会：社会医学的诞生
	11月	巴西：累西腓	旅游
1975年	4—5月	美国：加州大学伯克利分校	讲座：话语与压制，弗洛伊德之前关于婴幼儿性欲的研究
	5月	美国：加州尔湾和克莱蒙特的大学	访问
	10月5日—11月18日	巴西：圣保罗大学	讲座：精神病学化和反精神病学
	11月19日	美国：哥伦比亚大学	辩论：医学、暴力和精神病学
1976年	3月29日—4月4日	加拿大：蒙特利尔大学	讲座：讨论监狱的取舍
	4月	美国：纽约	临时造访
	5月	美国：加州大学伯克利分校，斯坦福大学	讲座
	8月	美国：华盛顿威尔逊中心	
	11月	巴西：巴伊亚联邦大学哲学系	讲座：马克思和弗洛伊德的权力概念
		巴西：帕拉州联邦大学哲学系	三场讲座（内容遗失）
		巴西：从贝伦到累西腓	旅游
1977年	10月24—26日	加拿大：多伦多克拉克精神病学协会（一说是约克大学）	演讲：在法律与精神病学研讨会演讲《19世纪法律精神病学中的危险个体概念的演化》
	12月	柏林自由大学	讨论监狱问题
1978年	4月2日	日本：东京大学	讲座：性与政治
	4月13日	日本：京都	讨论：禅宗的神秘主义
	4月13日	日本：名古屋	访问：精神病院，会见精神病医生
	4月17日	日本：九州大学	讨论：日法两国精神病院的权力
	4月17日	日本：平户市	旅游：第一个耶稣会士登陆地
	4月20日	日本：东京大学	研讨会：与日本学者渡边守章讨论《性经验史》

第三章 法兰西学院教授（1970—1984） 205

（续表）

时间		地点	活动
1978年	4月23日	日本：山梨县	坐禅：上野原市青苔寺
	4月25日	日本：东京	讨论：与日本左翼作家吉本隆明讨论马克思主义，与日本社会党总裁、横滨市长飞鸟田一雄讨论大城市管理经验，与日本政治思想家丸山真男讨论
	4月26日	日本：NHK电视台采访	访谈：法国知识分子运动
	4月27日	日本：《朝日杂志》会议厅	演讲：西方世界的哲学与权力 访谈：与渡边守章对谈《性与政治》
1979年	10月10—16日	美国：斯坦福大学丹纳讲座	讲座：全体与单一
	10月19日	美国：萨克拉门托大学	讲座
1980年	10月20—21日	美国：加州大学伯克利分校豪森讲座	讲座：自我解释学的起源，主体性与真理，基督教与忏悔 研讨班：古典晚期和基督教早期的性伦理
	11月	美国：纽约大学詹姆士讲座	讲座：性态与独处
	11月17日，24日	美国：达特茅斯学院	系列讲座：主体性与真理，基督教与忏悔
	11月底	美国：普林斯顿大学	讲座：生命政治学的诞生
1981年	4月2日—5月20日	比利时：鲁汶天主教大学法学院	六次讲座：《做错事，讲真话：司法中告白的功能》
	10月26日—11月6日	美国：洛杉矶戴维森会议中心	研讨会：知识·权力·历史——福柯著作中的交叉学科方法
	11月	美国：加州大学伯克利分校	辩论：福柯–哈贝马斯研讨会
1982年	5—6月	加拿大：多伦多维多利亚大学，第三届符号学和结构研究大会	研讨班：告诉自己真相
	10月15日—11月5日	美国：佛蒙特大学宗教系	研讨班：自我的技术
1983年	4—5月	美国：加州大学伯克利分校	讲座：自我的技艺，自我书写
	10—11月		讲座：直言的历史 访谈：政治与伦理，与德雷弗斯和拉比诺谈话：伦理的谱系，与加州大学伯克利分校的博士生约纳斯·西蒙谈话
	11月	美国：科罗拉多大学博德尔分校；加州大学圣克鲁兹分校	讲座

五、性经验史

1. 求知之志

  19世纪中晚期的英国处在维多利亚女王统治时期,大英帝国的影响力正如日中天。维多利亚时代的风尚更是引领西方社会的旗帜。它的一个重要标志是大家外表一本正经,内里乱七八糟,表里不一,以至于有一个专有名词称呼它:"维多利亚的道德"。福柯在《性经验史》第一卷第一章的开篇,就说我们是"另一种维多利亚人",反讽的意味跃然纸上。"另一种维多利亚人"语出美国学者史蒂文·马库斯[①]于1964年出版的同名专著《另一种维多利亚人》。维多利亚时期对性的压抑成为主流道德观,把与性相关的内容严格限制在夫妇的卧室之中,其他的性态都被冠之以不道德之名。中产阶级表面上冠冕堂皇,但是私下里的性活动明目张胆,更加混乱的性活动层出不穷,他们是另外一种维多利亚人。而在福柯看来,维多利亚道德观代表的正是精神病学中的对性"压抑假说",它根本无法完全禁止非法的性活动。压抑欲望本质上是实实在在的制造欲望。我们虽然不是维多利亚时代的人,但是在这一点上,我们是另一种维多利亚人。这正是福柯一开始就需要加以批判的"压抑假说"。

---

  ① Steven Marcus(1928—2018),美国学者、文学批评家,哥伦比亚大学人文学科荣休教授。

第三章 法兰西学院教授（1970—1984）

《性经验史》是福柯晚期最重要的著作。而对这个题目的思考则说来话长。1951年6月，福柯第二次准备大中学哲学教师资格考试，作为面试官之一的康吉莱姆提出的问题就是关于性态的口试题目。福柯从容作答，他从三个方面入手：作为本性的性、作为文化的性和作为历史的性。他主要从心理学和精神分析方面作答。这次接触为后面的深入思考埋下了伏笔。在1963年的一篇纪念巴塔耶的文章《僭越的序言》中，他就已经开始谈论性的问题。他说，性就是一种不受限制的运动、一种僭越。对性的体验与上帝之死是一致的。巴塔耶之死成了触发他深入思考"性"的契机。在1969年出版的《知识考古学》结尾部分中提到其他类型的考古学，他就预告说要展开一种关于性的考古学研究。从20世纪70年代入选法兰西学院之后，他就开始为撰写这部著作而做系统准备。他在法兰西学院的讲座前后有13年，共13个主题，除了涉及规训社会的内容于1976年整理为《规训与惩罚》之外，其余的内容基本上全部是《性经验史》的前期准备。不过，其中第一讲《求知的意志》讲稿，与成为后来《性经验史》第一卷《求知的意志》之间并没有关系。《性经验史》的第一卷《求知的意志》出版于1976年，该书涵括了福柯最后十年教学、思考和生活的精华，成为一把解开福柯之性经验思考的钥匙。性的秘密向来都是由语言所描述的，但是这种描述在福柯看来，非但没有揭示性，反而隐藏了性。借助于尼采，福柯区分了两种求知意志，一种是追求知识的意志，另一种是故意追求不要知道的意志。对于性的压制，正是后者。它是人们故意不想知道的，而不是不能知道的：对于性，人们拒绝看见和听见。福柯把这种情况称为误识（méconnaissance），不想去求知也是求知意志的另一种冒险。[1]福柯批判了19世纪以来揭示性之真相（真理）的医学话语和精神病学话语（包括精神分析在内），制造性真理的过程本身就是对性真理的掩盖。

---

[1] Foucault, The History of Sexuality, vol. I: An Introduction（The Will to Knowledge）, New York: Vintage Books, 1990: 55; Foucault, Histoire de la sexualité: La volonté de savoir, Gallimard, 1976: 74.

所以，话题必然转到对制造知识背后的权力的分析。其中，最为重要的章节，是第四章《性经验的机制》的第二节《方法》。福柯在这里插入了他对权力的集中分析。这是对此前法兰西学院历年讲座中权力问题思考的大总结。必须以《性经验史》所讨论的性之真理作为背景来审视。他首先批判了对权力的否定性分析，即传统权力观只考察权力的压制、压抑的一面，呈现在法律中的表象性。这种老方法并没有因为人类文明进入现代社会而发生改变。虽然1793年法国大革命砍掉了路易十六的脑袋，但是"在政治思想和政治分析中，人们一直没有砍去国王的脑袋"。① 对权力的本真揭示还停留在传统的思维模式中。福柯要做的，是通过不同于传统的权力分析的方法，揭示出权力的肯定性面向，即权力的生产性。

另一个重要的话题是，第五章《死亡的权力和管理生命的权力》中，再次重述的"生命政治学"话题，无疑这部分内容来自1976年的法兰西学院讲稿《必须保卫社会》。它们共同构成了福柯对生命-政治现象的最初思考。除了提到让人死和使人活的权力结构的变化之外，他还把对生命的管理分为两类，一类是身体的解剖政治学，比如规训。它构成了《规训与惩罚》的核心研究内容。另一类是人口的生命-政治学。它关注的是作为物种的身体，比如个体的生育、交配、出生率和死亡率等等。它将成为福柯1977年法兰西学院讲稿《安全、领土和人口》的主要话题。前者是各种规训机构，如学校、兵营、工厂车间等等，后者则表现为人口普查问题、公共卫生问题、公共福利问题以及移民控制等等。这两种权力对生命的控制共同宣告了福柯称为"生命权力"之时代的到来。由此，权力也就从以君主权为代表的旧的死亡权力，过渡到对身体的规训和对生命的管理之上的现代式权力了。于是，生命政治与资本主义一起登

---

① Foucault, *The History of Sexuality*, vol. I: *An Introduction* (*The Will to Knowledge*), New York: Vintage Books, 1990: 58; Foucault, *Histoire de la sexualité: La volonté de savoir*, Gallimard, 1976: 88.

上了历史的舞台。

而性恰好是身体规训和人口管理的两类生命政治学的交集。性一方面属于身体规训,另一方又属于人口的调节。权力正是经由对性的管控,紧密地把个体身体的规训和物种身体的控制结合在一起。

2. 性经验史的对话者

1976年,《性经验史》的第一卷《求知的意志》出版。在封底上,他预告读者,该书计划共出六卷。

第一卷《求知的意志》;

第二卷《肉体与身体》;

第三卷《儿童的十字军东征》;

第四卷《女人、母亲和癔病患者》;

第五卷《不正常的人》;

第六卷《人口与种族》。

但是后来福柯自己又改变了写作计划,他的思路发生重大转变,开始由古希腊和古罗马的思想来阐释一种自我的技术。1984年6月,福柯给伽利马出版社撰写的出版计划中,提到了新的结构:

第一卷《求知之志》(已经于1976年出版);

第二卷《快感的使用》;

第三卷《关心自我》;

第四卷《肉体的告白》(即将出版)。

而在新的写作计划中,福柯最先写完的是第四卷《肉体的告白》,接下来他继续写了《快感的使用》和《关心自我》。在出版的顺序上,他先修改完成了即将于1984年6月出版的校样,并计划再花一到两个月完成第四卷的终稿,计划下半年10月出版。所以,实际的后两卷《快感的使用》《关心自我》出版于1984年6月,中间间隔了8年。而6月25日,福柯即溘然离世,而第四卷《肉体的告白》作为遗稿,到2018年才得以出版。

在《肉体的告白》完稿之后,福柯对原定第二卷《快感的使用》和第三卷《关心自我》的撰写计划进行了实质性的修正。其中,有几位历史学家成为福柯古典之旅的重要导航员和旅伴:保罗·维恩①、皮埃尔·阿多②和彼得·布朗③。保罗·维恩是福柯当年在巴黎高师心理学课上的学生,1975年入选法兰西学院,专攻罗马史,是著名的考古学家和史学家。福柯对古典思想的高效率回顾,他是背后最大的功臣,以至于福柯在第二卷《快感的使用》的前言中对当年的学生心怀感激,盛赞身为历史学家的保罗·维尼能够直面真理历史的真正问题。而且,福柯和维恩过从甚密,两人由师徒转变为朋友,无所不谈。这种影响也是相互的:福柯说维恩对他的著作产生了不可估量的影响;而保罗·维恩从老师那里意识到了历史话语的建构性本质,从而能够跳出这种真理游戏去考察真正的历史问题。保罗·维恩曾撰文评价福柯的历史观对历史学研究的贡献,在长文《福柯变革了历史》④(1979)中,他说,福柯这种哲学家,足以置身我们这个时代伟大历史学家的行列。而且,他也是历史学家非常关注的那种历史学科革命的发起人。在维恩来看,福柯的史学革命,正是从一种强调客观的描述史学,转向一种对历史之所以成为历史的实践和行为的研究。而这种从what到how的转变,正体现在福柯的关于性真理的历史考察中。

皮埃尔·阿多则是另外一位值得一提的诤友。他的重要工作是在20世纪七八十年代的法国学界重新复兴了对希腊化时期哲学的关注,尤其是对斯多葛派伦理哲学的关注。正因为此,他于1982年入选法兰西学院,讲席名为希腊化

---

① Paul Veyne(1930—),法国考古学家、历史学家,主要研究罗马史。
② Pierre Hadot(1922—2010),法国哲学家、哲学史家,主要研究希腊化时期的哲学史。
③ Peter Brown(1935—),美国历史学家、普林斯顿大学历史教授。
④ Paul Veyne, "Foucault revolutionizes history", In Arnold Davidson (ed.), *Foucault and His Interlocutors*. University of Chicago Press, 1997: 146-182.

和罗马思想史。他对古典时期"精神训练"的研究，对福柯《性经验史》中有关"自我技艺"的部分启发很大，福柯在《主体解释学》和《性经验史》中多次提到的修身功夫和生活技术都与此有关。不过，阿多与福柯的观点并不一致，他多次强调福柯对他的误读，阿多认为通过这种古典的修身功夫和训练方法，旨在改变主体的精神性层次，达到伦理向善的效果。而福柯对自我实践和自我技术的阐述，显然借助于分析古典修身功夫和精神训练，旨在说明主体是如何通过这种实践活动而建立起自身的。可见，由于两人的哲学家和史学家的立场，导致两人在就希腊化时期哲学的一些原则问题上的态度截然不同。

彼得·布朗的情况却正好相反。彼得·布朗生于1935年，毕业于牛津大学，后任教于美国普林斯顿大学，是著名的罗马史与早期基督教史学家。他的名字出现在《快感的使用》和《肉体的告白》中，同时也出现在福柯于法兰西学院讲座《主体性与真理》中。福柯在《主体性与真理》和《肉体的告白》中都提到了他的对非基督教的古典时期和基督教早期的研究，说他详细测绘了这个分水岭（la cartographie du partage des eaux）。只不过，格霍发现彼得·布朗也是借鉴了英国教会史学家威廉·福伦德的《早期教会的殉难与迫害》[1]一书中的思想。而在《快感的使用》中，福柯表达的是对彼得·布朗相关研究的感谢。与此同时，福柯的名字也同样出现在彼得·布朗的书中，在1987年出版的专著《身体与社会：男人、女人和早期基督教对性的克制》一书中，他提到福柯的研究对自己也构成启发。事实上1980—1981年度，彼得·布朗曾获得基金会的支持去加州大学伯克利分校历史系访学，正是在此时，他与福柯有过直接的思想交锋，并相互受到影响。

3. 快感的使用和关心自我

1983年4月，福柯再次来到加州大学伯克利分校，此时的他正焦虑于《性

---

[1] William Frend, *Martyrdom and Persecution in the Early Church*, Oxford: Blackwell, 1965.

经验史》后续部分的谋篇与布局。如前所述，他已经于八年前出版了作为导言部分的《性经验史》第一卷，同时也已经撰写完成了《肉体的告白》。但是预告中的第二卷《快感的使用》却迟迟不能确定结构。在接受德雷弗斯和拉比诺的访谈时，他坦言自己更加关心的是自我技术所呈现的主体建构，已经厌倦了从性的角度谈主体。压在福柯办公桌上的是三份关于《快感的使用》部分的手稿。一份是以性为主题的版本，一份是以自我技术为主题的版本（此即《主体解释学》的内容），而最终呈现给读者的是既包括了性，又包括了自我技术的，平衡了两方面的综合版本。正是受到了《肉体的告白》的牵引，《快感的使用》的定稿也呈现出与原计划不同的形态，福柯不得不加入一卷原本没有计划在内的内容，即《关心自我》。这种撰写中不断涌现的改变，是福柯《性经验史》迟迟无法完成的重要原因。

此时，福柯对《性经验史》全书的布局是，首先是《快感的使用》，其中涉及古希腊和古罗马时期的自我技术，通过自我技术的分析来考察这个阶段的性。接下来是《肉体的告白》，考察的是基督教时期的自我技术。第三部分是《关心自我》，是独立于性系列的一系列论文，例如包括刚刚在加州大学伯克利分校宣读的《自我的教化》等，以及围绕柏拉图的《阿尔克西比亚德斯篇》展开的基于阅读和写作的自我技艺之类的文章。如有余力，接下来会是"16世纪性伦理的书"，考察现代性之初的自我技术、自我反思和灵魂治疗的问题。

《主体解释学》的编者格霍发现，在《主体解释学》1982年1月13日的讲稿中，福柯从解读《阿尔克西比亚德斯篇》中脱胎出关心自己的三类活动：医生、家主和情人。虽然三者不能到达真正的关心自我，但却能够由此推出三种技术，即后来成为非常重要的关心自我的三种技术：养生法（dietetic）、家政学（economic）和情爱论（erotic）。这三部分，分别对应了《性经验史》第二卷《快感的使用》中的第二章《养生法》、第三章《家政学》和第四章《性爱论》；以及第三卷《关心自我》中的第四章《身体》，第五章《女人》和第六章《男童们》。在这样一个明显的框架中，我们可以看到福柯《性经验史》第

二、三卷大框架的缘起、调整和构型的过程。

在第二卷《快感的使用》开篇有一个非常奇诡的导言，他称之为"更动"。因为出版第一卷之后，漫长的等待，使得后续研究表现出某种不连续性，福柯有必要对之加以解释："这一系列研究的问世比我预期的要晚得多，其在形式上也与以往的研究完全不同。"这篇导言曾于1983年11月预先发表在《论争》（Le Débat）杂志上，题目叫《快感的使用和自我的技术》，算是福柯对自己研究的预先告知。在第一章关于性快感的考察中，福柯主要基于古希腊和古罗马的素材，分为四个部分，即快感的概念、享用的概念、控制的概念，以及最后一个：智慧和节制的概念。福柯将之称为性快感的道德经验结构，分别冠之以本体论、义务论、禁欲论和目的论。性快感是第二卷中毫无疑问的核心主题，它串起了余下的基于身体的养生实践、家政管理实践和向男童"求爱"的实践，这便是古希腊人对快感的具体使用内容。而第一章的最后一节《自由与真理》无疑成为福柯要达到的论述目的地。借助于柏拉图的苏格拉底和色诺芬的苏格拉底，福柯试图说明古希腊人避免成为欲望的奴隶，但又把爱欲（eros）作为求真之志，把对性快感的控制和节制（都是快感的使用），导引到对爱欲对象的真理的追求之上。

由于新的第三卷《关心自我》是从原计划的第二卷《快感的使用》中析分出的新卷，所以《关心自我》没有序言，它和《快感的使用》共享序言部分。格霍说，《关心自我》似乎是对该卷第二章《自我的教化》的一个扩充（《自我的教化》部分的原稿曾于1983年4月在加州大学伯克利分校公开宣讲过，在场听众多达两千人），而其结构沿用的依然是《主体解释学》中提到的身体、婚姻、男童的三分法结构。不过，在此基础上，福柯也加入了其他内容。比如开篇是福柯于1982年5月18日在格诺贝勒大学（L'université de Grenoble）哲学系发表的演讲《梦见他的快感：阿特米多鲁斯的"解梦"》，正是该部分讲稿构成了《关心自我》的第一章内容。如果再向上追溯，这篇演讲的内容正是来自1980—1981年度的法兰西学院讲稿《主体性与真理》1月21日的同名内容。事实上，如前所述，《主体性与真理》和《关心自我》两个文本之间有很多相同的内容。同样的素材，却可以朝向不同的言说主题，这是福柯眼光独到之处。《关心自我》与《快感的使用》都是基于希腊化和罗马时期的素材，但是却朝向不同的言说主题。在《快感的使用》中，福柯的着重点放在对古典时期的性快感的分析上，而在《关心自我》中，福柯更强调要考察伦理主体的建构。《关心自我》的章名，则来自《主体解释学》中开篇对德尔菲神谕"认识你自己"的反转。福柯强调首先要"关心自我"，然后才能"认识自我"，所以该书取名意在强调伦理主体首先要关心自己，关注自己，观照和照看自己。所以，关心照看自己是一件苦差事（labour），它是一种修身功夫。

4. 肉体的告白

德菲尔回忆说，在1984年4月间，已经因病入院治疗的福柯，在病床上一边开始重新阅读卡夫卡的《日记》，一边开始完善第四卷《肉体的告白》。5月14日，福柯从伽利马出版社拿到了新出版的样书《快感的使用》和《关心自我》，并立即题赠给克劳德·莫里亚克。随后，福柯返回了旺德福尔，依然在修订《性经验史》基督教部分的手稿，在随后所剩无几的时间里，福柯希望能够再花一两个月，最终完成对该卷的修订，而争取在10月出版。然而，时不我待，6月2日，福柯在寓所跌倒，随后被送至圣·米歇尔私人诊所，6月9日转到硝石库医院治疗，虽然病情日益严重，但是福柯并不以为意，他以为再过两周自己就能出院，德菲尔也认为再过一两个月即可康复。接下来的时间，福柯的病情有所好转，于是福柯开始接待来访和查看书信，关注学界对他的新书的反响。德勒兹也来信问候，福柯觉得他们能够和解了。[1]但是一切都是回光返照，6月24日，福柯病情突然恶化，高烧不止。6月25日13时15分，福柯去世。

由于福柯的猝然离世，《肉体的告白》成了一本非常委屈的书，相比于它

---

[1] David Macey, *The Lives of Michel Foucault*, Vintage, 1995：471.

的兄弟姐妹篇，它最早写成，但却最晚出版，甚至于险些无法出版。为了避免重蹈马克斯·布罗德对卡夫卡遗嘱未能遵守的覆辙，福柯生前再三明确强调他的遗著不可出版。但是事实上，福柯辞世后，德菲尔继承了福柯的寓所和寓所中所有的文稿，经福柯家人或德菲尔同意，先后有三种著作出版。第一种《言与文》（*Dits et Ecrits*），是由德菲尔和弗朗索瓦·埃瓦尔[①]参与编辑整理的论文、访谈、讲演等文字材料。第二种是福柯在法兰西学院共计十三年讲座的讲稿。尤其是1970—1971年的讲稿，编者正是德菲尔本人。第三种就是正式的未竟稿，比如第四卷《肉体的告白》。由于前两种在福柯生前已经以某种方式在某种场合先行问世，所以后续出版的版本更多算是正规版本的认定。而第三种的情况稍微复杂，《肉体的告白》确实是一本福柯临终前正在试图完善并出版的专著。它的出版是否违背了福柯遗嘱，德菲尔对此专门解释，手稿《肉体的告白》1981年就已经定稿，1982年10月就送交伽利马出版社。手稿共有三个版本：第一个是原始手稿，由于伽利马出版社派来的文员无法识读福柯的字体，福柯只好重新写了一份给文员。于是文员又按此稿机打一份给福柯校订使用，该版本的所有权是隶属于伽利马出版社的。所以，德菲尔认为此书是福柯本人有意愿出版的书，而不是那种涉及隐私不能公开的部分。他援引福柯的导师杜梅泽尔的话为自己背书："如果该书不让出版，那么那些博士生又是如何了解到手稿内容的呢？"[②]2013年，德菲尔把福柯的全部手稿卖给了法国国家图书馆，共计100箱，近37000页，其中就包括手稿版和机打版的《肉体的告白》。随后，法国国家图书馆宣布，将对手稿《肉体的告白》进行整理并尽快出版。2018年2月8日，福柯去世34年之后，《性经验史》的第四卷《肉体的告白》由伽利马出版社正式出版发行。

---

① Francois Ewald（1946—），法国历史学家、哲学家，20世纪70年代曾担任福柯的学术助理。

② *Revue Recto/verso*, vol.6, 2010, sept., : 4—5.

除了福柯告知的《为贞洁的战斗》一文,明确是来自《肉体的告白》的内容,并被预先发表在菲利普·阿里耶①主编的《西方的性》之外,该书的其余部分由哪些内容组成并不明确。比对其他时期的著作,我们还是发现《肉体的告白》中有很多以前讲过的重复内容。全书共分为三章:《新经验的形成》《论贞洁性》《论婚姻》。第一章考察新的肉体经验的形成。福柯原来的写作计划中,《性经验史》关于基督教部分的名称为《肉体与身体》,正是第四卷《肉体的告白》的前身。福柯正是要分析基督教眼中的肉体(la chair)之由来。肉体与身体不同,直接指向了欲望与快感。而肉体的告白,则是通过对肉体的阐释完成的。福柯区分古典时期的两种坦白解释行为:忏悔和告白。两者都是讲出真理的行为,但是前者导向了对罪人之存在的解释,即宗教意义上的苦行救赎,最终成为一种严格的圣礼,而后者导向了借助话语的自我反思行为,一种自我节制行为,即一种关于肉体的新经验的形成。福柯把前者称为基督教的本体论诱惑,后者为基督教的认识论诱惑。这部分内容倒不是新的,它频繁地出现在福柯晚期的思想中,最早出现在1979—1980年的法兰西学院讲座《活人的治理》中,接着于1980年10月在加州大学伯克利分校的讲座《主体性与真理》中出现,11月在达特茅斯学院的讲座《基督教与忏悔》中多次出现。按照福柯的这个思路来看,所谓的肉体的"新经验",着重考察的是早期基督教中的主体性和真理之间的关系。

在4世纪的教父哲学文献中,福柯发现有大量讨论"贞洁性"的文章和专著。于是,从古典时期到早期基督教,便能够梳理出一段贞洁性实践的历史,以及达到贞洁性的各种技术,这就能够形塑一个建构起贞洁性的时代。福柯当然不是要考察早期基督教如何通过建构一个以贞洁性为核心的性道德来规范人们的性行为和性关系,而毋宁说是要通过考察贞洁性的产生和实践过程,标示出自我通过贞洁性技术而建构起关于自身的知识和主体性的历史事实。贞洁性

---

① Philippe Aries(1914—1984),法国历史学家,主要研究中世纪家庭史和儿童史。

是一种自我对于自身的关系，同时也是朝向他人的权力关系，这种权力关系在福柯的解读中正是欲望的代名词。所谓贞洁性的战斗，是一种对自己欲望加以系统性克制的理论与实践活动，指的正是一种达到自身之真理的自我技术，一方面涉及自己对自己的检查和反思，另一方面涉及自己对他人（精神导师或教会牧师）讲出关于自己的真理（忏悔或者告白），两方面都会涉及主体性与真理的关系。

如果谈到"婚姻的"情况，则稍微有些复杂。福柯发现在同一时期中讨论婚姻中性的文章远没有讨论贞洁性话题的多，当然原因也很简单，因为在基督教的价值体系中，无婚姻的贞洁性是优于婚姻的。赞扬贞洁性的文章比比皆是，但是赞成婚姻的中世纪哲学家却并不多见。于是，福柯找到了圣·奥古斯丁。奥古斯丁在《婚姻的益处》中，谈到了婚姻的三个益处，第一个是把人与人关联起来，组成社会。第二个是繁衍后代和培育忠诚。第三个是婚礼成为基督教的圣礼（sacrament）。福柯对婚姻之性的理解，依然是基于"主体性与真理"的思路。婚姻关系不只是繁衍后代，也是对性欲的控制。因此，婚姻关系首先应该是通过他人（配偶）而实现的自我对于自我的管理方式。如此一来，婚姻就是达到贞洁性的实践之中最重要的一种技术。由此，福柯推导出一种力比多的理论化，即性的力比多化行为（la libidinisation du sexe）。它是一种欲望所驱动的行为，是一种无意识的、没有明确意向对象的性行为和性体验。在这种情况下，福柯就朝向了德勒兹的思想，由欲望所构成的主体成为不可避免的话题。在婚姻关系中，两个独立的个体结合在一起，双方对对方身体的使用既是合乎法律的，又是合乎欲望的。从而，对婚姻的使用，代替了对快感的使用，在中世纪基督教话语中构成了一个欲望主体和法律主体的统一体（unique subject）。于是，在婚姻关系中夫妻间的性行为最终导向了一个主体建构的问题。欲望主体的真理朝向自身，并在自身中发现真理；而法律主体的真理则朝向对方，通过对方与自己的关系，而在自身中发现真理。福柯要强调的是，在古典时期，身体和快感是不必分离的，而在基督教时期，通过各种自我技艺，如自我检查或忏悔告白等等,身体和快感发生了分离,由此建构起一种特定的主体。欲望主体被限定在繁衍后代的义务中,法律主体被限定在合法守法的义务中。由上可见,福柯从早期权力与知识的交互关系的考察,转向了基于自我技术的主体性与真理的考察。这是晚期福柯思想的一个重要转变。

六、启蒙问题的再思考

1. 回到康德的思路

福柯晚年法兰西学院讲稿的整理者格霍认为，福柯对康德文本的解读不属于一般的哲学研究，反而是对福柯自身所作所为及其哲学中的特异性的一种深刻探索。事实上，康德的问题意识对福柯的影响贯穿了其学术生涯始终。早在20世纪60年代，福柯刚刚步入学术界，在索邦大学申请博士学位时的补充论文，便是对康德《实用人类学》的导论和翻译，这篇导论随后被扩展为《词与物》并于1964年出版。《词与物》被认为是早期福柯对康德思想之考古学研究的巅峰之作。这两本书的主题都是通过康德来追问"我们"思想的基础以及作为所有意义主体、价值主体和知识对象的人的特有形式。从20世纪70年代开始，在福柯生命的最后十年间（1975—1984），他又重回康德问题，即康德的启蒙问题，一个关于启蒙与批判的谱系学。其晚期考察，最早始于1978年在法国哲学学会研讨会上发表的报告《什么是批判？》，文中明确提到是什么促使他思考康德问题。而最出名的论文则是《什么是启蒙？》，还有发表在《文学杂志》（*Magazine littéraire*）上的《未发表的一课》，该文后由科林·高登[①]

[①] Colin Gordon，英国独立学者、政治哲学家，20世纪70年代曾翻译、编纂大量福柯的论著，现旅居牛津。

翻译为英文版，题为《康德论启蒙和革命》。除了《什么是批判？》以外，其余两篇《什么是启蒙？》和《康德论启蒙和革命》都是基于1983年法兰西学院讲座《对自我和他人的治理》中第一天（1月5日）的讲稿改写而成的。只不过，前者主要由讲稿的上半部分组成，而后者则主要由讲稿的下半部分组成。

在1983年法兰西学院讲座讲稿《对自我和他人的治理》中，福柯把康德对启蒙的讨论与其对历史的反思结合起来，最终与法国大革命的评价结合起来。康德以一个旁观者的态度来关注法国大革命，号称法国革命的德国思考；福柯也以同样的启蒙态度审视着伊朗革命。可是在《什么是批判？》和《什么是启蒙？》之中，福柯都没有涉及关于革命的讨论。直到福柯去世以后，他关于启蒙和革命的思考，才又重新以《未发表的一课》为题整理发表。反观《对自我和他人的治理》的讲稿部分，福柯在讨论完康德启蒙论文之后，紧接着继续上年的主题，讨论了希腊化时代哲学思想，特别是关于"讲真话"的主题。这个分歧值得一提，福柯对启蒙和革命的思考，和康德的思路一样，都伴随着作为一个"事件"的革命的发展而有所改变，但是他们最终都还是回到了启蒙的理性和批判道路，回到人类渴望自由的形式之自我治理。

2. 对康德启蒙的再阐释

福柯论文所讨论的对象便是康德于1784发表在《柏林月刊》上的文章《回答这个问题，什么是启蒙？》。事实上，当年9月犹太哲学家摩西·门德尔松就已经发表了同名论文，而福柯敏锐地捕捉到了康德和门德尔松相遇之时，所显现出的基督教启蒙（Aufklärung）和犹太教启蒙（Haskalah）的关联。他们在这个交叉点上拥有共同的历史命运：他们都在表达良心自由和理性自由的诉求。在福柯看来，康德启蒙论文还有更重要之处，康德在其启蒙文本中还追问了当下实在性，追问今天发生了什么？现在发生了什么？我们所全部生活于其中的

第三章 法兰西学院教授（1970—1984）

"现在"是什么？①这正是福柯自己的问题意识。因为这个问题把福柯引入到从柏拉图到维科（Vico）②以来的哲学思想对当下的思考和追问中，从而在不同背景中折射出康德文本的启蒙地位，即哲学家们必须理解我们所生活之时代的当下现实。

无疑，福柯对康德启蒙问题的思考是理解福柯思想的一把钥匙。而晚期福柯切入康德启蒙问题的角度，在格霍看来，基本上是从抵抗的"反行为"角度，而不是从哈贝马斯的理论角度，是对康德的启蒙文本进行解读和再批判。在福柯看来，作为康德启蒙之纲领的批判，首先与其说是一种先验的提问，而毋宁说是一种真理的政治史。③而面对康德的"勇于求知"主张，福柯又看到了一种摆脱未成熟状态，提倡理性自由下的自我治理：这种对追求真理之勇气的强调，毋宁说是一种真理的伦理学。

在《主体解释学》中，福柯曾把康德启蒙哲学开创的两大传统区分为"普遍真理的哲学分析"和"我们自身的历史本体论"。④前者对应的是康德的批判哲学传统，福柯称之为"真理的形式实在论"，即追问真理知识何以可能的条件；后者对应的是康德的当下实在论，其首要问题正是何以我们能够把我们自身建构为真理和知识的主体。前者是哲学，后者是精神；前者是真理知识，后者是知识的主体。福柯晚期接受访问时，曾将自己的所有研究概括为关于"我们自身的历史本体论"⑤，因为他试图使我们自身真正恢复成为当下实在的我们自己，即"什么是我们经验的当下领域？什么是可能经验的当下领域？这不再涉及真理分析，而是涉及所谓的当下本体论、当下实在本体论、现代性实在

---

① Foucault, *The Government of Self and Others*, Palgrave Macmillan, 2010：11.
② Giambattista Vico（1668—1744），意大利政治哲学家，著有《新科学》，对后世影响很大。
③ 格霍，《启蒙与批判态度：福柯论康德》，《中国文哲研究通讯》，第20卷，第4期，第6页。
④ Foucault, *The Hermeneutics of the Subject*, NY：Picador, 2005：P. xxiii, 15.
⑤ Foucault, *Ethics：Subjectivity and Truth*, NY：The New press, 1997：262.

论、我们自身的实在论"。①因此,福柯反对一种普遍化的历史逻辑,而是把当下具体的现实作为真理要把握的对象。

按照福柯的问题谱系学,所谓的当下实在,指的是权力、知识和主体性之关系的三维结构。这个经验空间的三维结构并不是一种存在的静止状态,而是各种事件和实践行为。通过"当下的历史"回溯到差异的历史和决裂的历史,我们从中发现我们的当下,从而说明当下不是一个设定的实体,而是一个运动;它是动态的、策略的,而不是本质的、给定的和静态的。这种表达事实上与内在时间意识现象学是同一个思路。而"我们"是福柯所设定理性运用中的普遍主体。对"我们"自身的追问,关涉哲学家的当下存在构成。这个"我们"与哲学家所处之时代的现实性息息相关。在福柯哲学中,他取消了康德先验哲学之认识论的先验自我结构,转而对试图把真理的"我们"进行"问题的谱系学"分析。

3. 关心自我的伦理学

在古希腊思想中,关心自己与掌握真理、自我治理和治理他人都是一体之两面,即如何进入真理的哲学追问和为了进入真理而改变自我的主体实践活动,并没有被分割开来。福柯说,在古典时期的自我修身功夫中,如果主体不能首先关心自我(关心你自己),则他就无法获得知识和真理;因而主体必须先使自己纯洁化,比如通过沉思来纯洁灵魂。斯多葛派就认为,主体应该首先通过修身功夫,而建立自我对自身治理(autonomization),并且主体必须在这种与世界知识的复杂关系中保有自我的自足;一旦自我的自足性得到保障,那么自我就能真正认识世界本然的秩序。基督教时期的修身实践也有类同之处,为了获得神圣的真理,就必须付出代价。没有艰苦的修身功夫,就无法获得神圣的真理。直到16世纪,修身的自我管理和获得真理之间都是联系在一起

---

① Foucault, *The Government of Self and Others*, Palgrave Macmillan, 2010: 20–22.

的。然而从笛卡儿开始，包括康德哲学在内，启蒙哲学家们用认知主体取代了古典时期实践主体，从而切断了以修身功夫为代表的自我管理和获取真理之间的关联。笛卡儿说，"我或者任何主体，只要他能看到自明之物，就足以使他获得真理。"就此，自明性取代了自我修身功夫。"我们"不再需要通过苦修来获取真理，从此，理性的运用就变成如何首先获得自明，而非构建一种修养实践的功夫论：在笛卡儿之前，一个人如果是不纯洁和不道德的，就无法赢获真理；而笛卡儿之后，我们的认识主体不再是苦修的（nonascetic subject of knowledge）。这一改变使理性的地位获得空前提高，使现代科技成为可能。①这就是福柯称为我们的历史本体论中的"笛卡儿时刻"。笛卡儿的变革，给康德提出了新的问题，即如何处理伦理主体和认知主体的关系。康德找到了一个普遍主体，但在福柯看来，康德又暗中预设了其应具有的伦理态度。因为主体首先要勇于自我关心，敢于自我治理，勇于求知（sapere aude），敢于公开运用自己的理性，从而获得真理。所以福柯说，康德所讨论的启蒙，不是一种理论、教条或者知识的永恒体系，而是一种特殊的现代态度、一种伦理风骨（ēthos）②，通过认识我们的当下现实性，从而超越我们的当下现实性。这就是说，康德的启蒙文本所建基的伦理风骨乃是一种现代的批判态度。这种态度要求一种持续的"当下本体论"（ontology of the present），这种本体论建立在一种生活方式上，即建立在理解和回应我们自身当下处境的思考上。换句话说，福柯关于"我们自身的历史存在论"不是一种对存在的思考（a thinking of being），而是一种生活的方式（a way of being）。这就与福柯晚期思想所强调的自我技艺、修身功夫、斯多葛派哲学家的精神性训练等话题关联在一起了。

---

① Foucault, *Ethics: Subjectivity and Truth*, NY: The New press, 1997: 279.

② Foucault, "What is Enlightenment?", in Paul Rabinow (ed.), *The Foucault Reader*, NY: Pantheon Books, 1984: 41.

尾声：哲人其萎，谁是福柯？

一、哲人其萎

1984年6月25日，福柯因罹患艾滋病去世，享年58岁。福柯的死，在当时成了轰动一时的大新闻。因为在当时，艾滋病还没有正式被确定为一种致命的疾病。追溯原因，即可找到福柯频繁的加州之行。旧金山湾区以卡斯特罗街（Castro Street）为中心，散落着各种同性恋俱乐部、酒吧和公共浴室，形成了一个著名的同性恋社区。那里形形色色的、公开而又大胆前卫的同性恋亚文化，让福柯流连忘返。对于福柯晚年在加州同性恋圈子的事，已经被各种版本的故事演绎过多次，如传记或者小说等等。比如美国记者詹姆斯·米勒[1]撰写的遭人诟病的传记《福柯的生死爱欲》[2]，或者福柯晚年的密友埃尔维·吉贝尔的

---

[1] James Miller（1947—），美国学者、作家。主要研究政治哲学史和激进社会理论，现任教于纽约社会研究新学院。

[2] James Miller, *The Passion of Michel Foucault*, Harvard University Press, 1993. 中译本参见，《福柯的生死爱欲》，高毅译，上海：世纪出版集团，2003年。他以福柯追求"死亡体验""极限体验"为主线，展示了一个精神分析式的、同性恋情欲"虚构化"的写作立场。以至于在出版法文版时，法国Plon出版社不得不按照福柯家人的要求进行删改。为此，迪迪埃专门写了新书《福柯及其同时代人》来反驳，斥责米勒对福柯的解释是"狂乱的小说和枭雄的复仇神话"，并对之发起道德审判。可参见，阿兰·布罗萨，《福柯：危险哲学家》，桂林：漓江出版社，2014，第143—144页。

意有所指的文学创作。①哲学家对自己的生活持什么态度，无疑是后人最关心的地方。

在辞世之前一个月，福柯接受了他平生最后一次访谈，访谈者是德勒兹的好友，青年哲学家安德烈·斯卡拉②。在这次可以公开发表的临终遗言《道德的复归》中，福柯第一次承认了海德格尔哲学给予自己的影响。福柯回顾了自己的哲学历程，从1951年或者1952年开始读海德格尔，进而开始读尼采。海德格尔与尼采的叠加，对他造成了一种非常致命的冲击。但是他没有写过任何关于海德格尔的东西，而对于尼采也只是写过一篇短文。但是他们却构成了福柯后来思想产生的原动力。尼采的影响，无疑是非常突出的，以至于福柯称自己是一个尼采哲学的信徒。福柯在临终前，汲汲以求的依然是主体在历史上如何建构出来的这个基本问题。这是福柯哲学的最终归宿。以此为标准，他检视了近代、中世纪、希腊化和古希腊时期。虽然尼采早已说过没有源头可以回溯，但是福柯依然试图对主体进行考古学和谱系学的考察，所以，福柯最后的断语是，他不是一个怀疑论者，虽然他否定了存在一种能够被所有人接受的普遍道德，但是他也明确自己要使用这样一种特定的哲学，即它能限定知识的范围（les domaines de savoir）。③这是对主体建构的过程给予一种当下在场的考察。

福柯在临死之际，无疑是处在他所分析过的最为朝向死亡的状态了，直言不讳地讲出真相是最应有的德性。

二、福柯传记的可行性

为福柯立传是不可能的。④

---

① Hervé Guibert, *À l'ami qui ne m'a pas sauvé lavie*, Gallimard, Paris, 1990. Hervé Guibert, *To the Friend Who Did Not Save My Life*, tr., Linda Coverdale, Serpent's Tail, 1993.
② André Scala（1950—），法国哲学家。德勒兹在万森大学的学生。
③ *Dits Ecrits*, tome IV, texte n° 354.
④ 阿兰·布罗萨，《福柯：危险哲学家》，桂林：漓江出版社，2014，第143—166页。

尾声：哲人其萎，谁是福柯？

在《什么是作者》中，福柯认为，把系列思想片段整合起来归之于某人名下，构造一个写作者主体，称之为作者的方法是非常值得怀疑的。这个提倡碎片的、断裂的哲学家，又怎能容忍别人把自己终其一生努力打碎的东西反过来如紧箍咒一样套在自己头上？这是理论上的不可能。那么，我们是不是要尽可能用碎片化的方式呈现那个具体的、个别的、非体系化的、断裂的福柯人生及其思想？这对于呈现一个真实的福柯来说，倒是符合福柯的主张，也符合从"我们的当下"出发——呈现的原则。然而，这对于读者来说，却是一大负担，这意味着读者需要自己处理遇到的各种陈述（énonce），按照自己的理解来建立某种连续性，或者继续拆解笔者给出的连续性。所以，笔者毋宁说是在寻找一个平衡点，即一方面尊重福柯的无主体、无作者的碎片化思想，但另一方面必须稍稍加以归类，按时间序列简单排列为提纲，并努力在福柯的思想和其行为之间建立某种相关性。

福柯本人详尽地分析了知识的生产和权力的机制之间的交互关系，以及其中主体被构建的内在机理。他的理论本身就可以拿来分析他自己的人生。福柯的思想是如何在权力机制的影响下、社会关系的牵扯中逐步生发出来的？那个被称为米歇尔·福柯的人，他作为福柯的主体性又是如何在这一系列的生活经验中作为福柯被建立起来的？我们这些后来人，到底要考察的是福柯的思想，还是福柯的生活，或者是产生某种思想的如此这般的生活？

切记，这种勾连起思想和行为之间必然联系的做法依然是未经批判反思的预设。即便我们可以还原福柯的生活，我们也无法与其产生的思想之间建立某种必然的联系。然而仔细想想，其实我们连还原其生活也很难做到，我们一不是福柯的家人，没有亲身经历；二必须借助别人宣告出来的回忆。但是，我们是不是为此就放弃一种传记的可能性呢？那也不是，因为我们总还是能够说点什么，同时又必须说点什么，总还是能够在思想和行动之间建立起某种联系，同时又必须建立某种联系。虽然得出的真相，或许是流变的、具体的、多样的、层叠的。

事实上，我们是在做出一个如同旅游指南的导读，引导读者走进这个考察知识和权力之间关系的思想家。仅此而已。

三、福柯的位置

福柯身后的评价，毁誉参半，充满争议。诋毁者往往以其盛年死于艾滋病为靶的，凸显其晚年私生活如何藐视传统道德，进而批判这个离经叛道者的咎由自取，于是将其塑造成一个我们需要因人废言的后现代浪子的典型形象。而赞扬者陈述其对现代性和人性认识的推进。在现代哲学家中，福柯显然占有一席之地。

1967年7月，艺术家莫里斯·亨利在法国《文学半月刊》（*La Quinzaine Litteraire*）上发表了一幅漫画《结构主义者的午餐》。画中四人是20世纪六七十年代法国学界公认的结构主义大师，从左到右分别是福柯、拉康、列维–斯特劳斯、罗兰·巴特。福柯在这四人中年龄最小，拉康和列维–斯特劳斯都可以算是福柯的老师辈。从这幅大众传媒的作品看，学界对福柯的定位依然是结构主义阵营的。不过福柯声称自己不是弗洛伊德主义者，不是马克思主义者，也不是结构主义者。用福柯的话说，他只是没有抵制住当时法国盛行的结构主义思潮和结构主义话语而已，他认可结构主义在人文学科研究中的优先地位，但是却明确与之保持距离，他不研究话语理论，而研究话语实践。这也就是为什么德雷弗斯和拉比诺撰写的福柯论著名叫《米歇尔·福柯：超越结构主义和诠释学》的原因。

如前所述，在考察法国现代哲学思想之时，福柯对二战以来的法国哲学界进行了划分。一种是关于经验、意义、主体的哲学，一种是关于知识、理性、概念的哲学。前者是萨特和梅洛·庞蒂的家系，后者是卡瓦耶斯、巴什拉、科瓦雷和康吉莱姆的家系。由此追溯，就是柏格森和彭加勒，拉舍利埃和库图拉，比朗和孔德。也即精神哲学和实证主义传统的对立，由此构成了实存哲学和概念哲学的差异。他们都旨在探讨知识与实存的关系问题，实存哲学以实存

艺术家莫里斯·亨利的漫画《结构主义者的午餐》，1967年
（左起依次为：米歇尔·福柯、雅克·拉康、列维-施特劳斯和罗兰·巴特）

为起点，但并没有因此否定知识，相反，它最终通向知识。概念哲学以知识为起点，但这并不意味着它否定实存，它最终必定向实存回归。

沿着福柯的思路，我们可以说，马塞尔、萨特、梅洛·庞蒂、列维纳斯、利科、亨利、马里翁，都是实存哲学家。新黑格尔主义者让·瓦尔、科耶夫、埃里克·韦依都可以包括在内，而伊波利特的哲学具有过渡性质。他们都接受了从比朗到柏格森的精神主义传统的影响。而卡瓦耶斯、巴什拉、康吉莱姆、列维-施特劳斯、福柯、德里达、德勒兹可以被归入概念哲学家，孔德、彭加勒、布伦什维格都对他们产生过影响。

无论如何，福柯在现代法国哲学界都是特立独行的人物，正如美国学者克里福德·吉尔茨[1]撰写的关于《疯癫与文明》的书评中写道：福柯是"一个令人无法捉摸的人，一个非历史的历史学家，一个反人本主义的人文科学家，一个反结构主义的结构主义者"。[2]他颠覆了传统的做哲学的方式，他质疑传统方式获得的真理和知识，他是一个怀疑一切的非怀疑主义者，总而言之，他是一个尼采主义者。他所走的既不完全是实存哲学又不完全是概念哲学的路子，他贡

---

[1] Clifford Geertz（1926—2006），美国文化人类学家、象征人类学代表人物，代表作有《文化的诠释》。

[2] Peter Burke, ed., *Critical Essays on Michel Foucault*, London: Scolar Press, 1992: 139.

献了一条独特的道路。

2001年，美国学者威廉·欧文编辑了一档电视节目，借助于动画片《辛普森一家》的人物来谈论哲学话题。2009年，意大利和西班牙都出版了该节目的同名书籍《辛普森一家与哲学》。书的封面是一张漫画，右起依次为：福柯、尼采、萨特、罗兰·巴特、马克思、维特根斯坦、苏格拉底和康德。显然，在大众的眼中，福柯已然跻身世界著名哲学家的行列，成为著名哲学家的符号了。

西班牙哲学畅销书《辛普森一家与哲学》的封面图片

福柯年谱表

福柯年龄	年份	福柯的事件	与福柯相关的事件	相关哲学家及其专著
	1925		1月,德勒兹出生; 7月,姐姐弗朗西娜出生	夏,海德格尔讲授《时间概念的历史》
	1926	10月15日,福柯出生	亚历山大·科耶夫在雅斯贝尔斯指导下获得海德堡大学博士学位,博士论文题为《索洛维约夫的宗教哲学》	1—4月,海德格尔将《时间概念的历史》课堂讲义修改为《存在与时间》
1	1927		柏格森获得诺贝尔文学奖; 拉康开始在圣-安娜医院工作	2月,海德格尔《存在与时间》发表
2	1928		胡塞尔退休,海德格尔接任其在弗莱堡大学的哲学教职; 列维纳斯去弗莱堡大学跟随胡塞尔和海德格尔学习现象学; 3月20日,巴塔耶与席尔维亚结婚	巴塔耶《眼睛的故事》发表
3	1929		2月,胡塞尔在巴黎讲座,听者有梅洛·庞蒂; 萨特、波伏娃、伊波利特、保罗·尼赞通过大中学哲学教师资格考试	让·瓦尔出版《黑格尔哲学意识中的不幸》

（续表）

福柯年龄	年份	福柯的事件	与福柯相关的事件	相关哲学家及其专著
4	1930	5月27日，入亨利四世学校儿童班	雷蒙·阿隆获得巴黎高师哲学史博士学位； 7月，雅克·德里达出生	列维纳斯《胡塞尔现象学的直观理论》出版 宾斯万格《梦与存在》出版 安德烈·纪德发表《普瓦捷的被囚禁者》
6	1932	入亨利四世学校小学班		
7	1933		弟弟德尼出生； 5月1日，海德格尔加入纳粹党，任弗莱堡大学校长，次年去职； 萨特去柏林跟随胡塞尔学习现象学； 科耶夫在巴黎开讲黑格尔《精神现象学》（1933—1939）	
8	1934			萨特《自我的超越》出版
10	1936	入亨利四世学校中学班	福柯夫人为子女们请来英语家教，练习英语	胡塞尔《欧洲科学的危机与超越的现象学》出版 萨特《论想象》出版
11	1937		10月10日，达尼埃尔·德菲尔出生	
14	1940	9月，离开亨利四世学校，转学至圣·斯坦尼斯拉斯学校	5月，德军攻破马其诺防线，敦刻尔克大撤退，法国陷落； 9月27日，本雅明在西班牙和法国边境波尔特沃自杀身亡	

(续表)

福柯年龄	年份	福柯的事件	与福柯相关的事件	相关哲学家及其专著
17	1943	6月，中学会考，选择学哲学；9月，回到普瓦捷的亨利四世学校，入巴黎高师文科准预备班	大中学哲学教师资格考试，越南裔哲学家陈德草与保罗·维也曼并列第一	萨特《存在与虚无》出版 巴塔耶《内在体验》出版 康吉莱姆《正常与病态》出版
19	1945	6月，参加高中会考；7月，公布笔试结果；福柯第101名，落榜；9月，离开普瓦捷，入巴黎名校亨利四世中学；9—10月，遇到伊波利特	路易·阿尔都塞回到巴黎高师；梅洛·庞蒂获得巴黎高师博士学位；梅洛·庞蒂与萨特创办《现代》杂志；9—10月，伊波利特任教于亨利四世中学，讲授黑格尔	梅洛·庞蒂《知觉现象学》出版
20	1946	7月，通过笔试和口试进入巴黎高师，口试主考官是乔治·康吉莱姆和皮埃尔·舒勒；9月，入巴黎高师，当年录取38人		
22	1948	试图自杀未果，在圣-安娜医院接受让·德雷教授的治疗，听梅洛·庞蒂的讲座	路易·阿尔都塞以口试第二名通过大中学哲学教师资格考试，随即被任命为巴黎高师的哲学辅导老师；路易·阿尔都塞加入法国共产党	梅洛·庞蒂出版《意义与无意义》
23	1949	6月，毕业答辩；论文题为《黑格尔精神现象学中的历史先验性的构成》；读马克思、胡塞尔、海德格尔	让·伊波利特离开巴黎高师，转去索邦大学文学院	波伏娃《第二性》出版

（续表）

福柯年龄	年份	福柯的事件	与福柯相关的事件	相关哲学家及其专著
24	1950	跟随丹尼尔·拉加什学习心理学，获得心理学学位；加入法国共产党； 6月，参加大中学哲学教师资格考试，失利		
25	1951	6月，再次参加大中学哲学教师资格考试，通过，口试评委有乔治·达维（主席）、让·伊波利特和康吉莱姆（副主席）；后应阿尔都塞邀请，在高师教授心理学（1951—1955）课程； 9月，入梯也尔基金会，同时攻读心理学研究院学位课程	在梅洛·庞蒂帮助下，于勒·维也曼被任命为克莱蒙-费朗大学教授； 2月19日，安德烈·纪德去世	汉娜·阿伦特《极权主义的起源》出版
26	1952	6月，获得精神病理学学位； 10月，里尔大学助教，结识音乐家让·巴拉克，迅速与之相恋	梅洛·庞蒂入选法兰西学院； 9月，雅克·德里达入巴黎高师学习	伊波利特《逻辑与存在》出版
27	1953	春，退出法国共产党； 夏天，去瑞士拜访宾斯万格； 暑假，在意大利的海滩上开始读尼采	6月，拉康离开巴黎精神分析协会，新建法国精神分析协会； 7月17日，拉康与席尔维亚结婚； 11月18日，拉康开始在圣-安娜医院举办精神分析的研讨班	梅洛·庞蒂《哲学词赞》出版

(续表)

福柯年龄	年份	福柯的事件	与福柯相关的事件	相关哲学家及其专著
28	1954	宾斯万格法译本《梦与存在》出版，其中有福柯撰写的长篇序言；春，《精神病与个性》出版	伊波利特出任巴黎高师校长	奥地利作家赫尔曼·布洛赫《维吉尔之死》法文版出版
29	1955	6月，离开里尔大学；8月26日，离开法国；赴瑞典乌普萨拉法国之家工作，后给让·巴拉克写信，表示可以明年5月返回法国，永不离开，如果巴拉克愿意；12月，回国度假，结识罗兰·巴特，去普瓦捷看望父母		伊波利特《论马克思与黑格尔》出版；梅洛·庞蒂《辩证法的冒险》出版；雷蒙·阿隆《知识分子的鸦片》出版
30	1956	1月，与巴拉克感情陷入危机；春，结识乔治·杜梅泽尔；5月，与巴拉克分手	3月24日，基于福柯所推荐的赫尔曼·布洛赫的《维吉尔之死》，巴拉克创作出同名乐曲	让·德雷《安德烈·纪德的青年岁月》上卷出版
32	1958	5月30日，与让-克里斯多夫·奥柏格回到巴黎，逗留一月余；7月，返回乌普萨拉收拾东西，与朋友道别，离开乌普萨拉；10月，赴波兰华沙担任法国文化中心主任，后转往汉堡，任职于法国文化中心	5月13日，阿尔及利亚发生政变，波及国内政坛，戴高乐重新上台；10月5日，戴高乐主导的法兰西第五共和国成立	列维-施特劳斯《结构人类学》出版
33	1959	结识阿兰·罗布-格里耶；流连于汉堡绳索街红灯区	福柯的父亲去世；新浪潮电影产生	阿尔都塞《孟德斯鸠、政治与历史》出版

（续表）

福柯年龄	年份	福柯的事件	与福柯相关的事件	相关哲学家及其专著
34	1960	2月，完成博士论文《古典时代疯癫史》初稿，联系让·伊波利特担任附论文导师，康吉莱姆担任主论文导师；夏，返回法国，凭父亲遗产购入芬莱博士街的高档公寓；10月，受于勒·维也曼之邀，去克莱蒙－费朗大学担任哲学课代理教授	4月16日，康吉莱姆撰写福柯的《关于准许印刷文学博士主论文的报告》	萨特《辩证理性批判》出版 梅洛·庞蒂《符号》出版 丹尼尔·贝尔《意识形态的终结》出版
35	1961	5月1日，晋升克莱蒙－费朗大学哲学教席的正式教授；5月，博士论文《古典时代疯癫史》出版；5月20日，通过国家博士论文答辩。评审团有亨利·古耶（主席）、康吉莱姆、达尼埃尔、拉加什、伊波利特、冈迪亚克	5月3日，梅洛·庞蒂去世	梅洛·庞蒂《眼与心》出版
36	1962	拟被任命为国民教育部高教司副司长，引发反对未果，参与大学改革方案的制订工作；在克莱蒙－费朗大学与吉尔·德勒兹建立友谊	于勒·维也曼离开克莱蒙－费朗大学，接替梅洛·庞蒂在法兰西学院的职位；7月9日，巴塔耶去世	列维－施特劳斯《野性的思维》出版 吉尔·德勒兹《尼采与哲学》出版

（续表）

福柯年龄	年份	福柯的事件	与福柯相关的事件	相关哲学家及其专著
37	1963	结识达尼埃尔·德菲尔；8月，拟接受东京法国文化中心主任的任命，未果；于同一天出版《雷蒙·罗塞尔》《临床医学的诞生》；11月，参加国民教育部部长富歇牵头的"高等教育研究委员会"	伊波利特入选法兰西学院，任"哲学思想的历史"教席；雅克·马丁自杀身亡；雅克·拉康与传统精神分析学派正式决裂	汉娜·阿伦特《平凡的邪恶》出版；吉尔·德勒兹《康德的批判哲学》出版；3月4日，德里达发表演讲《我思和疯狂史》
38	1964	7月4日—8日，参加尼采讨论会，发表《尼采、弗洛伊德和马克思》，《康德〈人类学〉导言》出版；9月，德菲尔去突尼斯的斯法克斯教高中哲学课；12月圣诞节，在突尼斯与德菲尔一起度假	萨特获得诺贝尔文学奖，但是拒绝领奖	梅洛·庞蒂《可见的与不可见的》出版
39	1965	《古典时代疯癫史》英文简译本《疯癫与文明》出版；8—9月，应邀去巴西		阿尔都塞《保卫马克思》《读〈资本论〉》出版
40	1966	4月，《词与物》出版；9月底，来到突尼斯，住在西迪·布·萨义德镇；12月圣诞节，携德菲尔去阿尔及利亚的阿杰尔高原度假	12月，突尼斯学生抗议	列维－施特劳斯《神话学》第二卷《从蜂蜜到烟灰》出版；雅克·拉康的文集《写作》出版；康吉莱姆《正常与病态》（修订版）再版，阿多诺《否定辨证法》出版

（续表）

福柯年龄	年份	福柯的事件	与福柯相关的事件	相关哲学家及其专著
41	1967	以突尼斯大学哲学系的名义，邀请让·伊波利特讲学	6月初，突尼斯发生反战骚乱	德里达《书写与差异》《声音与现象》《论文字学》出版 布罗代尔《十五至十八世纪的物质文明、经济和资本主义（第一卷）》出版 罗兰·巴特《流行的体系》出版
42	1968	5月27日，回到巴黎，逗留数日，后返回突尼斯度暑假； 10月，离开突尼斯； 12月1日，去万森大学筹建哲学系	3月—6月，突尼斯政府镇压学生运动，福柯的学生被抓，法国教师集体抗议； 5月，"五月风暴"； 6月4日，科耶夫去世 7月，让·加特组被解除合同，缺席判处五年监禁； 10月26日，让·伊波利特去世	吉尔·德勒兹《差异与重复》《斯宾诺莎与表现问题》出版 乔姆斯基《语言与精神》出版
43	1969	1月，《知识考古学》出版，开始在万森大学上课，参加左派活动； 2月10日，参加巴黎互助大厅集会，与萨特同台，但是未接触； 2月22日，参加法国哲学年会，发表《什么是作者》； 福柯邀请德勒兹任教万森大学哲学系	德菲尔受聘万森大学社会学助教； 8月6日，阿多诺在课堂上被激进女学生侮辱，后羞愤而死； 11月30日，法兰西学院教授联席会，讨论福柯等三位候选人入选问题； 德勒兹在万森大学结识瓜塔里	阿尔都塞《列宁与哲学》出版 梅洛·庞蒂的遗著《世界的散文》出版

(续表)

福柯年龄	年份	福柯的事件	与福柯相关的事件	相关哲学家及其专著
44	1970	9月—10月，在日本访问旅行；10月7日，在东京大学讲座《疯狂与社会》；12月2日，法兰西学院欢迎式，讲演《话语的秩序》	4月12日，法兰西学院教授联席会正式任命福柯为所设教席；12月1日，雷蒙·阿隆入选法兰西学院；12月4日，乔治·杜比入选法兰西学院	鲍德里亚《消费社会》出版 布尔迪厄和帕斯隆《再生产：一种教育系统理论的要点》出版
45	1971	2月8日，建立监狱情报组（GIP）；与乔姆斯基作电视辩论；11月27日，与萨特在"绿色之家"第一次会面交谈，让·热内也在场		罗兰·巴特《符号的帝国》出版
46	1972	纽约州立大学（布法罗）访学，参观纽约州阿提卡监狱；10月，康奈尔大学讲座；12月16日，参加阿及利亚劳工被害的知识分子示威游行，被警察拘捕，一同拘捕的还有克洛德·莫里亚克和让·热内	精神病院信息小组（GIA）成立	德勒兹和瓜塔里《反俄狄浦斯：资本主义和精神分裂》出版 热内·吉拉尔《暴力与神圣》出版 德里达《播撒》出版
47	1973	纽约举办讲座；5月21—25日，访问巴西，举办系列讲座《真理与司法形式》	5月14日，列维-斯特劳斯入选法兰西学术院院士；8月10日，让·巴拉克去世；12月3日，丹尼尔·拉加什去世	罗兰·巴特《文之悦》出版 美国新历史学家海登·怀特《元史学》出版 丹尼尔·贝尔《后工业社会的来临》出版

（续表）

福柯年龄	年份	福柯的事件	与福柯相关的事件	相关哲学家及其专著
48	1974	2月，监狱情报组解散；5月，访问巴西	6月19日，让·瓦尔去世	保加利亚裔女哲学家克里斯蒂娃出版《诗歌语言的革命》 索尔仁尼琴《古拉格群岛》在巴黎出版 利奥塔《力比多经济学》出版
49	1975	2月，《规训与惩罚》出版；4—5月，美国加州大学伯克利分校访学；5月，在死亡谷扎布里斯角服用精神性药物LSD；10月—11月18日，巴西圣保罗大学讲学期间，参加赫尔佐格之死的抗议示威活动；11月，参加纽约"反文化"研讨会		历史学家勒华·拉杜里的《蒙塔尤》出版 鲍德里亚《象征交换与死亡》出版 瓜塔里《卡夫卡》出版 路易·马西农《哈拉杰的激情》出版
50	1976	因倡议反对死刑，拒绝同总统德斯坦共进午餐；《求知的意志》出版；6月，接受意大利学者丰塔纳和帕斯奇诺的采访《真理与权力》；11月，在巴西访学旅游	5月26日，海德格尔去世	2月，雷蒙·阿隆出版两卷本《思考战争，克劳塞维茨》 丹尼尔·贝尔《资本主义文化矛盾》出版

福柯年谱表　　241

（续表）

福柯年龄	年份	福柯的事件	与福柯相关的事件	相关哲学家及其专著
51	1977	3月，《词与物》俄译本在莫斯科出版； 7月，丰塔纳和帕斯奇诺对福柯的访谈出版德文版和西班牙文版，美国版题为《权力/知识》（1980）； 12月，因政治立场，与德勒兹的友谊终止，此后再未见面	6月，勃列日涅夫访问巴黎，法国知识分子集体抗议	罗兰·巴特《符号帝国》《S/Z》出版 克里斯蒂娃《多人对谈》出版 瓜塔里《分子式革命》出版
52	1978	4月，参加日本上野原市青苔寺的禅修； 5月27日，在法国哲学学会演讲《什么是批判》，自此开始再读康德历史类著作，直到去世； 7月，由于吸食鸦片，在巴黎住所前被汽车撞倒		萨义德《东方学》出版 苏珊·桑塔格《疾病的隐喻》出版 勒内·吉拉尔《自世界建立之日起便隐藏的事物》出版
53	1979	6月20日，与萨特再次会面； 10月，美国斯坦福大学演讲，结识美国学者德雷弗斯和拉比诺	4月22日，莫里斯·克拉维尔去世； 7月29日，马尔库塞去世； 10月3日，尼克斯·普兰查斯自杀身亡	利奥塔《后现代状况》出版

(续表)

福柯年龄	年份	福柯的事件	与福柯相关的事件	相关哲学家及其专著
54	1980	4月19日,参加萨特葬礼; 10月,美国加州大学伯克利分校讲座,豪森讲座,《主体性与真理》; 11月,纽约大学詹姆士讲座讲学	3月26日,罗兰·巴特因车祸去世; 4月15日,萨特去世; 德里达获得哥伦比亚大学荣誉博士学位、巴黎大学法国国家博士学位; 11月,阿尔都塞扼死妻子艾连娜	德勒兹和瓜塔里《千高原》出版 克里斯蒂娃《恐怖的权力》出版
55	1981	4月,在比利时鲁汶天主教大学讲学《做错事,讲真话:司法中的告白功能》; 12月14日,与布尔迪厄牵头发表号召书,抗议波兰的军事专制	9月9日,雅克·拉康去世; 9月30日,法国废除死刑	哈贝马斯《交往行为理论》出版 德勒兹《斯宾诺莎:实践哲学》出版
56	1982	9月,访问波兰,参观奥斯威辛集中营; 10月,美国伯灵顿的佛蒙特大学讲学,六周		阿伦特《极权主义的起源(第二卷)》《帝国主义》法文版出版
57	1983	3月,与哈贝马斯见面; 4月,加州大学伯克利分校,讲《自我的文化》公开课,学术声誉达到顶峰; 10—11月,加州大学伯克利分校讲学,为最后一次美国之行	3月7日至22日,保罗·维恩邀请哈贝马斯来法兰西学院做讲座; 10月17日,雷蒙·阿隆去世	埃德加·莫兰《论苏联的本质》出版 利奥塔《知识分子的坟墓》出版

（续表）

福柯年龄	年份	福柯的事件	与福柯相关的事件	相关哲学家及其专著
58	1984	5月，完成《快感的使用》《关心自我》的校样，拟6月出版；6月25日，福柯去世，享年58岁；6月29日，葬于母亲家族旺德福尔公墓		布尔迪厄《学术人》出版
	2018	1月，福柯的遗著，《性经验史》第四卷《肉体的告白》由伽利马出版社出版		